Paul Kaufman · Neutestamentliches Griechisch

Paul Kaufman

Neutestamentliches Griechisch

Herausgegeben und bearbeitet
von
Pfarrer Joachim Hoene

Verlag der
Francke-Buchhandlung GmbH
Marburg an der Lahn

CIP-Kurztitelaufnahme der Deutschen Bibliothek

Kaufman, Paul:
Neutestamentliches Griechisch: e. leicht
verständl. Einf. / Paul Kaufman. Hrsg. u. bearb.
von Joachim Hoene. [Dt. von Joachim Hoene]. –
Marburg an der Lahn: Francke, 1983.
(Edition C : P; Nr. 24)
Einheitssacht.: An introductory grammar of
New Testament Greek ⟨dt.⟩
ISBN 3-88224-348-1
NE: Hoene, Joachim [Bearb.]; Edition C / P

ISBN 3 88224 348 1

Originaltitel: An Introductory Grammar of New Testament Greek

Published by Ronald N. Haynes Publishers, Inc., Palm Springs, USA

Deutsch von Joachim Hoene
Umschlaggestaltung: Ralf Rudolph, Ratingen
Gesamtherstellung: Breklumer Druckerei Manfred Siegel

Edition C, Nr. P 24

Einleitung

Lange Zeit galt es bei der Frage der theologischen Ausbildung als unerläßlich, daß einer, der das griechische Neue Testament beherrschen will, zuerst das klassische Griechisch erlernt und Xenophon und Plato liest, bevor er an den Text des griechischen Neuen Testaments herangeht. Es wird wohl niemand leugnen, daß sich das Studium des klassischen Griechisch immer wieder lohnt. Doch als einer, der fast fünfundzwanzig Jahre lang Hunderte von Studenten in neutestamentlichem Griechisch unterrichtet hat, von denen sich viele in der Beherrschung und Kommentierung der neutestamentlichen Sprache hervorgetan haben, ist der Verfasser überzeugt, daß eine Kenntnis der klassischen Sprache nicht unerläßlich ist.

Neutestamentliches Griechisch soll sich eignen: (1) für den Schüler, der bisher noch keine Bekanntschaft mit der griechischen Sprache gemacht hat, (2) für den Schüler, der schon klassisches Griechisch gelernt hat und (3) für denjenigen, der meint, seine bisherigen Kenntnisse durch gründliche Wiederholung aufzufrischen. Dem Verfasser ging es darum, gründlich genug eine Grundlegung der Grammatik des neutestamentlichen Griechisch zu geben, und dabei gleichzeitig die Erläuterungen und Erklärungen so schlicht und verständlich wie möglich darzulegen.

Der Verfasser hat durch gründliches Studium des Sanskrit die Überzeugung gewonnen, daß es richtig ist, von dem Acht-Kasus-System auszugehen, und daß der Kasus etwas über die Funktion aussagt; so hat er es für notwendig gehalten, bereits vorliegende grammatische Erläuterungen, die sonst durchaus ausreichten, entsprechend zu ergänzen. Einige Texte, die auch das Acht-Kasus-System enthalten, sind in den Übungstexten nicht angemessen und andere sind nicht logisch in ihrer Reihenfolge, in der sie eingeführt und angeboten werden. In der Reihenfolge der Darlegung des Materials war mir am befriedigendsten J. Gresham Machens »Neutestamentliches Griechisch für Anfänger«.

Der Deutung der verschiedenen Zeitformen ist besondere Aufmerksamkeit gewidmet worden, so daß der Schüler nicht erst falsche Begriffe umlernen muß, die manchmal in den Grammatiken für Anfänger geboten werden. In der gesamten Grammatik und ihren Erläuterungen wurde besonderes Gewicht auf die Schematisierung der griechischen Verbformen und ihrer Ableitung von den entsprechenden Stammformen gelegt; indem immer wieder hingewiesen wurde, welche Charakteristika das Tempus, Genus und Modus bestimmen, wurde dem Schüler eine unentbehrliche

Hilfe für das Verständnis von Aufbau und Bildung des Verbs gegeben. Verbalsubstantive, Partizipien und Infinitive wurden in aufeinanderfolgenden Lektionen und mit noch größerer Gründlichkeit als gewöhnlich in einführenden Grammatiken behandelt; damit wollte der Verfasser den Schüler noch besser darauf vorbereiten, das griechische Neue Testament zu lesen. Nach den einführenden Lektionen des grammatischen Textes sind die Beispiele für die grammatischen Formen größtenteils dem Text des griechischen Neuen Testaments entnommen, wobei jedesmal die deutsche Übersetzung (nach Luther) hinzugefügt ist. In diesem Zusammenhang weiß der Verfasser dankbar die Hilfe von Moulton und Gedens »Konkordanz des griechischen Neuen Testaments« zu schätzen, welche für das induktive Studium der Grammatik des neutestamentlichen Griechisch hilfreich war.

Ein Vokabelverzeichnis der Wörter, die sehr häufig im griechischen Neuen Testament begegnen, ist angefügt worden, um den Schüler für die Lektüre dadurch vorzubereiten, daß er immer wieder in den Übungen von den Worten Gebrauch macht, die in den Verzeichnissen aufgeführt sind. Im Interesse eines guten Unterrichtes sind zur Wiederholung und Vertiefung wichtige Begriffe immer wieder einmal eingefügt worden, wie auch Rückblicke und Übersichten über bereits besprochene Themen. Der Sachindex am Schluß des Textes und die ausführlichen Querverweise sollen dem Schüler ermöglichen, die Beispiele gründlich zu wiederholen und auch bestimmte Dinge genauer zu studieren, die er auf diese Weise rasch auffinden kann. Es schien jedoch nicht notwendig, hierbei jeden einzelnen Begriff im Register oder den Querverweisen anzuführen.

In den späteren Lektionen fehlen die deutsch-griechischen Übungstexte, und auch die griechischen Satzübungen werden zugunsten der Lektüre des griechischen Neuen Testaments eingeschränkt. Es wird empfohlen, die Stammformen der Verben in der Reihenfolge ihres Vorkommens im Text mündlich zu lernen und ständig die daraus abgeleiteten Verbformen zu analysieren und zu zeigen, in welchem Verhältnis sie wiederum zu den Stammformen stehen. Eine besondere Lektion bietet die Stammformen vieler der gebräuchlichsten griechischen Verben und führt auch die davon abgeleiteten Zeitformen mit auf. Eine gute Beherrschung dieser Stammformen und der Systeme der Verbindungen wird die Übersetzung und Auslegung des griechischen Neuen Testaments zu einer beglückenden Erfahrung und nicht einer sauren Aufgabe werden lassen.

Es war von Anfang an unser Ziel, den Schüler nicht mit einer übermäßigen

Zahl von Übungen zu belasten; trotzdem ist es wichtig, die vorgegebenen Aufgaben sorgfältig auszuführen. Der Lernprozeß sollte nicht durch mangelnde Aufmerksamkeit gegenüber den Feinheiten der Sprache, auf welche auch die Übungen aufmerksam machen wollen, kurzgeschlossen werden. Je eher die Schüler nach Beherrschung der Fundamentalkenntnisse in die Lektüre des griechischen Neuen Testaments eingeführt werden können, desto besser. Dies wirkt auch Wunder für die eigene Motivation, und es vollzieht sich ein induktives Erlernen der Grammatik völlig mühelos. Gemeinsames lautes Lesen ist eine Technik, die schon oft mit großem Erfolg angewandt wurde, wenn Studenten grammatische Konstruktionen und Verbformen gemeinsam analysieren. Diese Grammatik ist vor allem auf die Lektüre des Johannesevangeliums und des ersten Johannesbriefes ausgerichtet.

Der Verfasser möchte der Leitung und Verwaltung des Western Conservative Baptist Seminary seine große Dankbarkeit aussprechen, daß ihm ein Studienjahr gewährt wurde, um diese Aufgabe zu ermöglichen. Besonderer Dank gebührt auch Mr. Raymond Barber, dem Kollegen und graduierten Studenten am Seminar für seine wertvolle Hilfe beim Korrekturlesen des Textes und der Vorbereitung der Beispiellisten und Vokabelverzeichnisse, ferner auch Mrs. Paul Randall, welche das Originalmanuskript auf der Schreibmaschine schrieb, und Mrs. Bruce Ker, die das Manuskript druckfertig machte.

Paul Kaufman
Weihnachten 1981

Inhalt

Abkürzungen

ATR
Robertson, A. T., Grammatik des griechischen Neuen Testaments im Licht historischer Forschung, Harper & Brothers
Blaß, DeB
Blaß, F. und DeBrunner, A., Grammatik des neutestamentlichen Griechisch, University of Chicago Press, 1961 D. & M.
Dana, H. E. und Mantey, Julius R., Handgrammatik des griechischen Neuen Testaments, MacMillan, 1927
Moulton
Moulton, James Hope, et al., Grammatik des neutestamentlichen Griechisch, T & T Clark, 1957—1976, Band 1—4
Smyth
Smyth, Herbert Weir., Griechische Grammatik, Harvard University Press, 1956
Whitney
Whitney, William Dwight., Sanskrit Grammatik, Harvard University Press, 1941

Einführung

Durch die Jahrhunderte hat die griechische Sprache eine erstaunliche Stetigkeit bewiesen und weit weniger sprachliche Veränderungen durchlaufen als etwa die deutsche Sprache seit dem frühen Mittelalter bis heute. So hätte ein deutscher Leser sicher einige Mühe, die Gedichte Walthers von der Vogelweide oder das Hildebrandlied ohne Kommentar zu lesen und zu verstehen. Demgegenüber ist es sicher nicht übertrieben zu bemerken, daß ein Student, der Xenophons »Anabasis« oder Platons »Apologie« lesen kann, nur wenig Mühe hat, das Neue Testament oder gar eine moderne griechische Zeitung (abgesehen von einigen Vokabelabweichungen) zu lesen.

Griechisch gehört zur indo-europäischen Sprachfamilie, von der Sanskrit das älteste noch bestehende Glied ist und Griechisch das zweitälteste darstellt. Sanskrit, das allem Anschein nach seine Bedeutung in der Kultur des Industales in Indien erlangte, vielleicht schon um das Jahr 2000 v.Chr., ist die Sprache der Vedas, der Bhagavadgita und Upanishads. Obwohl Griechisch, das von der Zeit um 1500 v.Chr. datiert, fast ebenso alt ist wie Sanskrit, liegt seine Geschichte vor Homer (um 900 v.Chr.) im Dunkeln. Die mykenische Periode erstreckt sich von 1500—1000 v.Chr. und umfaßt den Zeitraum der Entstehung dieser Sprache.

Die Zeit der Dialekte umfaßt den Zeitraum zwischen 1000 v.Chr. und 300 v.Chr., d.h. grob gerechnet, von der Zeit Homers bis in die Zeit der weiten Verbreitung der griechischen Sprache als Ergebnis der siegreichen Feldzüge Alexanders des Großen. Während dieser Periode wurden die zahlreichen Dialekte (Nordwestlich, Dorisch, Äolisch, Jonisch, Thessalisch, Boötisch, Attisch etc.), die infolge der geographischen Grenzen bis dahin bestanden, auf dramatische Weise zu einer Einheitssprache umgeschmolzen, vor allem durch den nivellierenden Effekt der Armee Alexanders des Großen. Die Zeit der »koiné« reicht von 300 v.Chr. bis 350 n.Chr., als die Hauptstadt des römischen Reiches von Rom nach Konstantinopel verlegt wurde. Die zwei großen literarischen Werke dieser Periode waren die griechische Übersetzung des Alten Testaments aus dem Hebräischen (die sog. Septuaginta) und das Neue Testament. Die darauffolgende Periode der griechischen Sprache wird allgemein als das byzantinische Griechisch bezeichnet und reicht vom Jahre 330 n.Chr. bis 1453, dem schicksalhaften Jahr, als Konstantinopel von den Türken erobert wurde. Die Periode des modernen Griechisch reicht von 1453 bis in die Gegenwart.

Es ist schwer, die Bedeutung der griechischen Sprache als weltweite Sprache überzubewerten, die die Welt für Christus vorbereitete und die Übermittlung der Offenbarung Gottes im Neuen Testament möglich machte. Griechisch war die Verkehrssprache; sie wurde weltweit verstanden, ein scharfgeschliffenes Instrument, durch das Gottes letzte Offenbarung kam. Das Griechisch des Neuen Testaments ist das Griechisch, das von der Masse des einfachen Volkes gesprochen wurde, und diese »koiné«, d.h. das allgemeine Griechisch hatte ein sehr großes Verbreitungsgebiet, wie uns die literarischen Kunstwerke jener Zeit bestätigen.
Es war die Sprache von Autoren jener Periode wie Polybius, Philo, Strabo, Plutarch und Josephus, deren mehr formale literarische Versuche uns erhalten sind. Es war auch die Sprache des einfachen Volkes, die in den mehr bruchstückartigen schriftlichen Aufzeichnungen der Papyri im trockenen Wüstensand Ägyptens erhalten geblieben sind. Es war auch die Sprache der ärmeren Volksschichten, in der alltägliche Notizen auf Tonscherben geschrieben wurden, wohl das einzig verfügbare Schreibmaterial jener Menschen. Auch Inschriften, die sich im weiten Raum der Welt des Mittelmeeres finden, sind in Koinégriechisch aufgezeichnet. Da die Papyri die ungeschliffene Sprache des einfachen Volkes darstellen, sind sie wahrscheinlich das wichtigste und einzige literarische Zeugnis für die Sprache des Neuen Testaments und zugleich wertvollste Quelle für lexikographische Daten.
Die Veröffentlichung des »Wörterbuch des Griechischen Testaments« durch James Hope Moulton und George Milligan im Jahre 1930 erschloß einen großen Teil dieses Materials für lexikalische Studien, von denen ein großer Teil in das Buch »Ein griechisch-englisches Lexikon zum Neuen Testament und anderer frühchristlicher Literatur« von Arndt und Gingrich eingearbeitet und aufgenommen wurde. Jeder, der das Neue Testament ernsthaft studiert, wird diese Bücher und »Eine Konkordanz zum Griechischen Neuen Testament« von Moulton und Geden als absolut unentbehrliche Werkzeuge zu schätzen wissen. Wenn sie auch etwas kümmerlich aufgebaut ist, so bleibt doch A. T. Robertsons »Grammatik zum griechischen Neuen Testament im Licht historischer Forschung« eine reiche Quelle für Einsichten in die Grammatik. Die »Griechische Grammatik« von H. W. Smyth ist ein glänzendes Werk zum Studium des klassischen Griechisch, aus dem der Student der neutestamentlichen Sprache viel Hilfreiches lernen kann. Andere wertvolle grammatische Quellen sind »Grammatik des neutestamentlichen Griechisch« und anderer frühchrist-

licher Literatur von Blaß-Debrunner, und die »Grammatik des neutestamentlichen Griechisch« von J. H. Moulton, W. F. Howard und Nigel Turner. Der vierte Band dieser wertvollen Reihe, »Style«, ist kürzlich veröffentlicht worden und stellt einen bedeutsamen und sehr nützlichen Beitrag zu diesem monumentalen Werk dar.

Sprache — daran sollte man sich immer wieder erinnern — ist etwas Lebendiges. Die lebendige Sprache des ersten Jahrhunderts ist die Sprache des Neuen Testaments; und die Grammatik des griechischen Neuen Testaments muß von der Sprache des Neuen Testaments her gesondert betrachtet werden. Moderne Grammatik ist beschreibend (deskriptiv) und nicht vorschreibend (präskriptiv). Paulus, Lukas, Matthäus, Petrus und die übrigen Autoren des Neuen Testaments schrieben so, wie sie schrieben, weil jene Art des Schreibens das am besten zum Ausdruck brachte, was sie unter göttlicher Inspiration weitersagen wollten.

Die Aufgabe für den, der das Neue Testament studiert, liegt darin, durch sorgfältiges Studium der Grammatik und des historischen Hintergrundes zu entdecken, was der biblische Verfasser wirklich sagt. Zugegeben, dies ist eine Aufgabe mit hohen Anforderungen, aber wer das Neue Testament auslegen und anderen nahebringen soll, muß sich dieser hohen Aufgabe verschreiben. Nichts weniger entspricht einer so heiligen Berufung. In einer Zeit, in der es unzählige Übersetzungen gibt, muß dennoch anerkannt werden, daß die letzte Instanz in Sachen Auslegung das grammatische und historische Studium der Ursprache sein muß, in der der Text der Heiligen Schrift abgefaßt ist. Der engagierte Student wird entdecken, daß diese Art des Studiums ihre reichen Früchte bringt. Der Ausleger des Neuen Testaments wird gut daran tun, sich an das Wort des Apostels Paulus an Timotheus erinnern zu lassen: »Halte an mit Lesen, mit Ermahnen, mit Lehren . . . Dies laß deine Sorge sein, damit gehe um, auf daß dein Zunehmen allen offenbar werde. Hab acht auf dich selbst und auf die Lehre; beharre in diesen Stücken. Denn wenn du solches tust, wirst du dich selbst retten und die dich hören« (1.Tim. 4,13.15.16).

Lektion 1

1. Das griechische Alphabet

Das griechische Alphabet hat 24 Buchstaben. Die Aussprache an Beispielen von deutschen Wörtern kommt in etwa der griechischen nahe!

Klein	Name	Groß	Aussprache		Zahl
α	Alpha	Α	a	in Vater	1
β	Beta	Β	b	in Ball	2
γ[1]	Gamma	Γ	g	in Garten	3
δ	Delta	Δ	d	in Dame	4
ε	Epsilon	Ε	e	in essen	5
ζ	Zeta	Ζ	z	in ziehen	7
η	Eta	Η	ä	in Ähre	8
ϑ	Theta	Θ	th	in Thron	9
ι	Jota	Ι	i	in immer (kurz)	10
				in ihr (lang)	
κ	Kappa	Κ	k	in kurz	20
λ	Lambda	Λ	l	in lang	30
μ	My	Μ	m	in Mann	40
ν	Ny	Ν	n	in neu	50
ξ	Xi	Ξ	x	in Hexe	60
ο[2]	Omikron	Ο	o	in hoffen (kurz)	70
π	Pi	Π	p	in prahlen	80
ϱ[3]	Rho	Ρ	r	in rufen	100
σ, ς[4]	Sigma	Σ	s	in singen	200
τ	Tau	Τ	t	in tauchen	300
υ	Ypsilon	Υ	ü	in üben	400
φ	Phi	Φ	ph	in Photo	500
χ	Chi	Χ	ch	in Bücher	600
ψ	Psi	Ψ	ps	in Psalm	700
ω	Omega	Ω	o	in hohl (lang)	800

2. Kleine und große Buchstaben

Der Schüler sollte die kleinen Buchstaben gleich ganz lernen. Die Großbuchstaben, die bei Eigennamen verwendet werden oder im fortlaufenden

Text den Beginn einer direkten Rede anzeigen, können dann später, so wie sie im Text vorkommen, gelernt werden. Wie man die Buchstaben richtig schreibt und anordnet, muß der Schüler vom Lehrer gezeigt bekommen. β und ϱ schreibt man in einem Zug von unten nach oben.

3. Die griechischen Vokale und Diphthonge[5]

Das Griechische hat sieben Vokale: α, ε, η, ι, ο, υ, ω. Davon sind ε und ο immer kurz, η und ω immer lang[6]. α, ι und υ sind manchmal kurz und manchmal lang. In diesem Text sollten α, ι, υ immer als kurz betrachtet werden, wenn der Akzent auf der letzten Silbe diese nicht als lang kennzeichnet (siehe 11.1, 40, 49). Alle Vokale, auf denen ein Zirkumflex steht, sind lang (siehe unter Akzente).

Ein Vokal heißt offen, wenn der Mund bei der Aussprache mehr oder weniger offen ist; dagegen spricht man von einem geschlossenen Vokal, wenn der Mund bei der Aussprache mehr oder weniger geschlossen bleibt. ι und υ sind geschlossene, die übrigen offene Vokale.

Ein *Diphthong* ist die Verbindung eines offenen mit einem geschlossenen Vokal (außer bei υι). Allgemein kommen folgende Vokale vor:

αι	ausgesprochen wie ai in **Mai**
ει	ausgesprochen wie ei in (schwäbisch) Pfl**ei**derer
οι	ausgesprochen wie oi in **Boil**er
αυ	ausgesprochen wie au in Kr**au**t
ου	ausgesprochen wie u in W**u**t
ευ	ausgesprochen wie eu in H**eu**
υι	ausgesprochen wie »üj«

In einigen Worten, in denen zwei nebeneinanderstehende Vokale eines möglichen Diphthonges als getrennte Silben ausgesprochen werden sollen, wird dies durch das Trema ¨(Trennpunkt) gekennzeichnet. Die beiden Diphthonge ηυ und ωυ sind selten und werden so ausgesprochen, daß man beide Vokale eng nebeneinander ausspricht. Manchmal verbindet sich ι mit einem langen α, η oder ω, aber so, daß dieses ι nicht neben, sondern *unter* dem betr. Vokal erscheint; man nennt dies das Jota subscriptum, also ᾳ, ῃ und ῳ. Man nennt diese auch die uneigentlichen Diphtonge. Das Jota beeinträchtigt die Aussprache in keiner Weise, bleibt also stumm; nur sollte man beachten, daß ᾳ immer lang ist.

4. Hauchzeichen

Ein Vokal oder Diphthong am *Anfang* eines Wortes hat immer ein Hauchzeichen, welches *über* dem betreffenden Vokal oder auf dem *zweiten* Vokal des Diphthonges steht. Der »rauhe Hauch« (auch spiritus asper) »῾« deutet an, daß vor dem Anfangsvokal oder -diphthong ein »h« gesprochen werden muß, z.B. ἁρπάζω (ergreifen), ausgesprochen »harpádzō«. Der »weiche Hauch« (auch spiritus lenis) »᾿« bleibt bei der Aussprache stumm, z.B. εἰς (hinein), ausgesprochen »eis«, im Gegensatz zu εἷς (einer), ausgesprochen »heis«. ρ am Anfang eines Wortes wird immer mit dem rauhen Hauch versehen, so z.B. ῥῆμα (Wort, Sache)[7], wie auch immer υ am Anfang eines Wortes, z.B. ὑπό mit dem Akkusativ (unter).

5. Silben und Akzente

Da hierüber in der nächsten Lektion ausführlich gesprochen wird, beschränken wir uns hier nur auf einige Vorbemerkungen. Ein griechisches Wort besteht aus ebenso vielen Silben, wie es getrennte Vokale oder Diphthonge hat. Nur die *drei letzten Silben* eines griechischen Wortes können einen Akzent erhalten. Die letzte Silbe eines Wortes heißt (lat.) Ultima, die vorletzte Silbe die Paenultima und die drittletzte die Antepaenultima. Im Griechischen gibt es drei Akzentzeichen: Der »Akut« (´), der nur auf einer der drei letzten Silben stehen kann; der »Zirkumflex« (῀), der nur auf einer der beiden letzten Silben stehen kann (aber immer über einem langen Vokal und über dem zweiten Vokal eines Diphthonges; und der »Gravis« (`), der nur auf der letzten Silbe stehen kann. Stehen ein Hauchzeichen und ein Akzent über demselben Vokal, so steht das Hauchzeichen an erster Stelle, außer beim Zirkumflex, der *über* dem Hauchzeichen steht, z.B. οἴκου, οἶκος (Haus). Der Gebrauch der Akzente wird in der folgenden Lektion genau beschrieben. Waren die Akzente in der frühgriechischen Sprache offensichtlich musikalische Betonungszeichen, wie aus dem Metron (Versmaß) der griechischen Dichtung ersichtlich ist, so ist dies heute nicht mehr der Fall. Die Akzentzeichen zeigen heute nur an, daß die betreffende Silbe auch betont ist. Der Schüler sollte es lernen, immer die Silbe eines Wortes zu betonen, die den Akzent trägt. Dies ist besonders wichtig für die Aussprache der Substantive, wie wir in der nächsten Lektion sehen werden.

6. Satzzeichen (Interpunktion)

Im Griechischen gibt es vier Satzzeichen. Das Komma und die Sprechpause entsprechen der Funktion, die diese auch im Deutschen haben. Das Kolon, ein Punkt über der Linie (·) gilt für das Semikolon sowie auch den Doppelpunkt. Das Fragezeichen (;) ähnelt dem deutschen Semikolon.

7. Übung

Nachdem der Schüler die kleinen Buchstaben des Alphabets gelernt und sich die Namen der Buchstaben in der richtigen Reihenfolge eingeprägt hat, sollte er sich darin üben, einzelne Wörter und ganze Sätze in irgendeinem Text oder auch im griechischen Neuen Testament richtig auszusprechen. Bei der Aussprache und beim Lernen sollte man sehr genau sein. Hierbei ist die Hilfe des Lehrers von großer Bedeutung. Eine Sprache, und besonders eine neue Sprache, sollte man visuell, d.h. mit dem Auge lernen, aber ebenso auch mit dem Ohr. Gerade das *Hören* spielt beim Lernen eine wichtige Rolle. Auch eine dritte Methode ist von Bedeutung, d.h. die »Bewegung«. Die Worte und die verschiedenen Deklinationsformen aufzuschreiben, wird sich als eine wertvolle Hilfe für das Gedächtnis erweisen.

Merke: »Rückschau ist die Mutter der Weisheit« und »Wiederholung ist die Mutter des Lernens".

1 Doppeltes γ, γκ, γχ wird wie »ng« gesprochen.

2 Wörtl.: »kleines, kurzes o«, ω wörtl. »großes, langes o«.

3 Am Wortanfang wird ῥ mit rauhem Hauchzeichen geschrieben (s. 4).

4 ς am Ende eines Wortes, sonst σ: z.B. σεισμός (Erdbeben).

5 Ein Vokal ist ein Laut, bei dessen Erzeugung der Atemkanal nicht unterbrochen wird; ein Diphthong, von δίφθογγος, d.h. »Zweiklang«, vereinigt zwei Vokale in einer Silbe.

6 Was diese Feststellung bedeutet, wird sich zeigen, wenn wir über die Akzente in der nächsten Lektion sprechen.

7 Diphthonge haben das Hauchzeichen über dem zweiten Vokal, z.B. εὑρίσκω (finden); steht der Zirkumflex über einem Diphthong, so steht er *über* dem Hauchzeichen, z.B. αἷμα (Blut).

Lektion 2

Akzente

8. Die Bedeutung des Akzents

Wie schon in Lektion 1 erwähnt, bedeutete der Akzent ursprünglich eine Tonhöhe; der Akut (´) stellte ein Anheben der Stimme, der Gravis (`) ein Senken der Stimme dar, während der Zirkumflex ( ˜) beides in sich vereinte, den Akut ( ´) und den Gravis ( `). Mit anderen Worten wird »der Akzent durch das Gesetz der Intonation bestimmt« (D & M 26). Im Lauf der Zeit hat sich der musikalische Aspekt des Akzentes allmählich zu einem bloßen Betonungszeichen gewandelt, obwohl man noch heute seine Bedeutung für das Heben und Senken der Stimme und den rhythmischen Sprachfluß empfinden kann. Manchmal ist der Akzent das einzige Mittel, um die eine Form von der anderen zu unterscheiden, und aus diesem Grund sollte seine Bedeutsamkeit nicht herabgesetzt werden. So bedeutet z.B. θέρμος »die Linse«, während θερμός »warm« heißt. Einige Grundregeln werden dem Schüler helfen, der die griechische Sprache meistern und etwas von ihrer Schönheit erfahren will.

9. Silben und Anzahl von Silben

1. Ein griechisches Wort hat soviele Silben, wie es getrennte Vokale oder Diphtonge hat: ἄν-θρω-πος (Mensch).
2. Die letzte Silbe heißt (lat.) Ultima, die vorletzte Paenultima, und die drittletzte die Antepaenultima, was soviel wie »die vorvorletzte« heißt.
3. Eine Silbe gilt als kurz, wenn der Vokal kurz ist (ε oder ο).
4. Eine Silbe gilt als lang, wenn sie einen langen Vokal (η oder ω) oder einen Diphthong enthält. Diphthonge sind immer lang, außer den Endungen οι oder αι, die bei der Bestimmung des Akzentes als kurz gelten, außer im Optativ, wo sie auch am Ende eines Wortes lang sind.

Wie schon zuvor erwähnt, sollte der Schüler lernen, bei der Aussprache immer der Akzentsilbe auch den Ton zu geben und die Stellung des Akzentes auf dem Wort zu beachten.

10. Allgemeine Erwägungen zum Akzent

Es gibt drei Akzente im Griechischen, aber weiter zurück als auf der drittletzten Silbe (Antepaenultima) kann keiner von ihnen stehen, z.B. ἐλαμβάνομεν (wir nahmen).

1. Der *Akut* (´) kann über kurzen oder langen Vokalen oder über dem zweiten Vokal bei einem Diphthong stehen, und außerdem auf jeder der drei letzten Silben, z.B. ἀγαθός (gut); λόγος (Wort); κύριος (Herr); δαίμων (böser Geist).
2. Der *Zirkumflex* (῀) kann *nur* auf von Natur langen Vokalen (η oder ω) oder über dem zweiten Vokal eines Diphthonges, jedoch *nur* auf der letzten (Ultima) oder vorletzten (Paenultima) stehen, z.B. γῆ (Erde); δῶρον (Gabe); φωνῆς (2. Fall von Stimme); τοῦτο (dies).
3. Der *Gravis* (`) kann über kurzen oder langen und dem zweiten Vokal eines Diphthonges stehen, aber nur dann, wenn im Satzzusammenhang noch ein weiteres Wort folgt, das von dem vorhergehenden nicht durch ein Satzzeichen getrennt ist, z.B. εἰσὶν θεοὶ πολλοὶ καὶ κύριοι πολλοί (es gibt viele Götter und viele Herren 1.Kor. 8,5b).
4. Ein Akzent gilt als *rezessiv,* wenn er soweit, wie es das Gewicht der letzten Silbe zuläßt, sich vom Ende des Wortes entfernt; so ist der Akzent bei Verben rezessiv, z.B. ἐ-πίσ-τευ-ον (ich glaubte)[1].
5. Beim Akzent von Substantiven spricht man manchmal von einem *beständigen* Akzent, d.h. der Akzent bleibt möglichst auf der Silbe, auf der er im Nominativ Singular steht, d.h. der »Vokabelform«, sofern es das Gewicht der letzten Silbe zuläßt.

11. Besondere Akzentregeln

1. Ein Akut kann nur dann auf der drittletzten Silbe stehen, wenn die letzte kurz ist, z.B. ἄν-θρω-πος (Mensch); ist dagegen die letzte Silbe lang, wird der Akut auf die vorletzte gezogen, so: ἀν-θρώ-που.
2. Eine betonte vorletzte Silbe muß, wenn die letzte kurz ist, den Zirkumflex erhalten, z.B. δοῦλος.
3. Der Zirkumflex kann nicht auf der vorletzten Silbe stehen, wenn die letzte lang ist, so ist δούλου richtig.
4. In der Regel wird ein Akut auf der letzten Silbe zum Gravis, wenn darauf ein anderes Wort ohne trennendes Satzzeichen folgt, z.B. ὁ υἱὸς τοῦ θεοῦ (der Sohn Gottes).

12. Akzente bei Verben

1. Wie bereits erwähnt, ist der Akzent bei Verben *rezessiv,* d.h. der Akzent geht soweit zurück, wie es die Akzentregeln erlauben, z.B. λαμ-βάν-ο-μεν (wir empfangen). Wenn also jemand weiß, daß die Form ein Verb ist und auch das Gewicht der letzten Silbe (d.h. ob kurz oder lang) bekannt

ist, kann nach den oben beschriebenen Regeln die Form richtig akzentuiert werden. Hat die Verbform drei oder mehr Silben und ist die letzte Silbe kurz, wird der Akzent auf der drittletzten ein Akut sein, z.B. ἔ-λαμ-βαν-ον (ich empfing). Hat die Verbform eine lange Ultima und eine kurze Paenultima, wird der Akzent auf der Paenultima ein Akut sein, z.B. ἐ-λαμ-βαν-ό-μην (ich wurde empfangen). Hat die Verbform eine lange Paenultima und eine kurze Ultima, wird die vorletzte Silbe, wenn sie den Ton hat, den Zirkumflex erhalten müssen, wie in 11.2 erwähnt, z.B. λῦε (löse, Imperativ).

2. Auf einige Ausnahmen bei Akzenten auf Infinitiven und Partizipien werden wir eingehen, wo sie im Text vorkommen, aber es ist richtig, wenn man beobachtet, daß Infinitive und Partizipien in Wirklichkeit Verbalsubstantive sind und daher auch nicht der Regel des rezessiven Akzentes bei Verben unterliegen.

13. Akzente bei Substantiven

Bei Substantiven (und Adjektiven) ist der Akzent beständig, d.h. der Akzent neigt dazu, auf der gleichen Silbe zu bleiben wie im Nominativ Singular, wenn es das Gewicht der letzten Silbe zuläßt. Der Nominativ ist natürlich die Form des Subjekts bzw., wie die Form im Lexikon steht. Wie sich diese Regel auswirkt, kann man am Wort ἄν-θρω-πος (Mensch) sehen (13.1). Im Nominativ Singular ist der Akzent auf der drittletzten Silbe, und bei Substantiven muß man sich die Stellung des Akzentes wie auch die Schreibweise des Wortes genau einprägen. In der zweiten Deklinationsform, die den Genitiv und Ablativ darstellt[2], ist der Akzent wegen der langen letzten Silbe auf die vorletzte verlagert, also ἀν-θρώ-που (siehe 11.1); ebenso verhält es sich bei der dritten Deklinationsform, die den Dativ, den Lokativ und Instrumentalfall darstellt[2]; auch hier wird der Akzent wegen der langen Ultima auf die Paenultima verlagert, also ἀν-θρώ-πῳ. Beim Akkusativ[2] und Vokativ Singular ist die letzte Silbe kurz, also kehrt der Akzent auf die Silbe zurück, die er im Nominativ innehatte, also ἄν-θρω-πον und ἄν-θρω-πε.

1. Das gesamte Deklinationsschema, d.h. die verschiedenen Fälle, welche die Beziehungen der Worte zueinander bezeichnen (siehe Lektion 4) des Wortes ἄν-θρω-πος bestätigt diese Regeln:

	Singular	Plural
Nominativ	ἄν-θρω-πος	ἄν-θρω-ποι[3]
Genitiv — Ablativ	ἀν-θρώ-που	ἀν-θρώ-πων

Dativ — Lokativ — Instrumental	ἀν-θρώ-πῳ	ἀν-θρώ-ποις
Akkusativ	ἄν-θρω-πον	ἀν-θρώ-πους
Vokativ	ἄν-θρω-πε	ἄν-θρω-ποι

2. Ein anderes Substantiv δοῦ-λος (Sklave) veranschaulicht die Anwendung dieser Akzentregeln. In diesem Wort ist die vorletzte Silbe lang, weil sie einen Diphthong hat, und die letzte ist kurz. Den Akzent der Substantive im Nominativ muß man sich durch Beobachtung einprägen.
Beachten Sie beim folgenden Beispiel, wie hier die Akzentregel (besonders 11.3) angewendet wird.

	Singular	Plural
Nominativ	δοῦ-λος	δοῦ-λοι
Genitiv — Ablativ	δού-λου	δού-λων
Dativ — Lokativ — Instrumental	δού-λῳ	δού-λοις
Akkusativ	δοῦ-λον	δού-λους
Vokativ	δοῦ-λε	δοῦ-λοι

3. Das Substantiv ἀδελφός (Bruder) zeigt eine leichte Abweichung in der Akzentgebung, obwohl in allen Fällen der Akzent auf der gleichen Silbe wie im Nominativ Singular bleibt. Ein Wort, welches den Akzent auf der letzten Silbe hat, nennt man »Oxytonon«, wörtlich »scharfbetont«. Wie wir später noch sehen werden[4], haben Oxytona der ersten und zweiten Deklination im Genitiv und Dativ, Singular und Plural, den Zirkumflex. So wird das Beispiel ἀ-δελ-φός wie folgt dekliniert:

	Singular	Plural
N	ἀ-δελ-φός	ἀ-δελ-φοί
G — A	ἀ-δελ-φοῦ	ἀ-δελ-φῶν
D — L — I	ἀ-δελ-φῷ	ἀ-δελ-φοῖς
A	ἀ-δελ-φόν	ἀ-δελ-φούς
V	ἀ-δελ-φέ	ἀ-δελ-φοί

4. ἀδελφός ist ein Substantiv der zweiten Deklination[5]; aber die Regel der Oxytona findet auch bei dem Substantiv der ersten Deklination φωνή (Stimme)[6] Anwendung, also:

	Singular	Plural
N	φων-ή	φων-αί
G — A	φων-ῆς	φων-ῶν
D — I — L	φωνῇ	φωναῖς
A	φων-ήν	φων-άς

Die Akzente bei den Substantiven der dritten Deklination werden an der betreffenden Stelle , also in Lektion 17 und 24 dargelegt.
Die Frage der Akzentsetzung ist nicht schwierig, wenn man die betreffenden Regeln beachtet. Die folgenden Übungen helfen, diese Regeln anzuwenden. Der Schüler sollte genau die Akzente und Hauchzeichen eines jeden Wortes in den folgenden Lektionen beachten.

14. Übung

Bei den folgenden Verbformen schreiben Sie erst die Form auf und geben ihr den der Regel entsprechenden Akzent; dann lesen Sie die Form und betonen die Silbe, die den Akzent hat:
1. ἐ-λαμ-βαν-ο-μεν, ἐ-λαμ-βαν-ο-μην, ἐ-λαμ-βαν-ου.
2. ἐ-γραφ-ε-το, ἐ-γραφ-ον, ἐ-γραφ-ο-μεν.
3. ἐ-λυ-ον-το, ἐ-λυσ-α-μην, ἐ-λυσ-ω.
4. βλεπ-ει, βλεπ-ε-τε, βλεπ-ου-σιν[7].
5. γιν-ωσ-κε-τε, γιν-ωσ-κω.

Bei den folgenden Substantivformen, die im Nominativ Singular lauten: (1) κύ-ρι-ος, (2) ἀ-γά-πη, (3) ψυχ-ή, (4) ση-μεῖ-ον setzen Sie jeweils den Akzent nach den Regeln in 13.
1. κυ-ρι-ου, κυ-ρι-ον, κυ-ρι-οι, κυ-ρι-ων, κυ-ρι-οις, κυ-ρι-ῳ.
2. ἀ-γαπ-ην, ἀ-γαπ-ης, ἀ-γα-πῃ, ἀ-γαπ-αις, ἀ-γαπ-ας, ἀ-γαπ-αι.
3. ψυχ-αις, ψυχ-ων, ψυχ-ην, ψυχ-ας, ψυχ-αι, ψυχ-ης.
4. ση-μει-ου, ση-μει-ῳ, ση-μει-ων, ση-μει-οις, ση-μει-α[8].

Nach dem Beispiel ἀδελφός (13,3) schreiben Sie auch alle entsprechenden Formen für ὁδός (Weg, Straße), und setzen Sie auf jede Form den richtigen Akzent. Beachten Sie hier auch den rauhen Hauch und lesen Sie jede Form laut. Nach dem Beispiel φωνή (13.4) schreiben Sie alle Formen für γραφή (Schrift), setzen Sie den Akzent und sprechen Sie die Form laut vor.

Merke: »Ausdauer ist das Kennzeichen des Sorgfältigen.«

1 Einige Ausnahmen bei Infinitiven und Partizipien, die in Wirklichkeit Verbalsubstantive sind, werden unten erklärt.

2 In einer der folgenden Lektionen wird dies ausführlich behandelt.

3 Man wird sich erinnern, daß αι und οι am Ende eines Wortes bei der Akzentbestimmung als kurz gelten, außer im Optativ (siehe 9.4).

4 Siehe Lektion 4 und 5.

5 Siehe Lektion 4.

6 Siehe Lektion 5.

7 Das Jota ist kurz.

8 Das α ist kurz.

Lektion 3

Grundbegriffe von Tempus, Genus und Modus
Präsens Aktiv Indikativ

15. Wortschatz

Man hat sich immer wieder bemüht, in den Lektionen solche Worte zu verwenden, die sehr häufig im Neuen Testament begegnen. Die Vokabeln sollten immer vollständig gelernt werden (einschließlich Schreibweise und Akzent), *bevor* man an die Übungen herangeht. Sinnverwandte Worte (oder Lehnworte) aus dem Griechischen werden jeweils als Gedächtnishilfe mit angegeben.

ἔχω	ich habe	γράφω	ich schreibe (Graphik)
ἀκούω	ich höre (Akustik)	βλέπω	ich sehe
γινώσκω	ich erkenne (Gnostiker)	διδάσκω	ich lehre (Didaktik)
λαμβάνω	ich nehme	λύω	ich löse auf, zerstöre
λέγω	ich sage		

16. Der Grundaspekt der Zeit (Tempus)

Im Griechischen ist der grundsätzliche Aspekt der Zeit die *Aktionsart.* Es gibt insgesamt drei Aktionsarten:

1. Die *durative,* die anzeigt, daß eine Handlung andauert; z.B. βλέπω = ich sehe.
2. Die *punktuelle,* die anzeigt, daß eine Handlung zu einem bestimmten Zeitpunkt abläuft, z.B. ἤκουσα = ich hörte.
3. Die Aktionsart der *Vollendung,* die eine Handlung als abgeschlossen bezeichnet, z.B. ἐγήγερται = er ist auferweckt worden (und befindet sich jetzt noch in diesem Zustand), 1. Kor. 15,4.20. Siehe Lektion 29.

17. Die Zeit im Indikativ

Ein zweiter Aspekt der Zeit, der nur im Indikativ Anwendung findet, ist die *Zeit* der Handlung, z.B. Vergangenheit, Gegenwart oder Zukunft. Die Zeiten des Indikatives teilt man in zwei Klassen ein:

1. Die *primären* oder Hauptzeiten, z.B. Gegenwart und Perfekt, die eine

gegenwärtige Zeit aussagen; die Zukunft und die vollendete Zukunft, die eine *zukünftige* Zeit aussagen.
2. Die *sekundären* oder historischen Zeiten, z.B. das Imperfekt, das Plusquamperfekt und der Aorist. (Diese sagen alle eine Zeit der Vergangenheit aus und sind im Indikativ durch den Zusatz eines Augments gekennzeichnet.) Siehe Lektion 11, 12, 14, 15 und 29. *Nur* die Zeiten der Vergangenheit haben im Indikativ das *Augment* (97, 98, 99).

18. Wortgeschlecht (Genus des Verbs)
Das Wortgeschlecht (Genus) bezeichnet die *Art* einer Handlung zum Subjekt. Man unterscheidet drei Wortgeschlechter:
1. Das *Aktiv*, welches aussagt, daß das Subjekt eine Handlung selbst ausübt, z.B. er sieht den Mann.
2. Das *Medium*, welches aussagt, daß das Subjekt im eigenen Interesse oder für sich selbst handelt, oder derart, daß es an den Ergebnissen der Handlung teilhat, z.B. ich wasche mich.
3. Das *Passiv*, welches ausdrückt, daß am Subjekt etwas getan wird, z.B. der Mann wurde von Johannes gesehen.

19. Aussageweise (Modus)
Der Modus oder die Aussageweise drückt die Art einer Aussage oder das Verhältnis der Aussage zur Wirklichkeit aus; es zeigt die Art an, in der der Sprecher (oder Schreiber) sich eine Behauptung vorstellt, die das Subjekt betrifft. Die Modi haben mit der Feststellung oder Behauptung, nicht notwendig mit Tatsachen zu tun. Es gibt vier Aussageweisen oder Modi:
1. Der *Indikativ* ist der Modus der bestimmten Behauptung; sie kann tatsächlich wahr sein oder auch nicht, aber sie wird als Tatsache behauptet, z.B. er kommt. Der Indikativ kann in Frage- oder auch in Aussagesätzen begegnen.
2. Der *Konjunktiv* ist der Modus der *vorsichtigen Behauptung* oder *Möglichkeit.* Er begegnet manchmal auch als Modus der Wahrscheinlichkeit oder zögernden Behauptung. Seine Bedeutung ist immer nur aus dem Textzusammenhang ausreichend zu erfassen.
3. Der *Optativ* ist der Modus der *äußerst zögernden Behauptung* oder Möglichkeit. Wie schon beim Konjunktiv, läßt sich die Bedeutung des Optatives nur aus dem Textzusammenhang ausreichend ermitteln. Im Neuen Testament ist dieser Modus kaum noch anzutreffen; es gibt nur 67 Belegstellen (28 in den Schriften des Lukas und 31 bei Paulus; die übrigen

weit verstreut im Neuen Testament). Der Optativ begegnet manchmal als Modus der Möglichkeit oder Wahrscheinlichkeit.
4. Der *Imperativ* ist der Modus der *befehlenden Aussage.*
Die drei letztgenannten Modi (Konjunktiv, Optativ und Imperativ) werden manchmal auch die *potentialen* Modi genannt, weil sie sich auf eine Handlung beziehen, die zwar denkbar ist, aber zum Zeitpunkt der Aussage oder Niederschrift noch nicht in die Tat umgesetzt wurde.

20. Die Person der Handlung

Im Griechischen wird die Unterscheidung zwischen der *ersten* Person, das heißt der Person, die spricht, der *zweiten* Person, d.h. der Person, die angeredet wird, und der *dritten* Person, d.h. der Person, von der gesprochen wird, sowie die Unterscheidung zwischen Singular und Plural (Einzahl und Mehrzahl) durch die *Endungen* gekennzeichnet, während im Deutschen die Personalpronomen — ich, du, er, sie, es, wir, ihr, sie — Person und Zahl angeben.

21. Präsens Aktiv Indikativ von λύω

Das Präsens Aktiv Indikativ des Verbes λύω (ich löse) sieht im einzelnen folgendermaßen aus:

Singular		Plural	
1. λύ-ω	ich löse	λύ-ομεν	wir lösen
2. λύ-εις	du löst	λύ-ετε	ihr löst
3. λύ-ει	er löst, sie löst	λύ-ουσι	sie lösen

Dies ist die *Konjugation* des Verbes λύω im Präsens Aktiv Indikativ. Konjugation nennt man die Verbindung des Verbes mit der jeweiligen bestimmten Endung.

22. Die Bildung der Verben auf -ω

Der Stamm ist der Teil des Verbs, der bei der Konjugation unverändert bleibt. λύω gehört zu einer sehr großen Klasse von Verben, die man als Verben auf -ω bezeichnet; alle diese Verben, die auf -ω enden, haben als charakteristischen Bindelaut (im Indikativ) die Vokale ο und ε, und im Konjunktiv ω und η (202) zwischen dem Zeitstamm und der Personalendung. Darum bezeichnet man diese Verben auch als sog. Stammverben.

Eine andere, zahlenmäßig weitaus geringere Klasse von Verben auf -μι (siehe Lektion 31, 32, 33) hängen ihre Endung ohne einen wechselnden oder Stammvokal unmittelbar an den Stamm an. Den Stamm der Verben auf -ω kann man dadurch ermitteln, indem man das ω von der Grundform, wie sie im Wörterbuch begegnet, abstreicht. So ist βλεπ - der Präsensstamm von βλέπω; man kann also die Konjugation des Präsens Aktiv Indikativ vervollständigen, indem man die Endungen -ω, -εις, -ει, -ομεν, -ετε, -ουσι an den Stamm anhängt:

Singular		Plural	
βλέπ-ω	ich sehe	βλέπ-ομεν	wir sehen
βλέπ-εις	du siehst	βλέπ-ετε	ihr seht
βλέπ-ει	er, sie sieht	βλέπ-ουσι	sie sehen

23. Das Präsens

Man wird bemerken, daß der veränderliche oder Stamm-(Binde-)vokal (ο/ε) nur in der 1. und 2. Person Plural erscheint. Der Schüler soll die Endungen, welche Person und Zahl angeben, direkt an den Stamm anfügen. Im Griechischen ist das Präsens gewöhnlich *durativ*, obgleich die Präsensform im bestimmten Zusammenhang auch *punktuell* gemeint sein kann, d.h. eine Handlung angeben, die zu einem bestimmten Zeitpunkt stattfindet. Für ein solches punktuelles Präsens haben wir ein Beispiel in Luk. 7,8, wo in einem Kontext, in dem es um militärische Verhaltensweisen geht, die Worte »geh«, »komm her« und »er tut es« augenblickliche Ausführung von befohlenen Handlungen meinen.

Die gewöhnliche Aktionsart, die das Präsens bezeichnet, ist durativ. Dies sollte der Schüler bei der Übersetzung der Übungssätze und -formen beachten und sich einprägen, also βλέπω, ich sehe, βλέπομεν, wir sehen. Früher hatte das Griechische unterschiedliche Zeiten, um durative und punktuelle Handlung auszudrücken, aber heute sagt die eine Zeitform beides aus. Man sollte aber darauf hinweisen, daß das Präsens immer durativ gemeint ist, wenn der Textzusammenhang nicht deutlich für die andere Möglichkeit spricht.

24. Übung

Übersetzen Sie die folgenden Formen, schreiben Sie sie auf und sprechen Sie jede mindestens fünfmal laut vor:

1. γράφομεν, γινώσκομεν, ἀκούομεν, διδάσκομεν, βλέπομεν.
2. ἔχουσι, γράφουσι, λαμβάνουσι, λύουσι, λέγουσι.
3. διδάσκετε, γράφεις, λέγει, γινώσκουσι, ἀκούετε.
4. λαμβάνομεν, βλέπετε, λέγεις, ἀκούουσι, λέγομεν.
5. γράφουσι, διδάσκουσι, ἔχομεν, λύει, γινώσκεις.
6. λύετε, βλέπουσι, λέγετε, ἀκούουσι, ἔχει.
7. λαμβάνεις, λύομεν, βλέπεις, γράφετε, ἔχομεν.

Übersetzen Sie schriftlich und sprechen dann im Griechischen folgende Formen aus:

1. Wir schreiben, wir haben, wir sehen, wir nehmen.
2. Er lehrt, du siehst, sie wissen, er hat.
3. Sie hören, ihr verliert, du sagst.
4. Wir empfangen, ihr wißt, sie haben, du hörst.
5. Ihr sagt,sie schreiben, er sagt, wir wissen.

Merke: »Ein Gelehrter ist ein Schüler, der nie mit Lernen aufgehört hat.«

Lektion 4

Grundsätzliches zum Kasus
Die zweite Deklination
Satzstellung. Bewegliches ν

25. Wortschatz

ἄνθρωπος, ὁ	Mensch (Anthropologie)	καί	conj. und[1]
ἀδελφός, ὁ	Bruder	νόμος, ὁ	Gesetz
ἀπόστολος, ὁ	Apostel	υἱός, ὁ	Sohn
κύριος, ὁ	Herr, der Herr	θάνατος, ὁ	Tod
δοῦλος, ὁ	Sklave	δῶρον, τό	Geschenk (Theodor, d.h. Gottesgabe)
ἄγγελος, ὁ	Bote, Engel	ἱερόν, τό	Tempel
λόγος, ὁ	Wort	οἶκος, ὁ	Haus

Beachten Sie, daß υἱός, ἀδελφός und ἱερόν Oxytona sind (13.3).

26. Die zweite Deklination

Die Substantive dieser Lektion gehören alle der zweiten oder o-Deklination an und werden deshalb zuerst eingeprägt, weil sie regelmäßiger sind und diese Deklination eine größere Anzahl häufig vorkommender Substantive enthält. *Deklination* nennt man die Beugung von Substantiven oder Nomen, Adjektiven (einschließlich Partizipien) und Pronomen. Beim Verb nennt man diesen Vorgang, wie schon erwähnt, Konjugation; die Beugung eines Substantives ist eine Deklination. Es gibt im Griechischen drei Deklinationen, von denen die dritte eine größere Vielfalt von Formen aufweist als die erste und zweite Deklination.[2]

27. Der griechische Artikel

Es gibt keinen *unbestimmten* Artikel (ein, eine) als solchen im Griechischen, obwohl etwas unbestimmtes mit Behelfsbegriffen wie »ein gewisser« oder »ein bestimmter« (335.1) zum Ausdruck gebracht wird. Wir werden in einem späteren Zusammenhang darauf kommen. Der ***bestimmte*** Artikel sollte in den Übungen nur dann übersetzt werden, wenn er im Griechischen erscheint. ἀπόστολος meint einfach *einen* Apostel, nicht *den* Apostel, ebenso ἀπόστολοι Apostel und nicht *die* Apostel.

28. Geschlecht (Genus)

Es gibt drei Geschlechter: Maskulinum, Femininum und Neutrum, aber im Griechischen sagt das Geschlechtswort nicht unbedingt das tatsächliche Geschlecht aus. Es ist im Griechischen eher ein rein *grammatisches* Geschlecht und wird durch den Artikel angezeigt, ὁ für Maskulinum, ἡ für Femininum und τό für Neutrum. Das Geschlecht der einzelnen Substantive muß man sich durch genaues Hinsehen einprägen. Dies ist sehr wichtig, weil, wie wir in Lektion 6 sehen werden, Adjektive in Geschlecht, Zahl und Fall mit dem Substantiv übereinstimmen müssen, welches sie näher beschreiben. Die meisten (nicht alle!) Substantive der zweiten oder O-Deklination, die auf -ος enden, sind Maskulina; alle Substantive der zweiten Deklination, die auf -ον enden, sind Neutra. Merken Sie sich bei allen Substantiven dieser Lektion genau das Geschlecht.

29. Zahl (Numerus)

Es gibt zwei Numeri, Singular und Plural; der sog. Dual, der im klassischen Griechisch Paare oder zwei Gleiche bezeichnete, z.B. Augen, Ohren usw. ist noch vor der Zeit des Neuen Testaments verschwunden.

30. Satzstellung und Kasus

Im Deutschen werden Wortverhältnisse durch die Satzstellung angezeigt; die gewöhnliche Satzstellung im Deutschen ist Subjekt, Prädikat, Objekt. Im Griechischen ist die Ordnung der Worte zueinander oder ihre Stellung im Satz von geringerer Bedeutung. Die Betonung allerdings kann dadurch angezeigt werden, daß ein Wort am Anfang oder am Ende eines Satzes steht und ihm damit eine besonders betonte Stellung verleiht. Die Beziehung einzelner Worte zueinander werden im Griechischen durch die Kasusendungen (und durch Präpositionen, die eingeführt wurden, um den Grundgedanken noch deutlicher zu machen) angezeigt. So müssen die Endungen der einzelnen Worte im Satz bei der Übersetzung besonders beachtet werden, um zu erfassen, welche zusammengehören.

Im Sanskrit, dem ältesten noch bestehenden Glied der indo-europäischen

Sprachfamilie, zu der auch Griechisch zählt, gab es acht voneinander unterschiedene Kasusformen und acht ausgeprägte Kasusfunktionen (vgl. Whitney: Sanskrit Grammatik, S. 89—102). Auch Smyth bemerkt, daß »viele Adverben alte Suffixe zeigen, die an den Stamm oder eine Kasusform anschließen« (Griech. Grammatik S. 99). Darum halten wir es für angemessen, die acht Fälle aufzuführen und die ursprüngliche Bedeutung eines jeden zu erfassen. Dabei wird uns auffallen, daß der einzelne Fall nicht so sehr eine Frage der *Form*, sondern der *Funktion* ist. Im Laufe von Jahrhunderten Sprachgeschichte hat hier eine Art Synkretismus stattgefunden, so daß in der *Form* Genitiv und Ablativ, sowie der Dativ, Lokativ und Instrumental gleich lauten, aber die Besonderheit der Aussage eines jeden Falles weiter besteht, also die *Funktion* sich nicht verändert hat. Der Zweck der einzelnen Fälle bestand darin, das Verhältnis der einzelnen Worte zueinander aufzuzeigen.

31. Die Bedeutung der Kasus

1. Der *Nominativ* ist der Fall der Namengebung, der Bezeichnung und der Fall, in dem das Subjekt steht. Das, worüber etwas ausgesagt wird, ist der Nominativ.
2. Der *Genitiv* ist der Fall der Gattung oder Art, der Fall der näheren Bezeichnung (Spezifikation); unter anderem zeigt er auch den Besitz an.
3. Der *Ablativ* ist der »Woher«-Fall, der Fall, der die Herkunft, den Ursprung, die Trennung oder auch den Ausgangspunkt bezeichnet. Beachten Sie: Genitiv und Ablativ haben dieselbe Form.
4. Der *Dativ* ist der Fall des persönlichen Interesses, der Fall des indirekten Objektes.
Beachten Sie: Dativ, Lokativ und Instrumentalfall haben die gleiche Form.
5. Der *Lokativ* ist der Fall des Ortes, der »In«-Fall.
6. Der *Instrumentalfall* ist der Fall des Mittels oder Werkzeugs.
7. Der *Akkusativ* ist der Fall der Ausdehnung, der Fall des direkten Objekts. Er »bestimmt einen Gedanken hinsichtlich Ausmaß, Ziel und Richtung« (ATR, S. 468).
8. Der *Vokativ* ist der Fall der direkten Anrede. »In Wirklichkeit ist er überhaupt kein Fall. Praktisch muß er jedoch wie ein Fall behandelt werden, obwohl er technisch keiner ist« (ATR, S. 461). Dies ist dadurch begründet, daß er für sich steht und keine Beziehung zu anderen Worten hat.

32. Grundbestandteile eines Satzes

Ein *Satz* drückt einen vollständigen Gedanken in Worten aus.
Das *Subjekt* ist das, worüber etwas ausgesagt wird.
Das *Prädikat* ist das, was über das Subjekt ausgesagt wird.
Subjekt und *Prädikat* zusammen sind die Grundbestandteile eines vollständigen Satzes.
Das, worauf sich die Tätigkeit des Verbs bezieht, ist das *Objekt*; es kann *direkt* oder *indirekt* sein. In dem Satz: »Er warf mir den Ball zu«, ist »Ball« das direkte, und »mir« das indirekte Objekt.
Wie ein Wort im Satzzusammenhang steht, bestimmt sein Fall, d.h. ist es Subjekt, Objekt, indirektes Objekt, zeigt es den Besitz an? usw.

33. Substantive der zweiten Deklination

Es folgt die Deklination von ὁ ἀπόστολος (Apostel)

	Singular	
Nominativ	ἀπόστολος	ein Apostel
Genitiv	ἀποστόλου	eines Apostels
Ablativ	ἀποστόλου	von einem Apostel
Dativ	ἀποστόλῳ	einem Apostel
Lokativ	ἀποστόλῳ	in einem Apostel
Instrumentalfall	ἀποστόλῳ	durch einen Apostel
Akkusativ	ἀπόστολον	einen Apostel
Vokativ	ἀπόστολε	du, Apostel

	Plural	
Nominativ	ἀπόστολοι	Apostel
Genitiv	ἀποστόλων	von Aposteln
Ablativ	ἀποστόλων	von Aposteln her
Dativ	ἀποστόλοις	Aposteln
Lokativ	ἀποστόλοις	in Aposteln
Instrumentalfall	ἀποστόλοις	durch Apostel
Akkusativ	ἀποστόλους	Apostel
Vokativ	ἀπόστολοι	ihr, Apostel

Hier sollte der Schüler sich noch einmal die Grundbegriffe der Akzentregeln in 11 und 13 vor Augen führen und sehen, wie diese angewendet werden. Er sollte das Deklinationsbeispiel einige Male sich laut vorsagen und dabei jeweils die Silbe mit dem Akzent betonen. Beachten Sie, daß Genitiv und Ablativ zwar die gleiche *Form*, aber doch verschiedene *Bedeutung* im Satz haben. Das gleiche gilt für Dativ, Lokativ und Instrumentalfall, die die gleiche *Form*, aber unterschiedliche *Satzfunktion* haben. Beachten Sie ferner auch, daß im Plural der *Vokativ* die gleiche Form hat wie der Nominativ.

34. Deklination des Substantivs

Die Substantive der zweiten oder o-Deklination können leicht dekliniert werden, indem man den Stamm bestimmt und daran die Endungen anfügt. Der Stamm wird ermittelt, indem man das -ος des Nominativ Singular abstreicht; so ist also ἀποστολ der Stamm von ἀπόστολος. An diesen Stamm werden dann die Endungen -ος, -ου, -ῳ, -ον, -ε für den Singular, und -οι, -ων, -οις, -ους, -οι für den Plural angehängt. (Der Plural des Vokativ ist immer identisch mit dem Nominativ Plural und wird deshalb in den folgenden Deklinationsbeispielen nicht mehr mit aufgeführt.) Der Akzent des Nominativ Singular muß besonders gut beachtet werden; in den übrigen Formen finden dann die Akzentregeln für das Nomen Anwendung (siehe 13).

35. Die Zusammensetzung des griechischen Satzes

Wie schon in 31 erwähnt, steht das *Subjekt* des Satzes im Nominativ, das *direkte Objekt* im Akkusativ, das *indirekte Objekt* im Dativ; der *Besitz* wird durch den Genitiv, die *Herkunft* durch den Ablativ, der *Ort* durch den Lokativ, das Mittel oder Werkzeug durch den Instrumentalfall ausgedrückt; der Vokativ ist der Fall der *direkten Anrede*. Mit dem Wortschatz der Lektionen 3 und 4 können jetzt einfache Sätze gebildet werden.

1. ἀδελφὸς γινώσκει λόγον ein Bruder kennt ein Wort.

Beachten Sie: das Subjekt ἀδελφός steht im Nominativ, und der Akut auf der Ultima wird zum Gravis, weil noch ein Wort folgt ohne ein trennendes Satzzeichen. γινώσκει ist Präsens Aktiv Indikativ 3. Person Singular und gibt an, von welcher Person etwas ausgesagt wird. λόγον ist Akkusativ Singular, weil es direktes Objekt zum Verb ist.

2. ἀπόστολος βλέπει οἶκον ein Apostel sieht ein Haus.

Analysieren Sie jedes Wort nach Fall (oder Zeit) und Bedeutung im Satz.

3. ἄνθρωπος γράφει λόγον ἀδελφοῖς ein Mensch schreibt Brüdern ein Wort. Analysieren Sie auch hier jedes Wort und seine Funktion im Satz. Beachten Sie, daß ἀδελφοῖς der Dativ des indirekten Objektes ist (31.4; 13.3).
4. υἱὸς ἀποστόλου λέγει λόγους δούλοις ein Sohn eines Apostels sagt Sklaven Worte.
5. ἀδελφέ, γινώσκομεν θάνατον Bruder, wir erkennen den Tod. Beachten Sie, daß ἀδελφέ im Vokativ steht und, weil unmittelbar dahinter ein Satzzeichen (Komma) steht, der Akut auf der Ultima *nicht* zum Gravis wird (11.4).
Wir verweisen wieder auf 13.2, 3, wo einige grundsätzliche Akzentregeln zu Worten dieser Lektion erklärt werden.

36. Neutrische Substantive der zweiten Deklination

Bei Substantiven, die nach ihrem Geschlecht Neutrum sind, sind Nominativ, Akkusativ und Vokativ in der Form gleich. Also wird δῶρον (Gabe) wie folgt dekliniert:

	Singular	Plural
NV	δῶρον	δῶρα
GA	δώρου	δώρων
DLI	δώρῳ	δώροις
A	δῶρον	δῶρα

Es fällt auf, daß ein neutrisches Substantiv nur drei unterschiedliche Kasusformen im Singular, und ebenso drei verschiedene im Plural hat. Die Endung -α erscheint im Nominativ, Akkusativ und Vokativ Plural bei allen neutrischen Substantiven der zweiten oder o-Deklination.

37. Das bewegliche ν

Das bewegliche ν kann an die Endung der 3. Person Plural Aktiv eines Verbs (-ουσι), das vor einem Vokal oder am Ende eines Satzes steht, angefügt werden. Beispiel: γράφουσιν ἀποστόλοις, sie schreiben an Apostel. Gelegentlich wird das ν auch angefügt, wenn das nachfolgende Wort mit einem Konsonant beginnt. Nicht jedes Wort, das mit einem Vokal endet, hat ein bewegliches ν, selbst dann, wenn das nächste Wort mit einem

Vokal beginnt. Wo das bewegliche ν sonst noch eingefügt wird, soll in später folgenden Lektionen dargelegt werden.

38. Übung

Lesen Sie die folgenden Sätze laut und schreiben Sie dann die Übersetzung auf:

1. ἄνθρωπος λαμβάνει δῶρον. 2. ἀπόστολοι γινώσκουσι νόμον. 3. κύριος λέγει λόγους ἀδελφοῖς. 4. δοῦλος γράφει ἀνθρώποις. 5. ἀδελφοὶ βλέπουσιν ἀποστόλους. 6. υἱὸς ἔχει οἶκον. 7. ἄνθρωποι ἀκούουσι λόγους θανάτου. 8. ἄγγελοι διδάσκουσιν ἀδελφούς. 9. δοῦλοι λύουσιν ἱερά. 10. ἱερὸν ἔχει νόμον καὶ ἄνθρωποι ἔχουσιν οἴκους. 11. υἱὸς δούλου λαμβάνει δῶρον καὶ ἔχει οἶκον. 12. ἀδελφὸς λέγει λόγον ἀποστόλῳ καὶ βλέπει ἱερόν. 13. λαμβάνομεν νόμον ἀποστόλου καὶ γινώσκομεν κύριον. 14. γινώσκουσιν ἄνθρωποι καὶ ἀδελφοὶ ἀγγέλους καὶ λαμβάνουσι δῶρα ἀποστόλων. 15. δούλοις καὶ ἀδελφοῖς κύριος λέγει λόγους νόμου. 16. ἀδελφὸς ἀποστόλων γράφει νόμον καὶ βλέπει ἱερά. 17. υἱὸς διδάσκει δοῦλον καὶ δοῦλος ἀδελφόν. 18. κύριος γινώσκει νόμον καὶ διδάσκει λόγους ἀδελφοῖς. 19. ἔχομεν δῶρα καὶ γράφομεν ἀνθρώποις. 20. υἱὸς ἀποστόλου γινώσκει νόμους καὶ λύει δούλους ἀνθρώπων.

Übersetzen Sie folgende Sätze und fügen Sie, wo es möglich wäre, das bewegliche ν ein:

1. Ein Mann sieht einen Tempel. 2. Ein Sklave kennt Gesetze. 3. Ein Apostel kennt einen Sklaven. 4. Ein Sohn eines Sklaven kennt den Tod. 5. Ein Apostel läßt Sklaven frei und schreibt ein Gesetz für Menschen. 6. Engel und Apostel sehen Häuser und Tempel. 7. Ein Bruder schreibt Gesetze für Brüder von Aposteln. 8. Ein Sklave zerstört Häuser und Tempel. 9. Ein Sklave eines Apostels hört Worte des Todes. 10. Er empfängt Gaben und kennt einen Sohn eines Bruders. 11. Ein Apostel empfängt Worte eines Herrn. 12. Ein Sohn eines Menschen empfängt Häuser und Gaben. 13. Sklaven von Aposteln sehen Tempel und schreiben Worte an Brüder. 14. Er spricht Worte des Todes zu einem Sklaven. 15. Ein Mann hört einen Engel und kennt Gesetze.

Merke: »Nichts Großes wurde je ohne Begeisterung vollbracht.«

1 καί hat noch eine Anzahl anderer Bedeutungen, von denen später die Rede sein wird.

2 Siehe Lektion 17 und 24.

Lektion 5

Substantive der ersten oder α-Deklination

39. Wortschatz

καρδία, ἡ	Herz	γραφή, ἡ	Schrift
ἡμέρα, ἡ	Tag	ἐντολή, ἡ	Gebot
ἀλήθεια, ἡ	Wahrheit	παραβολή, ἡ	Gleichnis
ἐκκλησία, ἡ	Kirche (Ekklesiologie)	εἰρήνη, ἡ	Frieden
ὥρα, ἡ	Stunde (Horoskop)	ζωή, ἡ	Leben (Zoologie)
βασιλεία, ἡ	Königreich (Basilika)	ψυχή, ἡ	Seele, Leben (Psychologie)
χαρά, ἡ	Freude	φωνή, ἡ	Stimme (Phonetik)
ἁμαρτία, ἡ	Sünde	δόξα, ἡ	Ehre, Ruhm (Doxologie)

40. Substantive der ersten Deklination

Die Substantive der ersten Deklination (auch α-Deklination), die auf -α oder -η enden, sind Feminina. An den folgenden Beispielen wird man erkennen, daß weibliche Substantive, deren Stamm auf ε, ι oder ρ endet, in allen Singularformen das α behalten. Hier am Beispiel ὥρα, ἡ (Stunde) die Deklination:

	Singular	Plural
NV	ὥρα	ὧραι
GA	ὥρας	ὡρῶν
DLI	ὥρᾳ	ὥραις
A	ὥραν	ὥρας

Beachten Sie, daß das α in allen Singularformen und im Akkusativ Plural lang ist, was zur Folge hat, daß bei Betonung der vorletzten Silbe (Paenultima) eher der Akut als der Zirkumflex stehen muß (11.3). Ist das α im Nominativ Singular lang, so muß es bei den Substantiven der ersten Deklination auch im Akkusativ Singular lang sein. Die auf -ϱ endenden Stämme behalten im ganzen Singular das lange α (40). Das α ist für die erste Deklination so charakteristisch wie das ο in der zweiten. Bei *allen* Substantiven der ersten Deklination ist das α im Akkusativ Plural lang.

41. Der Genitiv Plural bei den Substantiven der zweiten Deklination

Es fällt auf, daß die Betonung des Genitiv Plural gegenüber den Akzentregeln der Substantive abweicht, da sie eigentlich über der gleichen Silbe stehen müßte wie im Nominativ Singular (13). Jedoch haben die Substantive der zweiten Deklination im Genitiv und Ablativ Plural *immer den Zirkumflex auf der letzten Silbe*, ganz gleich, auf welcher Silbe der Ton im Nominativ Singular liegt.

42. Substantive, bei denen im Nominativ die letzte Silbe lang ist

βασιλεία, ἡ (Königreich) wird genau wie ὥϱα dekliniert, da der langen und betonten vorletzten Silbe im gesamten Singular und im Akkusativ Plural ein langes α folgt. Ist bei den Substantiven der ersten Deklination das α im Nominativ Singular lang, wie z.B. bei βασιλεία, ὥϱα, ἁμαϱτία, ἐκκλησία, ἡμέϱα, καϱδία, dann ist auch im Akkusativ Singular das α lang. Das α in der zweiten und dritten Deklinationsform der ersten Deklination ist immer lang, also -ας und -ᾳ.

43. Substantive, bei denen die letzte Silbe kurz ist

Die Deklination von ἀλήθεια, ἡ (Wahrheit) zeigt, wie ein Substantiv dekliniert wird, dessen Nominativ im Singular eine kurze letzte Silbe hat, also:

	Singular	Plural
NV	ἀλήθεια	ἀλήθειαι
GA	ἀληθείας	ἀληθειῶν
DLI	ἀληθείᾳ	ἀληθείαις
A	ἀλήθειαν	ἀληθείας

Wie schon erwähnt, hat dieses Substantiv ein kurzes α im Nominativ Singular. Ist bei den Substantiven der ersten Deklination das α im Nominativ

Singular kurz, so ist das α auch im Akkusativ Singular kurz. Im zweiten und dritten Deklinationsfall Singular ist jedoch das α immer lang; daher ist der Akzent immer auf der vorletzten Silbe, da die drittletzte den Akzent nicht erhalten kann, wenn die letzte lang ist (11.1). Das α im Akkusativ Plural der Substantive der ersten Deklination ist *immer* lang (40). Die Akzentregeln für die Substantive finden Anwendung *außer* im Genitiv Plural, wo die Sonderregel für die Substantive der ersten Deklination gilt (41).

44. Substantive, deren Stamm auf einen Zischlaut endet

Bestimmte Substantive, deren Stamm auf einem Zischlaut endet, z.B. ζ, ϑ, σ oder χ (oder Doppel-τ im klassischen Griechisch) werden wie das Beispiel δόξα, ἡ (Ruhm) dekliniert:

	Singular	Plural
NV	δόξα	δόξαι
GA	δόξης	δοξῶν
DLI	δόξῃ	δόξαις
A	δόξαν	δόξας

ζ, ξ und ψ werden Doppelkonsonanten genannt; ζ = δσ; ξ = κσ (auch γσ oder χσ); ψ = πς, βς oder φς. Bei diesen Substantiven der ersten Deklination fällt auf, daß das α im Nominativ Singular in der zweiten und dritten Deklinationsform zu η wird, außer nach ε, ι oder ϱ (vgl. 39, 40).

45. Der Akzent bei den Substantiven, die den Ton auf der letzten Silbe haben (Oxytona)

Das Substantiv γϱαφή, ἡ (Schrift) veranschaulicht den Akzent der Substantive der ersten Deklination, die den Ton auf der letzten Silbe haben (vgl. 13.3). Hier fällt auf, daß ein solches Substantiv, das im Nominativ Singular auf -η endet, dieses im ganzen Singular beibehält, während die Pluralformen aller Substantive der ersten Deklination gleich sind.

	Singular	Plural
NV	γϱαφή	γϱαφαί
GA	γϱαφῆς	γϱαφῶν

DLI	γραφῇ	γραφαῖς
A	γραφήν	γραφάς

Schlagen Sie noch einmal die Akzentregeln für die Oxytona in 13.3 nach.

46. Übung

Lesen Sie und übersetzen Sie dann die folgenden Sätze schriftlich:
1. ἀπόστολοι λαμβάνουσι δῶρα καὶ λύουσι δούλους. 2. ψυχὴ γινώσκει ζωήν. 3. ἀπόστολος γράφει νόμους βασιλείᾳ. 4. ἄνθρωποι βλέπουσι ζωὴν καὶ θάνατον. 5. ἐκκλησίαι λαμβάνουσιν ἐντολὰς καὶ νόμους. 6. δοῦλοι ἔχουσιν εἰρήνην καὶ χαράν. 7. ἀπόστολοι γινώσκουσιν ἀλήθειαν καὶ γράφουσι γραφάς. 8. ἀδελφὸς λέγει παραβολὴν ἀνθρώποις καὶ ἀκούουσιν ἀλήθειαν. 9. ἄγγελοι γινώσκουσι καρδίας ἀνθρώπων καὶ λέγουσι λόγους ἀληθείας. 10. υἱὸς δούλου ἀκούει φωνὰς ἀγγέλων καὶ λέγει λόγους δόξης. 11. λόγοι ἀποστόλων διδάσκουσιν ἐντολὰς ἐκκλησιῶν. 12. ἡμέρα βλέπει ζωὴν καὶ εἰρήνην. 13. βασιλεία γινώσκει ἁμαρτίαν. 14. ἀδελφὸς λαμβάνει χαρὰν καὶ εἰρήνην. 15. ψυχὴ λέγει παραβολὰς καὶ γινώσκει ἀλήθειαν. 16. καρδίαι ἀποστόλων γινώσκουσιν εἰρήνην καὶ δόξαν. 17. βασιλεία λαμβάνει γραφὰς καὶ γινώσκει νόμους ζωῆς. 18. ἀπόστολος γράφει παραβολὴν ἐκκλησίᾳ καὶ ἐντολὰς βασιλείᾳ. 19. φωνὴ ἀποστόλου διδάσκει βασιλείαν. 20. βασιλεία ἔχει γραφὴν καὶ ἀκούει παραβολήν.

1. Herzen der Menschen erkennen Wahrheit. 2. Apostel hören Stimmen des Friedens. 3. Seelen von Aposteln haben Frieden und Freude. 4. Eine Kirche lehrt Leben und Herrlichkeit. 5. Eine Seele sieht Herrlichkeit in einer Gemeinde. 6. Ein Herr läßt Sklaven frei und schreibt ein Gebot. 7. Ein Tag und eine Stunde sehen Leben und Tod. 8. Ein Bruder hat ein Gesetz und kennt Sünde. 9. Ein Engel sagt Worte von Wahrheit und ein Apostel schreibt ein Gesetz. 10. Menschen sehen Tempel und empfangen Gaben.

Merke: »Was zu tun sich lohnt, ist es wert, gut getan zu werden.«

Lektion 6

Adjektive der ersten und zweiten Deklination
Der Artikel und sein Gebrauch
Übereinstimmung
Attributives und prädikatives Adjektiv
Das Adjektiv als Substantiv

47. Wortschatz

ἀγαθ-ός, -ή, -όν[1]	gut (49)	πρῶτ-ος, -η, -ον	der erste (Prototyp)
ἀγαπητ-ός, -ή, -όν	geliebt	μικρ-ός, -ά, -όν	klein (49)
δίκαι-ος, -α, -ον[2]	gerecht (49)	νεκρ-ός, -ά, -όν	tot (Nekrolog)
ἄλλ-ος, -η, -ο[3]	ein anderer	ὁδός, ἡ	Weg, Straße
καλ-ός, -ή, -όν	gut, schön	ἔρημος, ἡ	Wüste
κακ-ός, -ή, -όν	schlecht, böse	ὁ, ἡ, τό (Artikel)	der, die, das (50)
πιστ-ός, -ή, -όν	treu	ἐγείρω	ich wecke auf
ἔσχατ-ος, -η, -ον	der letzte (Eschatologie)	ἕτερ-ος, -α, -ον	der andere (heterogen)

In dieser Lektion sind die beiden Substantive ὁδός und ἔρημος Feminina. Die meisten Substantive der zweiten Deklination sind Maskulina.

48. Übereinstimmung der Adjektive

Wie die Substantive, so haben auch die Adjektive ein *Geschlecht* (Genus), eine *Zahl* (Numerus) und einen *Fall* (Kasus); wenn sie ein Substantiv näher bestimmen, so stimmen sie mit diesem in Geschlecht, Zahl und Fall überein. Die Adjektive dieser Lektion werden im Maskulinum und Neutrum nach der *zweiten,* im Femininum nach der *ersten* Deklination dekliniert. Es fällt auf, daß die Feminina im ganzen Singular ein α haben, wenn ihr Stamm auf ε, ι oder ρ endet (vgl. 40, 367, 368), sonst ein η. Die Akzente richten sich nach den üblichen Regeln für die Substantive, einschließlich der endbetonten (Oxytona) (13.3). Ferner wird man bei den folgenden Deklinationsbeispielen bemerken, daß im Genitiv/Ablativ der Feminina im Plural die *normale* Substantivregel, und *nicht* die besondere Regel der ersten Deklination Anwendung findet (41).

49. Deklinationsbeispiele für Adjektive

ἀγαθός (gut); δίκαιος (gerecht); μικρός (klein).

	Singular			Plural		
1.	M	F	N	M	F	N
N	ἀγαθ-ός	ἀγαθ-ή	ἀγαθ-όν	ἀγαθ-οί	ἀγαθ-αί	ἀγαθ-ά
GA	ἀγαθ-οῦ	ἀγαθ-ῆς	ἀγαθ-οῦ	ἀγαθ-ῶν	ἀγαθ-ῶν	ἀγαθ-ῶν
DLI	ἀγαθ-ῷ	ἀγαθῇ	ἀγαθ-ῷ	ἀγαθ-οῖς	ἀγαθ-αῖς	ἀγαθ-οῖς
A	ἀγαθ-όν	ἀγαθ-ήν	ἀγαθ-όν	ἀγαθ-ούς	ἀγαθ-άς	ἀγαθ-ά
V	ἀγαθ-έ	ἀγαθ-ή	ἀγαθ-όν	ἀγαθ-οί	ἀγαθ-αί	ἀγαθ-ά
2.						
N	δίκαι-ος	δικαί-α	δίκαι-ον	δίκαι-οι	δίκαι-αι	δίκαι-α
GA	δικαί-ου	δικαί-ας	δικαί-ου	δικαί-ων	δικαίων	δικαί-ων
DLI	δικαί-ῳ	δικαί-ᾳ	δικαί-ῳ	δικαί-οις	δικαί-αις	δικαί-οις
A	δίκαι-ον	δικαί-αν	δίκαι-ον	δικαί-ους	δικαί-ας	δίκαι-α
V	δίκαι-ε	δικαί-α	δίκαι-ον	δίκαι-οι	δίκαι-αι	δίκαι-α
3.						
N	μικρ-ός	μικρ-ά	μικρ-όν	μικρ-οί	μικρ-αί	μικρ-ά
GA	μικρ-οῦ	μικρ-ᾶς	μικρ-οῦ	μικρ-ῶν	μικρ-ῶν	μικρ-ῶν
DLI	μικρ-ῷ	μικρ-ᾷ	μικρ-ῷ	μικρ-οῖς	μικρ-αῖς	μικρ-οῖς
A	μικρ-όν	μικρ-άν	μικρ-όν	μικρ-ούς	μικρ-άς	μικρ-ά
V	μικρ-έ	μικρ-ά	μικρ-όν	μικρ-οί	μικρ-αί	μικρ-ά

50. Deklination des bestimmten Artikels

Die Formen ὁ, ἡ, οἱ, αἱ sind akzentlose Worte (Proklitika), d.h. sie lehnen sich so eng an das folgende Wort an, daß sie keinen eigenen Akzent haben.

	Singular			Plural		
	M	F	N	M	F	N
N	ὁ	ἡ	τό	οἱ	αἱ	τά
GA	τοῦ	τῆς	τοῦ	τῶν	τῶν	τῶν
DLI	τῷ	τῇ	τῷ	τοῖς	ταῖς	τοῖς
A	τόν	τήν	τό	τούς	τάς	τά

Der Artikel wird nach dem Beispiel des Adjektivs ἀγαθός dekliniert, mit Ausnahme der akzentlosen Formen, wie oben bereits erwähnt. Im Nominativ und Akkusativ findet sich im Neutrum τό statt τόν. Es gibt hier natürlich keine Anredeform (Vokativ). Im folgenden sollte der Artikel nur dann übersetzt werden. wenn er ausdrücklich dasteht. Ein Wort kann auch ohne den Artikel genau bestimmt sein, wenn es das einzige seiner Art ist, z.B. ἥλιος, die Sonne (heliozentrisch). Andere Regeln, die den best. Artikel betreffen, werden weiter unten erläutert.

51. Übereinstimmung

Adjektive (und Artikel) stimmen mit den Substantiven, die sie näher bestimmen, in *Geschlecht*, *Zahl* und *Fall* überein. Beispiele:

1. ὁ ἀπόστολος, ἡ ἁμαρτία, τὸ δῶρον, ὁ λόγος, τοῦ ἀποστόλου, γινώσκει τὴν ἁμαρτίαν (er erkennt die Sünde); λαμβάνουσι τὰ δῶρα sie empfangen die Geschenke.
2. βλέπει τὴν ἀγαθὴν ὁδόν, er sieht den guten Weg. (Merke: ὁδός ist Femininum, obwohl das Substantiv nach der zweiten oder o-Deklination dekliniert wird.) Also: ἡ ὁδός, τῆς ὁδοῦ, τῇ ὁδῷ, τὴν ὁδόν, αἱ ὁδοί, τῶν ὁδῶν, ταῖς ὁδοῖς, τὰς ὁδούς; γινώσκει τὴν δικαίαν ὁδόν, er erkennt den gerechten Weg.
3. ἡ καλὴ ἡμέρα, der gute Tag; ἡ κακὴ ἔρημος die schlimme Wüste (ἔρημος ist Femininum, obwohl es nach der zweiten Deklination dekliniert wird), also: ἡ ἔρημος, τῆς ἐρήμου, τῇ ἐρήμῳ, τὴν ἔρημον, αἱ ἔρημοι, τῶν ἐρήμων, ταῖς ἐρήμοις, τὰς ἐρήμους.
4. λαμβάνει τὴν ἀγαθὴν ὁδόν, er nimmt den guten Weg.

52. Attributive Stellung der Adjektive

Ein Adjektiv kann entweder eine Beschaffenheit oder *Eigenschaft* des Substantives *beschreiben*, welches es näher bestimmt, oder *eine Aussage* über dieses Substantiv machen. Im ersten Fall spricht man vom *attributiven* Gebrauch, im letzteren vom *prädikativen* Gebrauch des Adjektives. Den *attributiven* Gebrauch erkennt man am folgenden Beispiel: ὁ δίκαιος ἄνθρωπος, der gerechte Mensch. Beachten Sie hier, daß das Adjektiv zwischen dem bestimmten Artikel und dem Substantiv steht; man spricht hier von zuschreibender, attributiver Stellung, d.h. dem Menschen wird die Eigenschaft der Gerechtigkeit zugeschrieben. Eine andere Reihenfolge der Worte in dem gleichen Ausdruck lautet: ὁ ἄνθρωπος ὁ δίκαιος und bedeutet ebenfalls »der gerechte Mensch«; aber hier steht das Adjektiv *hinter* dem Substantiv und einem wiederholten bestimmten Artikel; letztere Stellung nennt man die einschränkende, attributive Stellung; sie ist etwas *stärker betont* als die zuschreibende, attributive Stellung; dies schließt ein, daß es auch andere Menschen gibt, die *nicht* gerecht sind (vgl. Joh. 10,11, wo Jesus das restriktive oder einschränkende Attribut gebraucht ὁ ποιμὴν ὁ καλός, der Hirte, d.h. der gute. Hierbei ist wichtig, daß bei der attributiven Stellung des Adjektives dieses unmittelbar auf den Artikel *folgt*.

53. Die prädikative Stellung der Adjektive

Im Griechischen geht das prädikative Adjektiv entweder dem Artikel und seinem zugehörigen Substantiv voraus, oder es folgt ihm, d.h. es folgt nicht unmittelbar dem Artikel. So kann »der Mensch ist gerecht« entweder ὁ ἄνθρωπος δίκαιος oder auch δίκαιος ὁ ἄνθρωπος ausgedrückt werden.
Beachten Sie, daß in dieser Stellung ein Adjektiv ein Substantiv näher bestimmt, welches einen bestimmten Artikel hat. Das Verb »sein« fehlt oft im griechischem Satz (vgl. 2. Tim. 3,16).

54. Zusammenfassende Übersicht über die attributive und prädikative Stellung der Adjektive

Attributive Stellung des Adjektives:	ὁ δίκαιος ἄνθρωπος = oder ὁ ἄνθρωπος ὁ δίκαιος	der gerechte Mensch
Prädikative Stellung des Adjektives:	ὁ ἄνθρωπος δίκαιος = oder δίκαιος ὁ ἄνθρωπος	der Mensch ist gerecht

55. Das Adjektiv als Substantiv

Adjektive (dann meist mit Artikel) können auch als Substantiv gebraucht werden, zum Beispiel:
1. δίκαιος kann »ein gerechter Mensch« bedeuten; δικαία »eine gerechte Frau«; δίκαιον »eine gerechte Sache«; δίκαιοι »gerechte Männer«; δίκαιαι »gerechte Frauen«; δίκαια »gerechte Sachen«. Ebenso bedeutet:
2. ὁ δίκαιος »der gerechte Mann«; ἡ δικαία »die gerechte Frau«; τὸ δίκαιον »die gerechte Sache«.
Im Plural unter Hinzufügung des Artikels, kann das Adjektiv auch als Substantiv vorkommen, ohne daß man die nähere Bezeichnung »Männer«, »Frauen« oder »Dinge« hinzufügt. Also: οἱ νεκροί kann »die Toten« oder »die toten Menschen« bedeuten; οἱ δίκαιοι »die Gerechten« oder »die gerechten Leute« usw.

56. Übung

1. ὁ ἀγαθὸς ἀπόστολος γινώσκει τὸν δίκαιον νόμον. 2. οἱ ἀγαπητοὶ ἀδελφοὶ βλέπουσι τὴν κακὴν ὁδόν. 3. ὁ ἄνθρωπος ὁ πιστὸς λέγει λόγους ἀληθείας ταῖς μικραῖς ἐκκλησίαις. 4. ὁ δίκαιος κύριος ἐγείρει τοὺς νεκρούς. 5. ὁ ἄλλος ἀδελφὸς γράφει τῇ πρώτῃ ἐκκλησίᾳ. 6. οἱ δοῦλοι οἱ κακοὶ λύουσι τὰ ἱερά. 7. ἡ ἀγαθὴ γινώσκει τὴν ἀλήθειαν καὶ λαμβάνει τὰ καλὰ δῶρα. 8. ὁ κακὸς γινώσκει ἁμαρτίαν. 9. οἱ δίκαιοι λέγουσι τοὺς ἀγαθοὺς λόγους τοῖς πιστοῖς. 10. ἔσχατοι οἱ δοῦλοι οἱ κακοί · πρῶτοι οἱ υἱοὶ τῶν ἀποστόλων. 11. ὁ ἀδελφὸς ὁ ἀγαπητὸς λέγει καλοὺς λόγους τοῖς υἱοῖς τῶν ἀνθρώπων. 12. ὁ πιστὸς ἀδελφὸς βλέπει τὰς κακὰς ὁδοὺς καὶ τοὺς μικροὺς οἴκους. 13. ὁ κύριος ὁ πιστὸς γράφει νόμον. 14. ἀγαθὴ ἡ ἐκκλησία καὶ ἀκούει λόγους ἀληθείας καὶ τῆς ζωῆς.[4] 15. λόγοι ἀληθείας διδάσκουσι τοὺς δικαίους ἀνθρώπους. 16. ὁ κύριος ὁ δίκαιος λέγει παραβολὰς ταῖς ἀγαθαῖς. 17. ἡ ἁμαρτία κακὴ · ἡ ἀλήθεια ἀγαθή. 18. οἱ δίκαιοι υἱοὶ τῆς βασιλείας διδάσκουσι τοὺς ἀγαπητοὺς ἀδελφούς.

1. Die Knechte sind die letzten, und die Brüder die ersten. 2. Die guten Menschen sehen einen guten Tag. 3. Die Häuser sind schlecht und die Straße ist gut. 4. Das Gesetz ist gerecht und das Gebot gut. 5. In den letzten Tagen sagen die bösen Menschen schlechte Worte. 6. Die guten Frauen kennen die Wahrheit und sehen treue Apostel. 7. Der Herr schreibt Worte von Wahrheit an die kleine Gemeinde. 8. Die Straße ist schlecht und die Brüder kennen den Weg der Wüste.

Merke: »Treue gegenüber unseren Aufgaben bringt ihre eigene Belohnung mit sich.«

1 Die Adjektive sind hier so geschrieben, um den Stamm und die Endungen deutlicher hervorzuheben.

2 Man sollte dieses Beispiel besonders aufmerksam studieren und dabei besonders auf den Nominativ Singular Femininum achten, wo das α lang ist. Ist das α im Nominativ Singular lang, so auch im Akkusativ Singular. S. auch 40, 43.

3 Beachten Sie, daß hier das Neutrum im Nominativ und Akkusativ Singular auf -ο und nicht auf -ον endet (s. auch 380). ἄλλος bezeichnet gewöhnlich einen »anderen der gleichen Art«, ἕτερος gewöhnlich einen »anderen einer anderen Art«; aber dies ist keine unveränderliche Regel.

4 Einige abstrakte Substantive wie ζωή, Leben, haben den Artikel im Griechischen, wo er im Deutschen fehlt.

Lektion 7

Präpositionen. Maskuline Substantive der ersten Deklination

57. Wortschatz

ἀπό	Präp. m. Abl.	von ... her	μένω	ich bleibe
εἰς	Präp. m. Akk.	hinein[1]	φέρω	ich trage, bringe
ἐν	Präp. m. Lok.	in	θεός, ὁ	ein Gott, Gott (Theologie)
ἐκ (ἐξ)	Präp. m. Abl.	heraus, von ... her	οὐρανός, ὁ	Himmel (Uranus)
πρός	Präp. m. Akk.	zu ... hin[2]	λίθος, ὁ	Stein (Lithographie)
διά	Präp. m. Gen.	durch	κόσμος, ὁ	Welt (kosmisch)
	Präp. m. Akk.	wegen		
μετά	Präp. m. Gen.	mit	τόπος, ὁ	Platz, Ort
	Präp. m. Akk.	nach		(Topographie)
βάλλω		ich werfe	τέκνον, τό	Kind
πέμπω		ich sende	λαός, ὁ	Volk (Laie)
ἄγω		ich führe	ὀφθαλμός, ὁ	Auge (Ophthalmologie)
			μαθητής, -οῦ, ὁ	Jünger, Schüler
			προφήτης, — ου, ὁ	Prophet

Die Substantive der ersten Deklination, die auf -ης enden, sind Maskulina.

58. Maskuline Substantive der ersten Deklination

Die Deklination der zwei Substantive der ersten Deklination in dieser Lektion:

	Singular	Plural
N	μαθητής	μαθηταί
GA	μαθητοῦ	μαθητῶν
DLI	μαθητῇ	μαθηταῖς
A	μαθητήν	μαθητάς
V	μαθητά	μαθηταί

	Singular	Plural
N	προφήτης	προφῆται
GA	προφήτου	προφητῶν
DLI	προφήτῃ	προφήταις
A	προφήτην	προφήτας
V	προφῆτα	προφῆται

Beachten Sie, daß der Stamm von μαθητής : μαθητα- lautet, und der Stamm von προφήτης : προφητα-; im Plural erscheinen die regulären Endungen der ersten Deklination. Im Genitiv Singular zeigt die Endung -ου das maskuline Geschlecht an.

59. Präpositionen

Wie schon bei der Erklärung der Kasus erwähnt (30), wurden die Präpositionen im Griechischen eingeführt, um die Bedeutung der Kasus deutlicher zu machen. Die Hauptfunktion der Präpositionen besteht darin, das Verhältnis zwischen Substantiven deutlicher hervorzuheben, d.h. auch zwischen Worten, die wie Substantive gebraucht werden. Im Sanskrit, dem ältesten noch bestehenden Zweig der indo-europäischen Sprachfamilie, gab es *überhaupt keine* Präpositionen; so zeigte bereits die Kasusendung dieses Verhältnis. Im Französischen werden die Wortverhältnisse ausschließlich durch Präpositionen ausgedrückt, da es *keine speziellen Kasusformen* gibt. Im Griechischen dagegen kamen die Präpositionen hinzu, um das bereits im Kasus ausgesagte Verhältnis zu verstärken. Ursprünglich waren es Adverben, aber allmählich wurden sie enger mit dem Substantiv verbunden. Schließlich wurde ihr Gebrauch mit ganz bestimmten Fällen festgesetzt (vgl. Smyth, S. 99).

60. Beispiele für den Gebrauch der Präpositionen

1. ἄγει τοὺς δούλους εἰς τὸ ἱερόν, er führt die Sklaven in den Tempel. Die Präposition εἰς (die nur mit dem Akkusativ verbunden wird), zeigt das Verhältnis zwischen den *Sklaven* und dem *Tempel.*
2. πέμπει τοὺς ἀποστόλους πρὸς τὸ ἱερόν, er schickt die Apostel zum Tempel. πρός wird häufig nach Verben der Bewegung verwendet.
3. οἱ ἀπόστολοι ἄγουσι τοὺς ἀδελφοὺς ἀπὸ τοῦ οἴκου, die Apostel führen die Brüder vom Hause weg. ἀπό wird mit dem *Ablativ* gebraucht, der der Kasus der Trennung, des Ursprungs, der Entfernung ist.

4. ὁ ἄνθρωπος μένει ἐν τῷ οἴκῳ, der Mann bleibt im Haus. ἐν wird mit dem *Lokativ* verbunden, der der »In-Fall«, d.h. der Kasus *des Ortes* ist.
5. ὁ ἀδελφὸς ἄγει τὰ τέκνα διὰ τοῦ οἴκου, der Bruder führt die Kinder durch das Haus. διά mit dem Genitiv bedeutet »durch«; mit dem Akkusativ »wegen« oder »um einer Sache willen«, also: ὁ κύριος ἐγείρει τοὺς νεκροὺς διὰ τὴν δόξαν τοῦ θεοῦ, der Herr weckt die Toten auf wegen der Herrlichkeit Gottes (oder um der Herrlichkeit Gottes willen).
6. ὁ θεὸς βάλλει τοὺς κακοὺς ἀγγέλους ἐξ οὐρανοῦ, Gott wirft die bösen Engel aus dem Himmel. Beachten Sie hier die Verwendung von ἐξ vor einem Vokal oder Diphthong.

61. Präpositionen und der Gebrauch der Kasus

Vier von den Präpositionen in dieser Lektion werden nur mit *einem* Kasus verbunden: ἀπό mit dem Ablativ, ἐν mit dem Lokativ, εἰς mit dem Akkusativ und ἐκ mit dem Ablativ. πρός wird fast nur mit dem Akkusativ verbunden (vgl. Fußnote 2 in dieser Lektion). Einige von den anderen Präpositionen haben zwei Kasus und einige, die wir später erläutern werden, sogar drei. Die Bedeutung der Präpositionen ist je nach dem Kasus, mit dem sie verbunden ist, verschieden.

62. Funktion der Präpositionen

Präpositionen sind Wörter, die die Richtung angeben, den Gedanken von Raum, Zeit, Ursache, Werkzeug und der Art und Weise zum Ausdruck bringen; deshalb muß man sie sich sehr *genau* einprägen. Dabei sollte man sich bei jeder Präposition auch gleich den Kasus merken, mit dem sie verbunden wird. Z.B. διά mit dem Genitiv bedeutet »durch« und διά mit dem Akkusativ »wegen«. Die Grundbedeutung der Präpositionen sollte man sich so einprägen, wie sie angegeben ist. Bedeutungsvarianten, die sich daraus ableiten oder ergeben, werden später je nach Vorkommen im Text erläutert. Es ist wichtig, sich zuerst die Grundbedeutung einer Präposition einzuprägen, als zweites den Kasus, mit dem sie verbunden wird, und als drittes ihren besonderen Gebrauch im Textzusammenhang, um eine von der Grundbedeutung abweichende Bedeutung zu bestimmen.

63. Mit Verben verbundene Präpositionen

Präpositionen treten häufig in Verbindung mit Verben auf, um etwas besonders zu betonen; die Bedeutung eines derartigen Verbs kann durch die Verbindung mit der Präposition erheblich verändert werden. γινώσκω bedeutet »ich erkenne«, ἐπιγινώσκω »ich erkenne ganz«. Diesen Gebrauch der Präposition in einem zusammengesetzten Verb nennt man »perfektiv«. βάλλω bedeutet »ich werfe«, ἐκβάλλω bedeutet »ich werfe hinaus«. Hier wird die Bedeutung des Verbs durch die Präposition *adverbial* verändert. Präpositionen in zusammengesetzten Verbformen werden gewöhnlich, wenn auch nicht immer, vor dem Substantiv noch einmal wiederholt, z.B. ἐκβάλλει τοὺς λίθους ἐκ τοῦ οἴκου, er wirft die Steine aus dem Haus hinaus. ἀπό, ἐκ, εἰς, ἐν und ἐπί sind Präpositionen, die häufig nach Verben wiederholt werden, mit denen sie verbunden sind.

64. Wegfall (Elision) von Endvokalen bei Präpositionen

Präpositionen, die mit einem Vokal enden (mit Ausnahme von περί und πρό, die später erörtert werden), werfen den Endvokal ab, wenn das folgende Wort mit einem Vokal beginnt, z.B. λαμβάνει τὰ δῶρα ἀπ' ἀδελφοῦ, er empfängt die Gaben vom Bruder. Diesen Vorgang nennt man *Elision*. Beachten Sie, daß der ausgefallene Endvokal durch einen Apostroph ersetzt wird, außer, wenn es sich um die Zusammensetzung mit einem Verb handelt, z.B. ἀπάγω, ich führe hinweg.
Nichts in einer Sprache ist unwichtig, aber einige Wendungen im Griechischen sind von größerer Bedeutung als Präpositionen. Darum lernen Sie sie sorgfältig!

65. Übung

1. οἱ υἱοὶ τῶν προφητῶν μένουσιν ἐν τῷ οἴκῳ. 2. οἱ πιστοὶ μαθηταὶ ἄγουσι τοὺς ἀδελφοὺς ἐκ τῆς ἐρήμου. 3. εἰς τὸν κόσμον ὁ θεὸς πέμπει τοὺς ἀγγέλους. 4. φέρομεν τὰ κακὰ διὰ τὴν δόξαν τοῦ θεοῦ. 5. μένει ἐν τῷ οἴκῳ μετὰ τῶν ἀποστόλων. 6. ὁ προφήτης λαμβάνει τὰ δῶρα ἀπ' ἀδελφῶν. 7. ὁ ἀπόστολος ἄγει τὸν λαὸν εἰς οὐρανόν. 8. ὁ δοῦλος διδάσκει τοὺς ἀνθρώπους ἐν τῇ ἐκκλησίᾳ. 9. γινώσκομεν τὴν ἀλήθειαν διὰ τῶν γραφῶν. 10. ὁ κύριος τοῦ οὐρανοῦ ἄγει τοὺς πιστοὺς ἀδελφοὺς εἰς τὴν ζωήν.[3] 11. οἱ ἀδελφοὶ βλέπουσι τὰς κακὰς ἡμέρας διὰ τὰς ψυχὰς τῶν ἀποστόλων. 12. οἱ κακοὶ ἄγουσι τοὺς δούλους εἰς τὸν θάνατον. 13. ὁ πιστὸς υἱὸς πέμπει τὰ δῶρα πρὸς τὸ ἱερόν. 14. ἄγομεν τοὺς ἀγαθοὺς ἀδελφοὺς διὰ τῶν ὁδῶν τῆς ἐρήμου εἰς καλὸν τόπον. 15. ἀπὸ τῶν μικρῶν τέκνων λαμβάνο-

μεν τὰ καλὰ δῶρα. 16. ὁ ἀγαθὸς μαθητὴς διδάσκει τοὺς υἱοὺς τῶν προφητῶν ἐν τῇ ἐκκλησίᾳ. 17. ὁ κύριος τῆς ζωῆς ἐγείρει τοὺς νεκροὺς ἐκ τοῦ θανάτου. 18. οἱ δίκαιοι ἔχουσιν τὴν ζωὴν μετὰ τὸν θάνατον.[4]

1. Der Jünger bleibt mit dem Propheten an einem anderen Ort. 2. In die Gemeinde hinein führen die Söhne der Propheten die gerechten Menschen. 3. Das Kind wirft Steine in das Haus des Apostels. 4. Der Diener empfängt gute Geschenke vom Herrn. 5. Der treue Prophet führt die Brüder zum Herrn. 6. Die guten Engel führen die Apostel aus der Wüste. 7. Die gerechten Menschen lehren die Wahrheit Gottes in der Gemeinde. 8. Wir tragen die guten Gaben durch die Wege der Wüste in das Haus. 9. Sie sehen die schöne Wahrheit durch die Schriften.

Merke: »Der Weise hält sein Auge auf das Ziel gerichtet.«

1 Dies ist die gebräuchlichste Bedeutung, eine Anzahl anderer Bedeutungsvarianten werden wir später kennenlernen.

2 Diese Präposition wird gelegentlich auch mit dem Lokativ und einmal im Neuen Testament mit dem Ablativ verbunden; jedoch überwiegt ihre Verbindung mit dem Akkusativ.

3 Siehe 56, Fußnote.

4 Siehe unter 56, Fußnote.

Lektion 8

Gegensatzpartikel. Tonanlehner (Enklitika). Personalpronomen Präsens Indikativ von εἰμί

66. Wortschatz

ἐγώ	ich	δέ	aber
σύ	du	εἰμί	ich bin
αὐτός, -ή, -ό,	er sie, es	ἀλλά	aber (stärkerer Gegensatz als δέ)

67. Gegensatzpartikel (Adversative)

δέ ist eine *nachgestellte* Konjunktion, d.h. sie kann in dem betreffenden Satz nicht am Anfang stehen. Sie steht gewöhnlich an zweiter Stelle und zeigt an, daß der folgende Gedanke von dem vorhergehenden *abweicht*. Sie zeigt also einen *leichten Gegensatz* an. Darum ist diese Konjunktion schwächer als ἀλλά und kann darum im Satzzusammenhang auch als verbindender oder überleitender Partikel dienen. Das folgende Satzbeispiel veranschaulicht die Satzstellung und den Gebrauch von δέ: ὁ κύριος γινώσκει τοὺς δούλους, οἱ δὲ δοῦλοι γινώσκουσι τὸν κύριον, der Herr kennt die Sklaven, aber (oder: und) die Sklaven kennen den Herrn. Der Gegensatz zweier Aussagen wird gewöhnlich durch ἀλλά ausgedrückt; der Adversativpartikel δέ drückt zuweilen auch einen starken Gegensatz aus, mit dem Unterschied, daß δέ dennoch verbindet, obwohl es einen Gegensatz zum Ausdruck bringt. Beachten Sie den Gebrauch von ἀλλά im Satz: ὁ ἀπόστολος γράφει λόγον, ἀλλὰ ὁ κύριος γράφει τὸν νόμον, der Apostel schreibt ein Wort, aber der Herr schreibt das Gesetz.

68. Tonanlehner (Enklitika)

Als Tonanlehner oder Enklitikon bezeichnet man ein Wort, welches mit dem vorhergehenden Wort so eng verbunden ist, daß es normalerweise keinen eigenen Akzent hat. Wie schon oben erwähnt (50), ist ein Proklitikon ein Wort, welches mit dem *folgenden* Wort so eng verbunden ist, daß es überhaupt keinen eigenen Akzent hat. Proklitika unterliegen keinen besonderen Akzentregeln, und bei den vorausgehenden oder folgenden Worten gibt es im Blick auf den Akzent *keine Veränderung*.

Die Bezeichnung »Enklitikon« wird von ἐγκλίνω abgeleitet und bedeutet »sich anlehnen«. Genau dies tun die Enklitika: sie *lehnen sich* an das vorhergehende Wort *an.* Die in dieser Lektion vorkommenden Enklitika oder Tonanlehner sind μου, μοι, με, σου, σοι, σε und alle Indikativ-Präsens-Formen von εἰμί mit Ausnahme von εἶ. Diese Formen lehnen sich an das vorhergehende Wort an und neigen dazu, ihren Akzent auf das vorausgehende Wort abzuwerfen. Enklitika geben Anlaß zu einigen besonderen Akzentregeln:

1. In Verbindung mit dem vorhergehenden Wort gelten auch solche Enklitika, die aus einer langen Silbe bestehen, um des Akzentes willen als *kurz:* ὁ λόγος μου, mein Wort (wörtlich: das Wort von mir). Hier sollte man die ganze Wortverbindung im Blick auf die Akzentgebung und Aussprache als ein Wort mit vier Silben betrachten: ὁ λόγοσμου (in diesem Fall verhindert die lange letzte Silbe nicht den Akut auf der drittletzten). Wenn also das dem Enklitikon vorangehende Wort einen Akut auf der vorletzten, oder einen Zirkumflex oder Akut auf der letzten hat, so *verliert* ein *einsilbiges* Enklitikon seinen Akzent: z.B. ὁ λόγος μου, ὁ υἱός μου, τοῦ θεοῦ μου.

2. Ein *endbetontes* Wort (Oxytonon), welches einem Enklitikon vorausgeht, *behält* seinen Akzent (ganz gleich ob Akut oder Zirkumflex) und ändert dabei einen Akut *nicht* zum Gravis, also: ὁ υἱός μου, mein Sohn; τοῦ θεοῦ μου meines Gottes.

3. Hat ein dem Enklitikon vorangehendes Wort einen Akut auf der drittletzten Silbe, oder einen Zirkumflex auf der vorletzten Silbe, erhält es *zusätzlich* einen Akut auf der letzten Silbe, also: ὁ ἀπόστολός μου, mein Apostel; oder ὁ δοῦλός σου, dein Knecht.

4. Ein Enklitikon oder Proklitikon erhält vor einem anderen Enklitikon einen Akut auf der letzten Silbe, also: εἴς με oder ὁ ἀπόστολός σου ἐστὶν ἀγαθός, dein Apostel ist gut.

5. Ein Enklitikon am Anfang eines Satzes *behält* den Akzent, also: ἐσμὲν ἄνθρωποι, wir sind Menschen.

6. Hat ein dem Enklitikon vorangehendes Wort einen Akut auf der vorletzten oder einen Zirkumflex auf der letzten Silbe, so *behält* das zweisilbige Enklitikon seinen Akzent, also: ὁ νόμος ἐστὶν ἀγαθός, das Gesetz ist gut, oder: ὁ νόμος τοῦ θεοῦ ἐστὶν ἀγαθός, das Gesetz Gottes ist gut.

69. Akzent bei Enklitika

Wie schon in 68.1 dargelegt, kann man davon ausgehen, daß das Enklitikon mit dem vorausgehenden Wort *ein* Wort bildet. Wendet man also die Akzentregel an, so ergibt sich: ἀπόστολοσμου; hier aber fällt auf, daß die Akzentregel verletzt wird, die besagt, daß der Akzent niemals weiter zurückgehen kann als bis zur drittletzten Silbe (Antepaenultima). So muß auf ἀπόστολος ein zweiter Akzent gesetzt werden, also: ἀπόστολός μου muß es richtig heißen. Ähnlich verletzt ὁ δοῦλοσμου die Regel, daß der Zirkumflex niemals weiter zurückgehen kann als bis zur vorletzten Silbe (Paenultima), also ist ὁ δοῦλός μου richtig; ein zusätzlicher Akzent wird eingefügt, um eine zu lange Reihe unbetonter Silben zu vermeiden. Da zwei Akute nicht wünschenswert erschienen, behält ein zweisilbiges Enklitikon seinen eigenen Akzent (68.6).

70. Personalpronomen: Die 1. Person

Das Personalpronomen der 1. Person wird wie folgt dekliniert:

	Singular			Plural	
N	ἐγώ		ich	ἡμεῖς	wir
G	ἐμοῦ	oder μου	meiner	ἡμῶν	unser
A	ἐμοῦ	oder μου	von mir	ἡμῶν	von uns
D	ἐμοί	oder μοι	für mich	ἡμῖν	für uns
L	ἐμοί	oder μοι	in mir	ἡμῖν	in uns
I	ἐμοί	oder μοι	durch mich	ἡμῖν	durch uns
A	ἐμέ	oder με	mich	ἡμᾶς	uns

Die Formen μου, μοι und με sind enklitisch; in der Regel werden diese verwendet, wenn nicht besondere Betonung vorliegt; dann begegnen die vollen Formen ἐμοῦ, ἐμοί und ἐμέ.

71. Personalpronomen: Die 2. Person

Das Personalpronomen der 2. Person wird wie folgt dekliniert:

	Singular			Plural	
N	σύ		du	ὑμεῖς	ihr
G	σοῦ	oder σου	deiner	ὑμῶν	euer

A	σοῦ	oder σου	von dir	ὑμῶν	von euch
D	σοί	oder σοι	für dich	ὑμῖν	für euch
L	σοί	oder σοι	in dir	ὑμῖν	in euch
I	σοί	oder σοι	durch dich	ὑμῖν	durch euch
A	σέ	oder σε	dich	ὑμᾶς	euch

Die Formen σου, σοι und σε sind enklitisch; sie finden in der Regel Verwendung, wenn nicht besondere Betonung die Formen mit Akzent erfordert.

72. Personalpronomen: Die 3. Person

Das Personalpronomen der 3. Person wird wie folgt dekliniert:

			Singular			
	Maskulinum		Femininum		Neutrum	
N	αὐτός	er	αὐτή	sie	αὐτό	es
G	αὐτοῦ	seiner	αὐτῆς	ihrer	αὐτοῦ	seiner
A	αὐτοῦ	von ihm	ἀυτῆς	von ihr	αὐτοῦ	von ihm
D	αὐτῷ	für ihn	αὐτῇ	für sie	αὐτῷ	für es
L	αὐτῷ	in ihm	αὐτῇ	in ihr	αὐτῷ	darin
I	αὐτῷ	durch ihn	αὐτῇ	durch sie	αὐτῷ	dadurch
A	αὐτόν	ihn	αὐτήν	sie	αὐτό	es

			Plural			
	Maskulinum		Femininum		Neutrum	
N	αὐτοί	sie	αὐταί	sie	αὐτά	es
G	αὐτῶν	ihrer	αὐτῶν	ihrer	αὐτῶν	seiner
A	αὐτῶν	von ihnen	αὐτῶν	von ihnen	αὐτῶν	davon
D	αὐτοῖς	für sie	αὐταῖς	für sie	αὐτοῖς	dafür
L	αὐτοῖς	in ihnen	αὐταῖς	in ihnen	αὐτοῖς	darin
I	αὐτοῖς	durch sie	αὐταῖς	durch sie	αὐτοῖς	dadurch
A	αὐτούς	sie	αὐτάς	sie	αὐτά	es

Beachten Sie, daß die Deklination von αὐτός wie beim regelmäßigen Adjektiv ἀγαθός durchgeführt wird, nur daß der Vokativ fehlt, und die neutrische Form αὐτό im Nominativ und Akkusativ Singular abweicht (vgl. 380).
Das Neutrum Plural muß im Deutschen mit dem Neutrum Singular übersetzt werden, da es eine spezifische neutrische Pluralform für das Personalpronomen nicht gibt.

73. Der Gebrauch der Pronomen

1. Im allgemeinen werden die Personalpronomen im Griechischen ähnlich wie im Deutschen gebraucht. Sie werden anstelle von Substantiven verwendet, und auch, um eine Monotonie im Satzzusammenhang zu vermeiden. Der Ausdruck: ὁ ἀδελφὸς γινώσκει τὸν ἄνθρωπον καὶ ἀκούει τὸν ἄνθρωπον, der Bruder kennt den Menschen und hört den Menschen, würde besser klingen, wenn man das zweite τὸν ἄνθρωπον durch αὐτόν ersetzt. Das Substantiv, wofür ein Pronomen eintritt, nennt man das Beziehungswort. So wäre das Beziehungswort zu αὐτόν in unserem Beispielsatz »den Menschen«.
2. Ein Pronomen stimmt mit seinem Beziehungswort in Genus und Numerus überein; sein Kasus hingegen hängt von seinem *Gebrauch* im Satz ab, z.B. βλέπω τὴν ἀλήθειαν καὶ γινώσκω αὐτήν, ich sehe die Wahrheit und erkenne sie; da das Beziehungswort zu »sie« τὴν ἀλήθειαν lautet, d.h. Femininum Singular, so muß auch das Pronomen ein Femininum im Singular sein. In diesem Satz ist das Pronomen direktes Objekt zum Verb γινώσκω und steht daher auch im Akkusativ. In dem Satz: βλέπω τὴν ἀλήθειαν καὶ μένω ἐν αὐτῇ, ich sehe die Wahrheit und bleibe in ihr, erfordert die Konstruktion des »in ihr« einen Wechsel des Kasus zum *Lokativ,* während Genus und Numerus wie im vorhergehenden Satz erhalten bleiben, also Femininum Singular.
3. Das Pronomen der 3. Person Plural »sie« ist im Deutschen für alle drei Geschlechter das gleiche, im Griechischen dagegen sind die Formen für alle drei Geschlechter unterschiedlich, z.B. (1) γινώσκω τοὺς ἀνθρώπους καὶ διδάσκω αὐτούς, ich kenne die Menschen und lehre *sie*; (2) βλέπω τὰς ἀγαθὰς καὶ διδάσκω αὐτάς (feminines Beziehungswort) ich sehe die guten (Frauen) und lehre *sie*; (3) ἀκούω τὰ τέκνα καὶ διδάσκω αὐτά (grammatikalisch neutrisches Beziehungswort), ich höre die Kinder und lehre *sie.*
4. Die Personalpronomen werden im Nominativ als Subjekt für Verben

nur gebraucht, wenn sie besonders betont sind (vgl. 70, 71), da das Subjekt bereits in der Personalendung des Verbs ausgedrückt wird, z.B. γινώσκω bedeutet »*ich* erkenne«. Wenn ein Gegensatz zum Ausdruck kommen soll, darf der Nominativ des Pronomens verwendet werden, z.B. ἐγὼ λέγω, σὺ δὲ γράφεις, ich rede,du aber schreibst. Ein anderer Gebrauch von αὐτός, der von dem des Personalpronomens abweicht, wird später erläutert (78).

5. Die unbetonten, d.h. enklitischen Formen des Personalpronomens im Genitiv Singular werden gebraucht, um den Besitz auszudrücken, also: ὁ λόγος μου, mein Wort; ὁ λόγος σου, dein Wort; ὁ λόγος αὐτοῦ, sein Wort (wörtl. »das Wort von ihm«); ὁ λόγος αὐτῆς, ihr Wort (das Wort von ihr); ὁ λόγος αὐτῶν, ihr Wort (das Wort von ihnen) usw.

6. Die betonten Formen des Personalpronomens werden gewöhnlich *nach Präpositionen* verwendet, also: ἀπ᾽ ἐμοῦ[1] (nicht ἀπό μου), ἐξ ἐμοῦ (nicht ἔκ μου), δι᾽ ἐμοῦ (nicht διά μου), ἐν ἐμοί (nicht ἔν μοι). πρός με kommt jedoch häufig im Neuen Testament vor; beachten Sie, daß ein Apostroph (᾽) die Stelle bezeichnet, wo ein Vokal ausgefallen ist.

74. Präsens Indikativ von εἰμί ich bin

Singular		Plural	
εἰμί	ich bin	ἐσμέν	wir sind
εἶ	du bist	ἐστέ	ihr seid
ἐστί(ν)	er, sie, es ist	εἰσί(ν)	sie sind

Außer εἶ sind alle Formen des Indikativ Präsens von εἰμί enklitisch. Ein Enklitikon ist ein Wort, das sich gewöhnlich so eng an das vorhergehende Wort anlehnt, daß es keinen eigenen Akzent hat. Ein Proklitikon ist, wie oben erwähnt (50), ein Wort, das sich so eng an das *nachfolgende* Wort anschließt, daß es überhaupt keinen eigenen Akzent hat. Proklitika unterliegen daher auch keinen besonderen Akzentregeln, und bei den ihnen vorausgehenden bzw. nachfolgenden Worten ergeben sich keinerlei Akzentänderungen.

Beachten Sie, daß das Verb εἰμί kein besonderes Genus Verbi (Wortgeschlecht) hat, da es einen Seinszustand und keine Handlung bezeichnet. Die Formen der 3. Person haben im Singular und Plural das bewegliche ν (37). Das Verb εἰμί hat ein Prädikatsnomen statt eines Akkusativobjektes nach sich, um seinen Sinn zu vervollständigen, z.B. ὁ ἄνθρωπός ἐστιν δοῦλος, der Mensch ist ein Sklave. Wenn man sich vorstellt, daß in einem solchen Satz das Verb einem Gleichheitszeichen »=« entspricht, wird man diese Konstruktion leicht verstehen.

Übersicht über die attributive und prädikative Stellung von Adjektiven und Pronomen

Attributive Stellung des Adjektivs	ὁ ἀγαθὸς ἀπόστολος oder ὁ ἀπόστολος ὁ ἀγαθός	= der gute Apostel
Prädikative Stellung des Adjektivs	ὁ ἀπόστολος ἀγαθός oder ἀγαθὸς ὁ ἀπόστολος	= der Apostel ist gut

ὁ ἀδελφός μου	mein Bruder	ὁ δοῦλός μου	mein Knecht
ὁ λόγος σου	dein Wort	ὁ λόγος αὐτοῦ	sein Wort
γινώσκω αὐτόν	ich kenne ihn	γινώσκω τὸν δοῦλον αὐτοῦ	ich kenne seinen Knecht

76. Übung

1. γινώσκω τοὺς ἀδελφούς μου καὶ διδάσκω αὐτούς. 2. ἡ ἐκκλησία ἀγαθή ἐστιν, ἡμεῖς δὲ ἄγομεν αὐτὴν εἰς τὴν ἀλήθειαν. 3. γινώσκετε τὴν ὁδὸν καὶ δι' αὐτῆς ἄγετε τοὺς ἄλλους ἐν αὐτῇ. 4. οἱ ἀδελφοὶ ὑμῶν λαμβάνουσιν ἡμᾶς εἰς τοὺς οἴκους αὐτῶν. 5. ἐγώ εἰμι υἱός, σὺ δὲ εἶ δοῦλος. 6. βλέπετε τὴν βασιλείαν τοῦ κυρίου ὑμῶν μετὰ τὰς κακὰς ἡμέρας. 7. ὁ ἀδελφὸς ὁ ἀγαπητὸς λαμβάνει τὰ καλὰ δῶρα καὶ πέμπει αὐτὰ πρός με μετὰ χαρᾶς. 8. ὁ δοῦλός μου βλέπει τὸ ἱερὸν μεθ' ὑμῶν.[2] 9. οἱ ἀπόστολοι ἡμῶν βλέπουσιν ὑμᾶς καὶ λέγουσιν ὑμῖν παραβολήν. 10. ὁ δοῦλος ἀκούει ἀφ' ἡμῶν[3] λόγους ἀληθείας. 11. ἀδελφοί ἐστε τοῦ κυρίου καὶ δοῦλοι τῶν ἀποστόλων. 12. ἡ ἔρημός ἐστιν κακὴ ἀλλ'[4] ἄγομεν τὰ τέκνα δι' αὐτῆς. 13. δι' ἐμὲ βλέπετε τὸ ἱερόν, σὲ δὲ ἐγὼ διδάσκω τὴν ἀλήθειαν. 14. ὁ οἶκος τοῦ ἀποστόλου λαμβάνει τὰ δῶρα ἀπὸ τῶν πιστῶν ἀνθρώπων. 15. ἔχομεν τοὺς λόγους τῶν ἀποστόλων τοῦ κυρίου ἡμῶν.

1. Meine Gesetze sind gerecht und meine Gebote sind gerecht. 2. Der Apostel schickt seine Sklaven zu mir. 3. Seine Jünger kennen die Wahrheit und lehren sie ihre Brüder. 4. Meine Söhne sehen mich und sie führen uns zum Herrn. 5. Die Welt ist böse, aber ihr seid gut. 6. Der treue Sklave kennt die Wahrheit und führt seine Brüder in sie hinein. 7. Gott kennt die Seelen seiner treuen Knechte. 8. Die Jünger führen die kleinen Kinder zu mir. 9. Der erste Apostel führt seine Söhne aus der Welt und bringt sie in seine Gemeinde. 10. Der Mensch ist gerecht und trägt meine Gaben in mein Haus. 11. Die Gaben Gottes sind gut und wir empfangen sie von ihm. 12. Wir sagen euch ein Gleichnis, ihr aber sagt uns ein anderes Wort.

Merke: »Von dem Herrn kommt es, wenn eines Mannes Schritte fest werden.«

1 Wie schon oben erwähnt (64), fallen die Endvokale von Präpositionen (außer bei περί und πρό) aus, wenn das folgende Wort mit einem Vokal beginnt.

2 μετά stößt den letzten Vokal vor einem Wort aus, das mit einem Vokal beginnt, vor einem rauhen Hauch wird τ zu ϑ.

3 ἀπό stößt den letzten Vokal vor einem Wort aus, das mit einem Vokal beginnt, und vor einem rauhen Hauch wird π zu φ.

4 Vor einem Wort, das mit einem Vokal beginnt, stößt ἀλλά häufig das letzte α aus.

Lektion 9

Weiterer Gebrauch von αὐτός
Demonstrativpronomen

77. Wortschatz

ἄρτος, ὁ	Brot	διδάκαλος, ὁ	Lehrer
δικαιοσύνη, ἡ[1]	Gerechtigkeit	βαπτίζω	ich taufe
θάλασσα, ἡ[2]	Meer	οὗτος, αὕτη, τοῦτο	dieser, diese, dies
πρόσωπον, τό	Angesicht	ἐκεῖνος, -η, -ο	jener, jene, jenes
εὐαγγέλιον, τό	frohe Botschaft	νῦν	jetzt
πονηρός, -ά, -όν	böse, schlecht	ἀγάπη, ἡ	Liebe
οὕτως	so	ἐπαγγελία, ἡ	Verheißung
κρίνω	ich richte (Kritik)		

78. Weitere Bedeutung und Gebrauch von αὐτός, αὐτή, αὐτό

Die Bedeutung von αὐτός, αὐτή, αὐτό (er, sie, es) als Personalpronomen ist in der vorangehenden Lektion besprochen worden (73, 75).

1. Der Gebrauch von αὐτός, αὐτή, αὐτό im *Nominativ* unterscheidet sich gegenüber dem des Personalpronomens, wenn es in *attributiver Stellung* (mit vorausgehendem Artikel) begegnet (entweder im Nominativ oder auch einem anderen Kasus). Es muß dann mit »derselbe, dieselbe, dasselbe« übersetzt werden, z.B. ὁ αὐτὸς ἀπόστολος oder ὁ ἀπόστολος ὁ αὐτός bedeutet: derselbe Apostel (vgl. auch τὸν αὐτὸν λόγον dasselbe Wort, Matth. 26,44; ἐν τῷ αὐτῷ νοΐ im selben Sinne, 1.Kor. 1,10).

2. Wenn αὐτός, αὐτή, αὐτό in *prädikativer Stellung* (also ohne vorangehenden Artikel) begegnet, hat es *verstärkende* Bedeutung, also αὐτὸς ὁ ἄνθρωπος oder ὁ ἄνθρωπος αὐτός bedeutet »der Mensch selbst«; αὐτὴ ἡ ἐκκλησία oder ἡ ἐκκλησία αὐτή die Kirche selbst; αὐτὸ τὸ ἱερόν oder τὸ ἱερὸν αὐτό der Tempel selbst (vgl. auch αὐτὸ τὸ πνεῦμα, der Geist selbst, Röm. 8,26b).

3. Wird αὐτός *verstärkend* gebraucht, stimmt es oft mit einem Pronomen oder dem nicht ausdrücklich genannten Subjekt überein, z.B. αὐτὸς ἐγὼ γινώσκω oder αὐτὸς γινώσκω, ich selbst weiß, αὐτὸς σὺ γινώσκεις

oder αὐτὸς γινώσκεις, du selbst weißt (vgl. auch ἐγὼ αὐτὸς ἄνθρωπός εἰμι, ich bin auch nur ein Mensch, Apg. 10,26); αὐτὸς γινώσκει, er weiß selbst; αὐτὴ γινώσκει, sie weiß selbst; αὐτὸ γινώσκει, es weiß selbst. αὐτός kann auch im Plural gebraucht werden, z.B. αὐτοὶ ἡμεῖς γινώσκομεν oder αὐτοὶ γινώσκομεν, wir wissen selbst; αὐτοὶ ὑμεῖς γινώσκετε oder αὐτοὶ γινώσκετε, ihr wißt selbst; αὐτοὶ γινώσκουσιν, sie wissen selbst.

79. Demonstrativpronomen: das naheliegende

Das Demonstrativpronomen οὗτος, αὕτη, τοῦτο wird wie folgt dekliniert:

	Singular			Plural		
	M	F	N	M	F	N
N	οὗτος	αὕτη	τοῦτο	οὗτοι	αὗται	ταῦτα
GA	τούτου	ταύτης	τούτου	τούτων	τούτων	τούτων
DLI	τούτῳ	ταύτῃ	τούτῳ	τούτοις	ταύταις	τούτοις
A	τοῦτον	ταύτην	τοῦτο	τούτους	ταύτας	ταῦτα

Beachten Sie, daß bei einem o-Laut in der zweiten Silbe (ο, οι, ου, ω) der Diphthong ου in der ersten Silbe erscheint; jedoch bei einem α-Laut in der zweiten Silbe (η, αι, α), steht in der ersten Silbe der Diphthong αυ.

80. Das Demonstrativpronomen: das fernerliegende

Das Demonstrativpronomen ἐκεῖνος, ἐκείνη, ἐκεῖνο wird wie folgt dekliniert:

	Singular			Plural		
	M	F	N	M	F	N
N	ἐκεῖνος	ἐκείνη	ἐκεῖνο	ἐκεῖνοι	ἐκεῖναι	ἐκεῖνα
GA	ἐκείνου	ἐκείνης	ἐκείνου	ἐκείνων	ἐκείνων	ἐκείνων
DLI	ἐκείνῳ	ἐκείνῃ	ἐκείνῳ	ἐκείνοις	ἐκείναις	ἐκείνοις
A	ἐκεῖνον	ἐκείνην	ἐκεῖνο	ἐκείνους	ἐκείνας	ἐκεῖνα

Beachten Sie, daß οὗτος, αὕτη, τοῦτο und auch ἐκεῖνος, ἐκείνη, ἐκεῖνο wie ἀγαθός, ἀγαθή, ἀγαθόν dekliniert werden, nur daß im Nominativ und Akkusativ des Neutrum Singular statt -ον die Endung -ο steht.

81. Gebrauch der Demonstrativpronomen

1. οὗτος ist das Demonstrativpronomen, welches etwas Naheliegendes bezeichnet; dagegen weist das Demonstrativpronomen ἐκεῖνος auf etwas weiter Entferntes hin.
2. Beide, also οὗτος und ἐκεῖνος werden auch für sich als Substantive gebraucht, also οὗτος dieser (Mann), αὕτη diese (Frau), τοῦτο diese (Sache), οὗτοι diese (Männer), αὗται diese (Frauen), ταῦτα diese (Dinge).
3. Beide, οὗτος und ἐκεῖνος werden auch oft in Verbindung mit Substantiven gebraucht; in diesem Fall hat das Substantiv, mit dem sie verbunden sind, den Artikel bei sich, und die Demonstrativpronomen selbst haben die *prädikative Stellung* (49—51), z.B. οὗτος ὁ ἀπόστολος oder ὁ ἀπόστολος οὗτος: dieser Apostel; ἐκεῖνος ὁ ἀπόστολος, , ὁ ἀπόστολος ἐκεῖνος: jener Apostel; γινώσκω ταύτην τὴν ἐκκλησίαν oder γινώσκω τὴν ἐκκλησίαν ταύτην: ich kenne diese Gemeinde; γινώσκω ἐκείνην τὴν ἐκκλησίαν oder γινώσκω τὴν ἐκκλησίαν ἐκείνην: ich kenne jene Gemeinde; οὗτοι οἱ ἀπόστολοι oder οἱ ἀπόστολοι οὗτοι: diese Apostel; ἐκεῖνοι οἱ ἀπόστολοι oder οἱ ἀπόστολοι ἐκεῖνοι: jene Apostel; οὗτος ὁ ἀγαθὸς ἄνθρωπος oder ὁ ἀγαθὸς ἄνθρωπος οὗτος: dieser gute Mensch; ἐκεῖνος ὁ ἀγαθὸς ἄνθρωπος oder ὁ ἀγαθὸς ἄνθρωπος ἐκεῖνος: jener gute Mensch.

82. Zusammenfassung

Dieser Apostel = οὗτος ὁ ἀπόστολος oder ὁ ἀπόστολος οὗτος
Jener Apostel = ἐκεῖνος ὁ ἀπόστολος oder ὁ ἀπόστολος ἐκεῖνος
Ich kenne diesen Apostel = γινώσκω τοῦτον τὸν ἀπόστολον oder γινώσκω τὸν ἀπόστολον τοῦτον
Ich kenne jene Apostel = γινώσκω ἐκείνους τοὺς ἀποστόλους oder γινώσκω τοὺς ἀποστόλους ἐκείνους
Ich kenne diesen Menschen = γινώσκω τοῦτον τὸν ἄνθρωπον oder γινώσκω τοῦτον
Ich kenne jene Menschen = γινώσκω ἐκείνους τοὺς ἀνθρώπους oder γινώσκω ἐκείνους
Ich kenne diese Dinge (dies) = γινώσκω ταῦτα
Ich kenne jene Dinge (jenes) = γινώσκω ἐκεῖνα

83. Übung

1. οὗτοι οἱ ἀδελφοὶ ἄγουσι τοὺς δούλους αὐτῶν πρὸς τὸν κύριον. 2. ὁ αὐτὸς διδάσκαλος βλέπει τούτους καὶ ἐκείνους. 3. ὁ ἀπόστολος οὗτος βαπτίζει τὰ τέκνα αὐτοῦ. 4. ἐν ταῖς καρδίαις ἡμῶν ἔχομεν ἐκείνας τὰς ἁμαρτίας. 5. γινώσκομεν τὴν ἀλήθειαν καὶ μένομεν ἐν αὐτῇ. 6. ἔχομεν τὰς ἀγαθὰς ἐπαγγελίας ἀπὸ τοῦ αὐτοῦ κυρίου. 7. ἡ δικαιοσύνη τῶν ἀποστόλων ἄγει τοὺς δούλους εἰς τὴν ἐκκλησίαν τοῦ κυρίου. 8. οἱ πιστοὶ ἄνθρωποι κρίνουσι τοὺς πονηροὺς καὶ ἄγουσιν αὐτοὺς πρὸς τὴν θάλασσαν. 9. οὗτός ἐστιν ἄνθρωπος τούτου τοῦ κόσμου, ἐκεῖνοι δέ εἰσιν ἄνθρωποι τῆς βασιλείας τοῦ θεοῦ. 10. λαμβάνω τοὺς αὐτοὺς λόγους ἀπὸ τοῦ κυρίου μου. 11. ἐκεῖναι διδάσκουσι τὴν ἀλήθειαν τοῖς μικροῖς τέκνοις. 12. αὐτοὶ γινώσκομεν τοὺς λόγους τῆς ζωῆς καὶ διδάσκομεν αὐτοὺς τοῖς ἄλλοις. 13. λαμβάνομεν ταύτην τὴν παραβολὴν ἀπ᾽ ἐκείνων τῶν ἀποστόλων. 14. αὕτη ἀκούει τὴν ἀγαθὴν ἐντολὴν τοῦ κυρίου αὐτῆς καὶ διδάσκει τὸν αὐτὸν νόμον τοῖς τέκνοις αὐτῆς. 15. οὗτος νῦν βλέπει τὸ πρόσωπον τοῦ κυρίου αὐτοῦ. 16. ὁ ἀπόστολος οὗτος βαπτίζει τὸν δοῦλον αὐτοῦ ἐν τῇ θαλάσσῃ. 17. λαμβάνομεν τὰς αὐτὰς ἐπαγγελίας ἀπὸ τοῦ κυρίου ἡμῶν. 18. ἐκεῖνοί εἰσιν μαθηταὶ τοῦ αὐτοῦ διδασκάλου. 19. ἔχομεν τὴν ζωὴν διὰ τοῦ αὐτοῦ εὐαγγελίου. 20. οὗτος ἔχει τὸν ἄρτον τῆς ζωῆς.

1. Der Herr sendet seine Sklaven in diese böse Welt. 2. Der Apostel tauft seine Brüder und führt sie in dieselbe Gemeinde. 3. Dies(e) sind die treuen Jünger des Herrn. 4. Jene Menschen haben diese Sünde in ihren Herzen und lehren die anderen so. 5. Wir senden diese Brüder in die Wüste. 6. Ihr seht diesen Sklaven und führt ihn auf dem Weg der Gerechtigkeit. 7. Wir taufen unsere Brüder im Meer und führen sie zur Gemeinde. 8. Meine Brüder hören meine Stimme und sagen mir Worte der Liebe. 9. Um der bösen Lehrer willen sehen wir den Tod. 10. Sie selbst haben diese Sünde in ihren Herzen.

Merke: ἔχομεν τὴν δικαιοσύνην τοῦ κυρίου ἡμῶν.

1 —Die Endung -σύνη bezeichnet oft einen *Zustand.*

2 θάλασσα wird analog zu δόξα dekliniert (s. 44).

Lektion 10

Präsens Medium und Passiv Indikativ
Instrumental der Person mit ὑπό und dem Ablativ
Instrumental. Verben als Deponentia
Zusammengesetzte Verben (Komposita)
Verben mit mehreren Kasus. Gebrauch von οὐ

84. Wortschatz

σῴζω	ich rette	πιστεύω	ich glaube (m. Dat., 93)
πορεύομαι	dep. ich gehe	ἐξουσία, ἡ	Vollmacht, Autorität
ἐκπορεύομαι	dep. ich gehe hinaus	ἁμαρτωλός, ὁ	Sünder
ἔρχομαι	dep. ich komme, gehe	ἄρχω	ich herrsche (m. Genitiv)
εἰσέρχομαι	dep. ich gehe hinein		Med.: ich beginne
ἐξέρχομαι	dep. ich gehe heraus	ὅτι	daß, weil
διέρχομαι	dep. ich gehe hindurch	οὐ	nicht
γίνομαι	dep. ich werde		vor Vokalen οὐκ
	(m. Prädikatsnomen)		vor Hauch οὐχ, ohne Akzent
ἀποκρίνομαι	dep. ich antworte		(Procliticum)
	(m. Dativ)	ὑπό	m. Abl., durch (persönl. Urheber)
			beim Passiv
			m. Akk., unter (hypodermis, d.h.
			unter der Haut)

85. Aufbau des Verbs

Das Präsens Aktiv Indikativ wurde bereits in Lektion 3 erklärt (21, 22), wo wir darauf hingewiesen haben, daß der Schüler sich aus praktischen Gründen klarmachen soll, daß eine Verbform immer aus dem *Verbstamm* (man erhält ihn, indem man das -ω der Grundform der 1. Person Singular wegstreicht) und den Endungen -ω, -εις, -ει, -ομεν, -ετε, -ουσι(ν) besteht. Es wurde in Lektion 3 auch gezeigt, daß es im Griechischen neben dem Wortgeschlecht (Genus) des Aktivs auch noch das Medium und Passiv gibt.

Im Deutschen kommt nur das Aktiv und Passiv, jedoch nicht das Medium vor.

1. Wie wir uns erinnern werden, bezeichnet das Genus die Handlung in Beziehung zu einem Subjekt (18). Hier sollte der Schüler noch einmal die Abschnitte 16—23 durchsehen.

2. Das Medium bezeichnet, daß das Subjekt in seinem eigenen Interesse oder für sich selbst handelt, bzw. so, daß es selbst an den Ergebnissen der Handlung teilhat, z.B. λούομαι, ich wasche mich. Im Griechischen lenkt das Medium die besondere Aufmerksamkeit auf das Subjekt. Es kann sich dabei um ein *direktes* Medium handeln, wenn das Subjekt direkt an sich selbst eine Handlung vornimmt, z.B. wenn es von Judas heißt (Matth. 27,5), daß er »sich selbst erhängte«; es kann auch ein *indirektes* Medium sein, bei dem der Ton mehr darauf liegt, daß jemand handelt, als daß er selbst an dem Ergebnis seines Tuns teilhat, z.B. »hütet euch vor ihm« (2.Tim. 4,15).

3. Gelegentlich wird im Neuen Testament das Medium in seiner eigentlichen Bedeutung offenbar, z.B. in 1.Kor. 14,8 »wer wird sich zum Streit rüsten«, aber in den meisten Fällen kann man bei der Übersetzung ins Deutsche das Medium nicht wiedergeben. Bei einigen Verben hat das Aktiv eine völlig andere Bedeutung als das Medium, z.B. ἄρχω, ich regiere, und ἄρχομαι (Med.), ich fange an (Smyth führt 20 Verben auf, die im Aktiv und Medium verschiedene Bedeutungen haben, S. 393—394).

4. Obwohl das Medium bei dem Beispiel λύω nicht im Neuen Testament vorkommt, sollte der Schüler die Konjugation dieses Verbs trotzdem lernen, um das Medium auch bei anderen Verben zu erkennen. Die hier gebotenen Übersetzungen geben annähernd die Bedeutung des Mediums wieder.

5. Man sollte beachten, daß im Präsens die Formen für Medium und Passiv gleich sind. Wo die Formen in den Übungen beides bedeuten könnten, sollten sie immer als Passiv übersetzt werden.

86. Das Präsens Medium Indikativ

Das Präsens des Mediums wird im Indikativ wie folgt gebildet:

Singular		Plural	
λύ-ομαι	ich löse (für mich)	λυ-όμεθα	wir lösen (für uns)
λύ-ῃ	du löst (für dich)	λύ-εσθε	ihr löst (für euch)
λύ-εται	er löst (für sich)	λύ-ονται	sie lösen (für sich)

Der variable Bindelaut (ο/ε, 22) erscheint deutlich in allen Formen, außer in der zweiten Person Singular (hier haben wir eine kontrahierte Form aus ursprünglich λύ-εσαι vor uns); aber der Schüler sollte sich aus praktischen Gründen den Stamm -λυ- und die Endungen -ομαι, -ῃ, -εται, -ομεθα, -εσθε, -ονται einprägen.

87. Das Präsens Passiv Indikativ

Das Präsens Passiv wird im Indikativ wie folgt gebildet:

	Singular	Plural	
λύ-ομαι	ich werde gelöst	λυ-όμεθα	wir werden gelöst
λύ-η	du wirst gelöst	λύ-εσθε	ihr werdet gelöst
λύ-εται	er wird gelöst	λύ-ονται	sie werden gelöst

88. (Entfällt für die deutsche Ausgabe)

89. Instrumental der Person mit ὑπό und dem Ablativ

Die Person, durch welche eine Handlung geschieht, wird im Griechischen durch ὑπό mit dem Ablativ ausgedrückt (Kasus des Ursprungs), gewöhnlich nach einem passiven Verb.

Z.B. διδάσκομαι ὑπὸ τοῦ ἀποστόλου, ich werde vom Apostel gelehrt.

90. Instrumental

1. Der Instrumental, der Kasus des Mittels oder Werkzeuges (31.6) wird gebraucht, um das *Mittel* zu bezeichnen, durch das eine Handlung geschieht, z.B. διδάσκομαι τῷ λόγῳ τοῦ ἀποστόλου, ich werde durch das Wort des Apostels gelehrt (vgl. Mark. 5,4 »er war mit Ketten und Fesseln gebunden gewesen«).

2. Das letzte Beispiel zeigt den Gebrauch des Instrumentals, um das *Mittel* zu bezeichnen, was in der Übersetzung auch durch die Präposition »mit« ausgedrückt werden kann, so z.B. ἐξέβαλεν τὰ πνεύματα λόγῳ, er trieb die Geister aus durch (oder mit) einem Wort. Auch die Präposition μετά mit Genitiv wird als »mit« übersetzt, aber im Sinne von »zusammen mit«, z.B. μετὰ τῶν ἀδελφῶν ἀγόμεθα ἀγαθοῖς λόγοις, mit den Brüdern werden wir durch gute Worte geführt.

91. Verben als Deponentia

Verben, die eine *aktive* Bedeutung haben, jedoch nur im Medium oder Medium und Passiv-*Form* vorkommen, werden Deponentia genannt, z.B. ἔρχομαι ist der *Form* nach Medium, aber der Bedeutung nach *Aktiv*, und wird daher übersetzt »ich gehe«.

92. Zusammengesetzte Verben (Komposita)

1. Wie schon in Abschnitt 63 erwähnt, werden viele Verben gebildet, indem man ein *einfaches Verb* (Simplex), d.h. ein nicht zusammengesetztes Verb, mit einer Präposition verbindet, z.B. πορεύομαι, ich gehe, aber:

ἐκπορεύομαι, ich gehe heraus; ἔρχομαι, ich gehe, aber: εἰσέρχομαι, ich gehe hinein, ἐξέρχομαι, ich gehe hinaus, διέρχομαι, ich gehe hindurch. Bei diesen Verben wird die Bedeutung durch Hinzufügung der Präposition *adverbial* verändert.

2. Bei einigen zusammengesetzten Verben kann der Sinn nicht aus der Bedeutung der Präposition oder des betreffenden Verbes abgeleitet werden, z.B. ἀποκρίνομαι, ich antworte.

93. Verben mit mehreren Kasus

Manche Verben im Griechischen können mehr als einen Kasus oder einen anderen Kasus nach sich haben als im Deutschen.

1. ἀκούω kann entweder den Genitiv oder den Akkusativ nach sich haben, um seine Bedeutung zu vervollständigen: ἀκούουσι τῆς φωνῆς, sie hören die Stimme (vgl. Apg. 9,7) oder ἀκούουσι τὴν φωνήν, sie hören die Stimme (vgl. Apg. 22,9). In diesem Zusammenhang ist es wichtig, sich den Grundgedanken des Genitivs als des Kasus der Art, der besonderen Kennzeichnung vor Augen zu halten. Gewöhnlich bezeichnet ἀκούω mit dem Genitiv das, was gehört wird, Apg. 9,7, es war eine Stimme, während sonst ἀκούω mit dem Akkusativ ein Hören und Begreifen aussagt (beachten Sie Apg. 22,7, wo nach ἀκούω der Genitiv, und Apg. 9,4, wo nach ἀκούω der Akkusativ steht). So wird in Apg. 22,9 ausgesagt, daß diejenigen, die Paulus auf dem Weg nach Damaskus begleiteten, in Wirklichkeit nicht verstanden, was die Stimme sagte.

2. γίνομαι hat wie εἰμί (74) das Prädikatsnomen nach sich, z.B. γινόμεθα μαθηταὶ τοῦ κυρίου ἡμῶν, wir werden Jünger unseres Herrn.

3. ἀποκρίνομαι hat wie im Deutschen den Dativ nach sich, z.B. ἀποκρίνεται τῷ ἀνθρώπῳ, er antwortet dem Menschen.

4. πιστεύω hat den Dativ nach sich, z.B. πιστεύω τῷ ἀποστόλῳ, ich glaube dem Apostel. Eine andere Konstruktion, die im Neuen Testament verbreitet auftritt (besonders im Johannesevangelium) ist πιστεύω verbunden mit εἰς und dem Akkusativ; man kann es übersetzen »ich glaube an«: γινώσκω τὸν κύριον καὶ πιστεύω εἰς αὐτόν, ich kenne den Herrn und glaube an ihn. Die ganze Konstruktion εἰς mit dem Akkusativ muß im Zusammenhang übersetzt werden; die Präposition steht hier nicht für sich. Hier ist Glaube ein aktives Tun, wie etwas, was Menschen ausrichten, d.h. den Glauben oder das Vertrauen auf etwas setzen. Johannes gebraucht diese Konstruktion 36mal.

5. ἄρχω, ich regiere, hat den Genitiv, z.B. ὁ θεὸς ἄρχει τοῦ κόσμου, Gott regiert die Welt.

94. Stellung der Negation

οὐ steht gewöhnlich *vor* dem verneinten Wort, z.B. οὐ γινώσκω αὐτόν, ich kenne ihn nicht (vgl. Matth. 26,74). Gewöhnlich steht es unmittelbar vor dem Verb.

95. Übung

1. σῴζομαι ἀπὸ τῶν ἁμαρτιῶν μου ὑπὸ τοῦ κυρίου τῆς ζωῆς. 2. τῷ ἀγαθῷ λόγῳ τοῦ ἀποστόλου εἰσέρχεται εἰς τὴν ὁδὸν τῆς δικαιοσύνης. 3. διέρχεσθε διὰ τῶν κακῶν τόπων καὶ εἰσέρχεσθε εἰς τοὺς ἀγαθοὺς οἴκους. 4. πορεύονται ἐκ τοῦ ἱεροῦ καὶ εἰσέρχονται εἰς τὴν ἐκκλησίαν. 5. ἁμαρτωλοὶ σῴζονται ὑπὸ τοῦ θεοῦ καὶ ἀκούουσι τῆς φωνῆς αὐτοῦ 6. ἐκεῖνοι οἱ πονηροὶ ἄνθρωποι λύονται ὑπὸ τοῦ κυρίου. 7. ὁ υἱὸς ἔχει ἐξουσίαν. 8. ἡ δικαιοσύνη τοῦ θεοῦ γινώσκεται ἐν τούτῳ τῷ κόσμῳ. 9. ὁ διδάσκαλος διδάσκεται ὑπὸ τοῦ ἀγαθοῦ μαθητοῦ. 10. ὁ προφήτης ἔχει τὸν ἄρτον τῆς ζωῆς. 11. οἱ υἱοὶ τοῦ δούλου γίνονται ἄνθρωποι τοῦ θεοῦ. 12. λόγοι ἀληθείας γράφονται τῇ ἐκκλησίᾳ ὑπὸ πιστοῦ ἀποστόλου. 13. πιστεύομεν εἰς τὸν υἱὸν τοῦ θεοῦ καὶ ἔχομεν χαράν. 14. γινώσκομεν τὴν ἀλήθειαν ὅτι πιστεύομεν τῷ λόγῳ ἀληθείας. 15. ἐξερχόμεθα ἐκ τοῦ πονηροῦ ἱεροῦ καὶ εἰσερχόμεθα εἰς τὴν ἐκκλησίαν τοῦ κυρίου τῆς ζωῆς. 16. ἐκεῖνοι οἱ ἁμαρτωλοὶ ἔρχονται πρὸς τὸν κύριον καὶ λαμβάνουσι τὴν ζωὴν ἀπ᾽ αὐτοῦ.

1. Ihr werdet Jünger des Herrn, weil das Wort Gottes von euch gehört wird. 2. Diese Sünder wissen, daß diese Straße nicht zum Leben führt. 3. Ich werde durch den treuen Jünger des Herrn gelehrt. 4. Sie kennen den Lehrer der Gerechtigkeit, aber ihre Herzen bleiben in der Sünde. 5. Die bösen Menschen gehen hinaus auf die Wege des Todes. 6. Du sagst ein zuverlässiges Wort und die guten Brüder hören es. 7. Jene Sklaven werden von ihren Sünden gerettet, weil sie an den Sohn Gottes glauben. 8. Der Herr des Lebens kommt heraus aus dieser bösen Welt und geht hinein in das Reich Gottes. 9. Die Stimme des Herrn wird an den bösen Tagen gehört. 10. Der Sohn Gottes hat Vollmacht und er regiert die Welt in Gerechtigkeit.

Merke: ὁ δίκαιος κύριος γινώσκει ἡμᾶς.

Lektion 11

Imperfekt Aktiv Indikativ
Imperfekt Indikativ von εἰμί
Aufbau des Imperfekts

96. Wortschatz

ἀποστέλλω	ich sende (mit einem Auftrag), (Apostel)
ἀναβαίνω	ich gehe hinauf (ἀνά bedeutet hinauf)
ἀποθνῄσκω	ich sterbe
βαίνω	ich gehe (das einfache Verb begegnet nicht im NT, kommt aber oft in Verbindung mit mehreren Präpositionen vor)
καταβαίνω	ich gehe hinunter
ἀποκτείνω	ich töte
ἐσθίω	ich esse
πίνω	ich trinke
αἴρω	ich hebe auf, nehme weg
κατά	Prp. m. Abl., herab von mit Gen., herunter, gegen (feindlich) mit Akk., entlang an, gemäß
παρά	Präp. m. Abl., von — her Präp. m. Lokat., bei, in Gegenwart von mit Akk., neben, längs
παραλαμβάνω	ich nehme auf
οὐκέτι	Adv. nicht mehr
ἔτι	Adv. noch
τότε	Adv. da, dann
συνάγω	ich führe zusammen, versammle
σύν	Präp. m. Instr., mit, zusammen mit
μέν ... δέ	einerseits — andererseits, zwar — aber (bleibt oft unübersetzt, drückt aber einen Gegensatz aus)

97. Rückblick

Es wird hilfreich sein, sich noch einmal die Grundbegriffe von Zeit, Genus und Modus vor Augen zu führen (16—23), bevor man das Imperfekt betrachtet. Das Imperfekt ist eine Neben- oder erzählende Zeitform, die eine *andauernde* Handlung in der Vergangenheit anzeigt. Wie schon in Abschnitt 23 erwähnt, bezeichnet das Präsens gewöhnlich eine fortdauernde Handlung, aber die Präsensform kann auch in einigen Textzusammenhängen eine punktuelle Handlung wiedergeben. In der Vergangenheit gibt es verschiedene Zeitformen, die den Gedanken der Fortdauer oder der Einmaligkeit einer Handlung ausdrücken: das Imperfekt, um die *andauernde* Handlung in der Vergangenheit, den Aorist, um die *Einmaligkeit* einer Handlung (zu einem bestimmten Zeitpunkt) zum Ausdruck zu bringen. Der Aorist, der am häufigsten als Zeitform in der *Erzählung* verwendet wird, wird in einer späteren Lektion besprochen (127). Damit der Schüler übersehen kann, wie das Imperfekt gebildet wird, sind bei dem folgenden Beispiel λύω die einzelnen Formenelemente getrennt aufgeführt, und zwar für das Imperfekt Aktiv Indikativ. Beachten Sie dabei (1) das Augment, (2) den Verbstamm (das Imperfekt baut auf dem Präsensstamm auf) (3) den variablen Bindevokal ε oder ο und (4) die Personalendungen des Nebentempus.[1]

Singular		Plural	
ἔ-λυ-ον	ich löse	ἐ-λύ-ομεν	wir lösten
ἔ-λυ-ες	du löstest	ἐ-λύ-ετε	ihr löstet
ἔ-λυ-ε(ν)	er löste	ἔ-λυ-ον	sie lösten

Beachten Sie, daß die 3. Person Singular wieder das bewegliche ν hat (37); der Textzusammenhang muß darüber entscheiden, ob ἔλυον mit der ersten Person Singular oder der dritten Person Plural übersetzt werden muß.

98. Syllabisches oder temporales Augment

1. Verben, die mit einem Konsonanten beginnen, haben ein ε vor dem Verbstamm; man nennt dies das *Augment.* Beachten Sie, daß nur *Zeiten der Vergangenheit im Indikativ* ein Augment aufweisen. Das ε vor einem Verbstamm, der mit einem Konsonanten beginnt, nennt man *syllabisches* Augment, weil es eine zusätzliche Silbe an das Wort anfügt.

2. Verben, die mit einem *Vokal* beginnen, bilden das sogenannte *temporale* Augment, wobei sie den Anfangsvokal zu einem anderen Vokal dehnen, z.B. hat ἄγω als Imperfekt Aktiv Indikativ der 1. Person Singular

ἦγον; ἀκούω hat ἤκουον; ἐγείρω hat ἤγειρον, αἴρω hat ἦρον, d.h. bei diesem Verb ῃ im Imperfekt und η im Aorist.

99. Augment bei zusammengesetzten Verben (Komposita)

Verben, die aus einem einfachen Verb mit zusätzlicher Präposition gebildet werden, haben das Augment *hinter* der Präposition und *vor* dem Wortstamm, d.h. also *zwischen* beiden. Präpositionen, die mit einem Vokal enden, stoßen den letzten Vokal aus (außer περί und πρό, 67) vor einem Verb, das mit einem Vokal beginnt *und* vor dem Augment, also lautet das Imperfekt von ἀναβαίνω: ἀνέβαινον, von καταβαίνω: κατέβαινον; von ἀποστέλλω: ἀπέστελλον; von παραλαμβάνω: παρελάμβανον; von συνάγω: συνῆγον; von ἐκβάλλω: ἐξέβαλλον (ἐκ wird vor Vokalen zu ἐξ). Beachten Sie auch, daß der Akzent nie über das Augment vorverlegt werden kann, z.B. συνῆγον, ἀπῆγον.

100. Imperfekt Indikativ von εἰμί

Singular		Plural	
ἤμην	ich war	ἦμεν	wir waren
ἦς	du warst	ἦτε	ihr wart
ἦν	er war	ἦσαν	sie waren

101. Akzent von ἔστι(ν)

Das Präsens Indikativ in der 3. Person Singular von εἰμί nach οὐκ und einigen anderen Worten hat den Akzent auf der ersten Silbe, z.B. οὐκ ἔστι(ν). Dies gilt jedoch nicht für die übrigen Formen von εἰμί, darum muß es immer heißen οὐκ ἐσμέν wir sind nicht.

102. Übung

1. ἐν ἐκείναις ταῖς ἡμέραις ἀνεβαίνομεν πρὸς τὸ ἱερόν, νῦν δὲ οὐκέτι ἀναβαίνομεν. 2. οἱ πιστοὶ μαθηταὶ ἀπέθνῃσκον διὰ τὸν κύριον. 3. ὁ κύριος ἀπέστελλε τοὺς δούλους αὐτοῦ εἰς τὸν πονηρὸν κόσμον. 4. ὁ ἀγαθὸς ἀπόστολος ἀπέθνῃσκε διὰ τὴν ἀλήθειαν. 5. ὁ δίκαιος δοῦλος συνῆγε τοὺς ἀδελφοὺς αὐτοῦ εἰς τὴν ἐκκλησίαν. 6. σὺν ταῖς ἀγαθαῖς ἤγομεν τοὺς πιστοὺς πρὸς τὸν κύριον. 7. οἱ πονηροὶ ἄνθρωποι ἤσθιον τὸν ἄρτον ἐν τῷ ἱερῷ. 8. ἡμεῖς μὲν ἦμεν κακοί, ἡμεῖς δέ ἐσμεν ἀγαθοί. 9. ὁ κύ-

ριος ἦν ἐν τῷ κόσμῳ, ἀλλὰ ὁ κόσμος οὐκ ἐγίνωσκεν αὐτόν. 10. διδασκόμεθα νῦν ὑπὸ τῶν ἀδελφῶν, τότε δὲ ἐδιδάσκομεν τοὺς ἄλλους. 11. ἔλεγε παραβολὴν τοῖς πιστοῖς δούλοις τοῦ κυρίου. 12. αὐτὸς ὁ κύριος ἦρε τὰς ἁμαρτίας ἡμῶν. 13. ἐξεβάλλομεν τοὺς πονηροὺς ἀνθρώπους ἐκ τοῦ ἱεροῦ. 14. οἱ ἀπόστολοι παρελάμβανον τὸν ἄρτον τὸν ἀγαθὸν ἀπὸ τῶν δούλων τοῦ κυρίου καὶ ἤσθιον αὐτόν. 15. τὸ δῶρον τοῦ πονηροῦ οὐκ ἔστιν. 16. οἱ κακοὶ ἄνθρωποι ἔπινον ἐν τῷ οἴκῳ.

1. Wir gingen hinauf in den Tempel und sagten gute Worte. 2. In jenen Tagen waren wir bei den Brüdern in der Wüste. 3. Wir sind nicht mehr Sklaven der Sünde, weil der Herr uns rettet und unsere Sünden hinwegnimmt. 4. Jetzt sind sie gerecht, aber sie waren böse. 5. In den Tempel hinein versammelten die Brüder des Propheten die Sklaven. 6. In jenen bösen Tagen starben sie wegen der Wahrheit. 7. Damals war er ein Sünder, aber jetzt ist er ein Sohn der Gerechtigkeit. 8. Sie gingen hinauf in den Tempel nach dem Wort des Gesetzes. 9. Der treue Jünger lehrte mich in seinem Hause. 10. Die Kinder der Sklaven sagten den anderen Worte der Wahrheit.

Merke: ἦμεν δοῦλοι ἁμαρτίας, ἀλλά ἐσμὲν υἱοὶ δικαιοσύνης.

1 Die Endungen der Nebentempora sind -ν, -ς, keine Endung, -ομεν, -ετε, -ν (oder -σαν).

Lektion 12

Imperfekt Medium und Passiv Indikativ
Neutrum Plural Subjekt mit singularem Verb
Gebrauch von οὐδέ. Weitere Bedeutung und Gebrauch von καί

103. Wortschatz

δέχομαι	Dep. ich empfange
κατέρχομαι	Dep. ich komme herab
ἀπέρχομαι	Dep. ich gehe weg
συνέρχομαι	Dep. ich komme zusammen
βιβλίον, τό	Buch
δαιμόνιον, τό	Dämon
ἔργον, τό	Werk (Erg., Arbeitseinheit)
καί	Konj. und, auch, sogar
καί — καί	sowohl ... als auch
οὐδέ	Konj. und nicht, auch nicht, aber nicht, nicht einmal
οὐδέ — οὐδέ	weder — noch
πλοῖον, τό	Boot, Schiff
οὔπω	Konj. noch nicht
περί	Präp. m. Gen., herum, betreffend mit Akk., um — herum
ὑπέρ	Präp. mit Abl., für, zugunsten von mit Akk., über, über — hinweg

104. Die Bildung des Imperfekts aus dem Präsensstamm

Wie das Imperfekt Aktiv Indikativ, wird auch das Imperfekt Medium und Passiv (die auch hier in der Form übereinstimmen) aus dem Präsensstamm gebildet. Bei dem Beispiel λύω erscheint im Wortverzeichnis und auch im Lexikon die Form des Präsens Aktiv Indikativ (der 1. Person Singular). Für solche Verben, die Deponentia sind, d.h. die trotz der Medium- oder Passivform aktive Bedeutung haben, endet die im Lexikon stehende Form, wenn das Präsens ein Deponens ist, auf -ομαι; also: ἔρχομαι, πορεύομαι usw. Auf dieser Stammform des Präsens bauen alle anderen Präsensformen auf. Da alle Verbformen von der Stammform eines Verbes abgeleitet werden, ist das griechische Verb mit seiner Flexibilität und Genauigkeit leicht zu durchschauen, wenn man die Stammformen eines jeden Verbs kennt. Darum sollte man sie sich gut einprägen, wie sie im Text begegnen. Hat man diese verstanden, wird man die meisten Verbformen im Neuen Testament bestimmen können.

105. Wie schon in der vorigen Lektion erwähnt, hat die Form des Imperfekts drei Elemente: (1) Das Augment, (2) den Präsensstamm, (3) die Endung des Nebentempus. Da der variable Bindevokal ε/ο in einigen der Formen sowohl im Aktiv als auch im Medium/Passiv begegnet, ist es wahrscheinlich für den Schüler am besten, sich die Endungen so einzuprägen, wie sie im Folgenden aufgeführt sind, nämlich einschließlich des Bindevokals. Beachten Sie auch dabei den Aufbau des Imperfekt Medium Indikativ und seine dem Griechischen nahekommende Übersetzung. Sprechen Sie die Formen auch sorgfältig einige Male aus.

Singular		Plural	
ἐ-λυ-όμην	ich löste für mich	ἐ-λυ-όμεθα	wir lösten für uns
ἐ-λύ-ου	du löstest für dich	ἐ-λύ-εσθε	ihr löstet für euch
ἐ-λύ-ετο	er löste für sich	ἐ-λύ-οντο	sie lösten für sich

106. Imperfekt Passiv Indikativ
Beachten Sie hier die Übersetzung des Imperfekt Passiv Indikativ:

Singular		Plural	
ἐ-λυ-όμην	ich wurde gelöst	ἐ-λυ-όμεθα	wir wurden gelöst
ἐ-λύ-ου	du wurdest gelöst	ἐ-λύ-εσθε	ihr wurdet gelöst
ἐ-λύ-ετο	er wurde gelöst	ἐλύ-οντο	sie wurden gelöst

107. Aufbau des Imperfekts
Da, wie bereits in Abschnitt 104 gezeigt, das Imperfekt auf dem Präsensstamm aufbaut, sind Verben,die im Präsens Deponentia sind, dies auch im Imperfekt. Z.B. πορεύομαι, ich gehe, hat im Imperfekt die Form ἐπορευόμην, ich ging; ἔρχομαι, ich komme, das Imperfekt ἠρχόμην, ich kam. Um das Imperfekt zu bilden, streichen Sie von der Präsensgrundform die Endung -ω oder -ομαι ab, setzen Sie das Augment davor (ε, wenn der Stamm mit einem Konsonant, gedehnter Vokal, wenn der Stamm mit einem Vokal beginnt), und fügen Sie dann die Endungen an den Stamm. Sehen Sie, daß dieses System der Formbildung für alle Verben in gleicher Weise Anwendung findet, wird das Erlernen relativ einfach.

108. Das Verb mit Neutrum Plural als Subjekt
Ein Subjekt im Neutrum Plural *kann* die Verbform in Singular nach sich

haben. Dies ist wahrscheinlich in der Tatsache begründet, daß man ein Subjekt im Neutrum Plural als ein Kollektiv betrachtete. In Luk. 10,17 καὶ τὰ δαιμόνια ὑποτάσσεται ἡμῖν, sogar die Dämonen sind uns untertan, werden die Dämonen als eine in sich geschlossene Gruppe gesehen. Wenn jedoch von *Einzelwesen* die Rede ist, steht die Verbform im Plural, wie z.B. in Jak. 2,19: τὰ δαιμόνια πιστεύουσιν, auch die Dämonen glauben.

109. Gebrauch von οὐδέ

1. Steht ουδέ *am Anfang* eines Satzes, oder wenn es einer anderen Negation im gleichen Satz folgt, kann es oft mit »nicht einmal« übersetzt werden (vgl. Mark. 8,26; Matth. 6,15.29).

2. Es kann *am Anfang* eines Satzes oder einer Wendung oft mit »auch nicht« übersetzt werden (vgl. Matth. 5,15; 6,15; 10,24).

3. οὐδέ — οὐδέ kann entsprechend mit der Bedeutung »weder — noch« gebraucht werden: οὐδὲ οἱ ἄγγελοι ἐν οὐρανῷ, οὐδὲ ὁ υἱός, weder die Engel im Himmel noch der Sohn (Mark. 13,32; vgl. Joh. 1,25).

110. Weitere Bedeutung und Gebrauch von καί

Die am meisten gebrauchte Konjunktion ist καί, aber zu der Bedeutung »und« hat καί auch einige andere Bedeutungen, die jeweils aus dem entsprechenden Textzusammenhang erschlossen werden müssen.

1. καί kann adjunktiv (beiordnend) gebraucht sein, mit der Bedeutung »auch«, z.B. καὶ γὰρ ἐγὼ ἄνθρωπός εἰμι ὑπὸ ἐξουσίαν, denn auch ich bin ein Mensch unter Befehlsgewalt (Matth. 8,9; vgl. auch Matth. 7,12).

2. καί kann auch eine Steigerung ausdrücken mit der Bedeutung »sogar«: καὶ τοῖς πνεύμασι τοῖς ἀκαθάρτοις ἐπιτάσσει, sogar den unreinen Geistern gebietet er (Mark. 1,27). Beachten Sie, daß in (1) und (2) καί dem Wort vorausgeht, mit dem es verbunden ist.

3. καί kann manchmal auch eine leicht adversative (einen Gegensatz aussagende) Bedeutung haben und wird dann mit »und doch« wiedergegeben: καὶ ὁ θεὸς τρέφει αὐτούς, und Gott ernährt sie doch (Luk. 12,24).

4. καὶ kann auch rein adversativ gebraucht werden und wird dann mit »aber« übersetzt: καὶ ἐφοβήθησαν τὸν λαόν, aber sie fürchteten das Volk (Luk. 20,19).

5. Entsprechend οὐδέ — οὐδέ kann doppeltes καί — καί ergänzend gebraucht werden mit der Bedeutung »sowohl — als auch«: καὶ ἐμὲ καὶ τὸν πατέρα μου, sowohl mich als auch meinen Vater (Joh. 15,24).

Wie bei jedem Wort in einer Sprache, muß immer der Kontext darüber entscheiden, wie ein Wort gebraucht und übersetzt werden muß.

Bei den Formen, die sowohl Medium als auch Passiv bedeuten können, sollte bei der Übersetzung immer das Passiv vorgezogen werden.

111. Übung

1. οἱ ἁμαρτωλοὶ οὐδ'[1] ἐδέχοντο τοὺς λόγους τοῦ κυρίου οὐδ' ἐπίστευον εἰς αὐτόν. 2. οἱ δίκαιοι ἀδελφοὶ κατήρχοντο πρὸς τὸ ἱερὸν ἐν ἐκείναις ταῖς ἡμέραις. 3. οἱ ἄνθρωποι ἐκεῖνοι οὐκ ἐγίνωσκον τοὺς νόμους τοῦ θεοῦ. 4. τὸ ἔργον τοῦ πιστοῦ ἀνθρώπου οὔπω ἐγινώσκετο. 5. οὗτοι οἱ ἀγαθοὶ λόγοι ἐγράφοντο ἐν τῷ βιβλίῳ τοῦ θεοῦ. 6. ἐν ἐκείνῃ τῇ ἡμέρᾳ καὶ ἐδιδασκόμεθα ὑπὸ τοῦ πιστοῦ μαθητοῦ καὶ ἐπιστεύομεν τοῖς λόγοις[2] αὐτοῦ. 7. ἀπὸ τῶν ἀποστόλων ἐδεχόμεθα τὰ βιβλία. 8. ἐν ταύτῃ τῇ ὥρᾳ καὶ τὰ τέκνα γινώσκουσι τὴν ἀλήθειαν. 9. τὰ καλὰ δῶρα ἐφέρετο καὶ πρὸς τοὺς ἁμαρτωλούς. 10. οἱ δίκαιοι δοῦλοι ἤρχοντο ἐκ τῶν οἴκων τῶν πονηρῶν. 11. τὸ μικρὸν πλοῖον ἐβάλλετο εἰς τὴν θάλασσαν. 12. ἠκούομεν καὶ ἠκουόμεθα. οἱ πιστοὶ ἀδελφοὶ καὶ ἀκούουσιν καὶ ἀκούονται. 13. ὁ μαθητὴς οὐκ ἔστιν ὑπὲρ τὸν διδάσκαλον αὐτοῦ οὐδὲ δοῦλος ὑπὲρ τὸν κύριον αὐτοῦ. 14. οἱ ἀγαθοὶ καὶ ἤρχοντο πρὸς τὸν κύριον καὶ ἦγον τοὺς ἀδελφοὺς αὐτῶν. 15. ἔλεγεν αὐτοῖς περὶ τῶν λόγων τοῦ νόμου.

1. Diese guten Bücher wurden wegen der Kinder geschrieben (für die Kinder). 2. Weder hörtest du die Wahrheit, noch trugst du sie zu den anderen. 3. Die Dämonen wurden durch den treuen Apostel ausgetrieben. 4. Die Jünger gingen mit dem Herrn hinab an das Meer und stiegen mit ihm in das Boot. 5. In der Kirche wird sowohl die Liebe als auch der Friede Gottes gehört. 6. Sie gingen nicht hinaus in die Wüste, sondern hörten noch die Wahrheit Gottes und wurden in den Geboten des Herrn gelehrt. 7. Jene guten Menschen wurden treue Jünger durch das Wort des Herrn. 8. Weder die guten Sklaven noch die treuen Brüder antworteten dem Apostel. 9. Der Herr des Lebens starb für uns.

Merke: ἡ ὁδὸς τῆς δικαιοσύνης ἄγει ἡμᾶς πρὸς τὸν κύριον τῆς ζωῆς.

1 Vor einem Wort, das mit einem Vokal beginnt, wird der Endvokal ausgestoßen und an dessen Stelle ein Apostroph gesetzt.

2 πιστεύω hat den Dativ oder die Konstruktion εἰς mit dem Akkusativ nach sich (vgl. 93,4).

Lektion 13

Futur Indikativ Aktiv und Medium
Stammformen der Verben
Futur von εἰμί

112. Wortschatz

λήμψομαι	ich werde nehmen, Dep. Fut. von λαμβάνω
ἐλεύσομαι	ich werde kommen, gehen, Dep. Fut. von ἔρχομαι
γενήσομαι	ich werde werden, Dep. Fut. von γίνομαι
ἀναβήσομαι	ich werde hinaufgehen, Dep. Fut. von ἀναβαίνω
προσεύχομαι	ich bete
προσεύξομαι	ich werde beten, Dep. Fut. von προσεύχομαι
ἕξω	ich werde haben, Fut. von ἔχω beachten: rauher Hauch!
γνώσομαι	ich werde erkennen, Dep. Fut. von γινώσκω
κηρύσσω	ich verkünde, ich predige (als Herold) Fut.: κηρύξω
διώκω	ich verfolge, Fut.: διώξω
δοξάζω	ich verherrliche, Fut.: δοξάσω
ἀναβλέπω	ich blicke auf, werde sehend, Fut.: ἀναβλέψω
διδάξω	ich werde lehren, Fut. von διδάσκω
τυφλός, ὁ	Blinder
πιστεύσω	ich werde glauben, Fut. von πιστεύω
πείθω	ich überrede, überzeuge, Fut.: πείσω

113. Überblick über die Formbildung des Präsens und Imperfekt

1. Präsens Aktiv Indikativ:
Präsensstamm + variabler Bindevokal ο/ε + Personalendung
λυ- + -ω, -εις, -ει, -ομεν, -ετε, -ουσιν.
2. Präsens Medium/Passiv Indikativ:
Präsensstamm + variabler Bindevokal ο/ε + Personalendung
also: λυ + -ομαι, -ῃ, -εται, -όμεθα, -εσθε, -ονται.
3. Imperfekt Aktiv Indikativ:
Augment (syllabisches ε für Stämme, die mit einem Konsonanten beginnen, gedehnter Vokal für Stämme, die mit einem Vokal beginnen) + Präsensstamm + variabler Bindevokal ο/ε + Personalendung, also:

ἔ-λυ + -ον, -ες, -ε(ν), -ομεν, -ετε, -ον.
4. Imperfekt Medium/Passiv Indikativ:
Augment (wie beim Aktiv) + Präsensstamm + variabler Bindevokal ο/ε + Personalendung:
ἐ-λυ + -όμην, -ου, -ετο, -όμεθα, -εσθε, -οντο.

114. Bildung des Futurs

Das Futur Aktiv und Medium Indikativ wird aus dem *Futur*stamm gebildet, welcher die zweite Stammform des Verbs darstellt. Das Kennzeichen für die Zeitform Futur ist das Zeitsuffix σ (oder der entsprechende Konsonant, wie wir noch sehen werden), welches an den Verbstamm (bei regelmäßigen Verben auf -ω) angefügt wird. Beim Beispielverb λύω ist der Präsensstamm λυ-. Der Futurstamm lautet λυσ-. Um den Indikativ Futur zu bilden, werden die Hauptpersonalendungen dem Futurstamm angefügt, die dieselben sind wie im Präsens. So lautet das Futur im Aktiv Indikativ:

Singular		Plural	
λύσ-ω	ich werde lösen	λύσ-ομεν	wir werden lösen
λύσ-εις	du wirst lösen	λύσ-ετε	ihr werdet lösen
λύσ-ει	er wird lösen	λύσ-ουσι(ν)	sie werden lösen

Die variablen Bindevokale sind dieselben wie im Präsens, aber aus praktischen Gründen sollte der Schüler die Endungen so einprägen, wie sie hier (nach dem Bindestrich) angezeigt sind.

115. Der Futurstamm

Während im Präsens Medium und Passiv formal identisch sind, wird das Futur Passiv anders gebildet, da es aus einem anderen Verbstamm abgeleitet wird; dies wird in einer späteren Lektion dargelegt (148). So bedeutet das Futur Medium Indikativ des Beispielverbs λύσ-ομαι »ich werde für mich lösen«. Das Futur Medium wird so gebildet, daß an den Futurstamm der variable Bindevokal ο/ε und dann die Personalendung angehängt werden. Aus praktischen Gründen sollte der Schüler es sich so klarmachen, daß die Zeit aus dem Futurstamm und den angefügten Endungen, wie dargestellt, gebildet wird. So lautet das Futur Medium:

Singular		Plural	
λύσ-ομαι	ich werde für mich lösen	λυσ-όμεθα	wir werden für uns lösen
λύσ-ῃ	du wirst für dich lösen	λύσ-εσθε	ihr werdet für euch lösen
λύσ-εται	er wird für sich lösen	λύσ-ονται	sie werden für sich lösen

Die Zeitform des Futur kann, wie das Präsens, eine fortdauernde oder auch eine einmalige Handlung bezeichnen. Wie schon erwähnt, ist das Präsens meist durativ (fortdauernd) (23), vgl. auch ATR S. 879; im Gegensatz dazu ist das Futur meist punktuell (einmalig) (ATR S. 888).

116. Das Futur bei Verbstämmen, die auf einen Konsonant enden

Wie bereits erwähnt (114, vgl. 116.3), ist der Futurstamm durch das Zeitsuffix σ gekennzeichnet, bzw. durch den entsprechenden Konsonanten. Lautet der Verbstamm in einem Konsonanten aus, so bringt die Anfügung des Futursuffixes σ zwei Konsonanten zusammen, was bestimmte Veränderungen zur Folge hat.

1. Endet der Verbstamm auf π, β oder φ (man nennt diese *Labial*-Muta, weil sie mit den Lippen gebildet werden), bilden sie zusammen mit dem Futursuffix σ den Doppelkonsonanten ψ, also: γράφω bildet das Futur γράψω; πέμπω das Futur πέμψω.

2. Endet der Verbstamm auf κ, γ oder χ (man nennt diese *Palatal*-Muta, auch *Guttural*-Muta, weil sie mit dem hinteren Gaumen bzw. der Kehle erzeugt werden), bilden sie zusammen mit dem Futursuffix σ den Doppelkonsonanten ξ, also: ἄγω bildet das Futur ἄξω; διδάσκω das Futur διδάξω, und ἄρχω das Futur ἄρξω.

3. Endet der Verbstamm auf τ, δ oder ϑ (man nennt diese *Dental*- oder Zungenmuta, weil sie mit den Zähnen bzw. der Zunge an den Zähnen gebildet werden), fällt vor dem Futursuffix σ dieser Dentallaut aus, also: πείϑω bildet das Futur πείσω.

Wir können diese Veränderungen schematisch folgendermaßen zusammenfassen:

π, β, φ + σ = ψ
κ, γ, χ + σ = ξ
τ, δ, ϑ + σ = σ

117. Verbstämme und Stammformen der Verben

Der Verbstamm unterscheidet sich manchmal vom Präsensstamm, z.B. ist der Verbstamm von βαπτίζω nicht βαπτιζ, sondern βαπτιδ, so entsteht das Futur βαπτίσω (116.3). Der Verbstamm von κηρύσσω ist nicht κηρυσσ, sondern κηρυκ, und das Futur (116.2) κηρύξω.

118. Bedeutsamkeit der Stammformen

Wegen zahlreicher Unregelmäßigkeiten, die im Verlauf der Sprachgeschichte eingedrungen sind, können die Stammformen des Verbs nicht aufgrund von Regeln mit letzter Sicherheit gebildet werden. Man muß sie vielmehr für jedes einzelne Verb aus dem Lexikon lernen; der Schüler sollte sich, beginnend mit dieser Lektion, *ein besonderes Heft anlegen* und die Stammformen der Verben eintragen, wie sie in den laufenden Lektionen vorkommen.

Nur wer so die Stammformen eines Verbs begreift, hat damit den Schlüssel, die Struktur der Zeitformen im Griechischen zu verstehen. Dies wird dann seine Früchte tragen. Man sollte sich mündlich die Formen immer wieder vorsagen, nachdem man sie aufgeschrieben hat, bis sie sich vom *Hören* und vom *Sehen* her fest eingeprägt haben.

119. Die Funktion der Stammformen bei der Tempusbildung

1. Von der Stammform des griechischen Verbs werden systematisch die verschiedenen Zeitformen abgeleitet. Der Schüler sollte sich die verschiedenen eindeutigen Merkmale für Tempus, Genus, Modus, Person und Zahl einprägen, so daß er jede vorkommende Verbform auch bestimmen kann, d.h. die Verbform grammatisch definieren. Das Übersetzen setzt diesen Arbeitsgang voraus und wird dann fast automatisch bewältigt, wenn die Grundregeln begriffen wurden. Ein finites Verb, d.h. eine Verbform, die auf ein Subjekt zurückgeht, grammatisch zu definieren, erfordert die Angabe von: Tempus (Zeit), Genus (Wortgeschlecht), Modus (Aussageweise), Person und Numerus (Zahl), und die »Vokabelform« (die Form, wie sie im Lexikon aufgeführt ist), also:

	λύομεν	κηρύξουσι
Tempus	Präsens	Futur
Genus	Aktiv	Aktiv
Modus	Indikativ	Indikativ

Person	erste	dritte
Zahl	Plural	Plural
Vokabelform	λύω	κηρύσσω

Nach diesem Schema sollte man in den Übungen bei jedem Verb verfahren, bis dies zur zweiten Natur geworden ist.

2. Präsens und Imperfekt gehören in allen drei Genera (also Aktiv,Medium und Passiv) zum Präsenssystem, während im Futur Aktiv und Medium zum Futur-System gehören.

120. Gebrauch der Griechisch-Deutschen und Deutsch-Griechischen Vokabulare

Es wird erwartet, daß der Schüler bei der Arbeit mit den Übungen von diesen Wörterverzeichnissen (Vokabularen) am Ende dieses Buches und von Lektion 34, wo die Stammformen vieler häufig begegnender Verben zusammengefaßt sind, regen Gebrauch macht. Ein regelmäßiges Verb, wie etwa λύω, hat insgesamt sechs Stammformen, von denen alle die Endung der 1. Person Singular haben. Bis hierher sind nur die beiden ersten Stammformen, Präsens und Futur, durchgenommen worden. Beim weiteren Lernen und Kennenlernen der verschiedenen Zeitformen wird der Schüler die Regelmäßigkeit bei der Bildung jeder einzelnen Zeitform zu schätzen wissen, wenn die Stammform bekannt ist, von der der Zeitstamm abgeleitet ist. Wenn man sich die Kennzeichen für eine jede Zeitform genau einprägt, wie wir sie für Präsens, Imperfekt und Futur (in 110, 111, 113, 114, 116) bereits dargelegt haben, wird er die Verbformen leicht identifizieren und bestimmen können, die in den Übungen und später dann im Neuen Testament begegnen.

121. Zusammengesetzte Verben

Schwierige und ungewöhnliche Formen werden in den Wortschatzabschnitten der einzelnen Lektionen aufgeführt, aber die Formen von zusammengesetzten Verben (Komposita) wie ἐξέρχομαι sollte man herausfinden, indem man das einfache Verb ἔρχομαι im Schlußteil dieses Buches und in Lektion 34 nachschlägt.

122. Deponentia in bestimmten Zeiten

Manche Verben sind im Futur Deponentia, auch wenn das Präsens auf -ω endet, so hat z.B. γινώσκω das Futur Dep. γνώσομαι, und λαμβάνω das Futur Dep. λήμψομαι.

123. Das Futur Indikativ von εἰμί

Singular		Plural	
ἔσομαι	ich werde sein	ἐσόμεθα	wir werden sein
ἔσῃ	du wirst sein	ἔσεσθε	ihr werdet sein
ἔσται	er wird sein	ἔσονται	sie werden sein

Beachten Sie, daß in der 3. Person Singular der variable Bindelaut ε ausfällt, also nicht ἔσεται, sondern ἔσται .

124. Der Gebrauch des Futurs

1. Das Futur kann rein futurischen oder voraussagenden Sinn haben, z.B. ἐκεῖνος ὑμᾶς διδάξει, jener wird euch lehren (Joh. 14,26).
2. Das Futur kann auch einen Wunsch oder Befehl ausdrücken, z.B. καλέσεις τὸ ὄνομα αὐτοῦ Ἰησοῦν, du sollst seinen Namen Jesus heißen (Luk. 1,31).
3. Das Futur kann auch deliberativ sein, d.h. ein fragendes Überlegen aussagen, bei einer rhetorischen Frage oder wenn jemand nach einem möglichen Handeln fragt, z.B. πρὸς τίνα ἀπελευσόμεθα;, wohin (zu wem) sollen wir gehen? (Joh. 6,68).

125. Übung

1. ὁ κύριος ἐλεύσεται ἀπὸ τῶν οὐρανῶν μετὰ τῶν ἀγγέλων αὐτοῦ. 2. γενήσεσθε υἱοὶ τοῦ θεοῦ καὶ εἰσελεύσεσθε εἰς τὴν ζωήν. 3. ἐκεῖνοι οἱ δίκαιοι ἕξουσι καὶ χαρὰν καὶ εἰρήνην. 4. λήμψονται τὰ καλὰ δῶρα ἀπὸ τοῦ ἀγαθοῦ ἀποστόλου. 5. ἐν ἐκείνῃ τῇ ἡμέρᾳ καὶ οἱ πονηροὶ γνώσονται ὅτι αὐτός ἐστιν ὁ κύριος. 6. καὶ οἱ τυφλοὶ ἀναβλέψουσιν ἐν ἐκείναις ταῖς ἡμέραις. 7. τὸ εὐαγγέλιον τῆς βασιλείας κηρύξει ἐν τῷ κόσμῳ. 8. ἐσόμεθα σὺν αὐτῷ ἐν τῇ δικαίᾳ βασιλείᾳ αὐτοῦ. 9. ἦς πονηρός ἀλλ' ἔσῃ ἀγαθός. 10. κηρύξουσιν ἄνθρωποι τὰς ὁδοὺς δικαιοσύνης καὶ τὴν ἀλήθειαν τοῦ θεοῦ. 11. προσεύξομαι μετὰ χαρᾶς ἐν τῇ καρδίᾳ μου. 12. πείσομεν τοὺς ἀνθρώπους καὶ ἄξομεν αὐτοὺς πρὸς τὸν κύριον. 13. οἱ πιστοὶ δοῦλοι δοξάσουσι τὸν θε-

ὸν καὶ ἐν τῇ ἐσχάτῃ ὥρᾳ. 14. ἀναβησόμεθα πρὸς τὸ ἱερὸν καὶ προσευξόμεθα τῷ θεῷ ἡμῶν. 15. ἐκεῖνος ὁ δίκαιος δοῦλος διδάξει τοὺς ἀδελφοὺς αὐτοῦ καὶ διδάξουσι τοὺς ἄλλους. 16. τὸ εὐαγγέλιον χαρᾶς ἐκηρύσσετο καὶ ἐν ἐκείναις ταῖς πονηραῖς ἡμέραις καὶ κηρύξομεν αὐτὸ ἐν τούτῳ τῷ πονηρῷ τόπῳ.

1. Das Reich Gottes wird in euch sein. 2. An jenem Tage werdet ihr das Wort Gottes erkennen. 3. Um der Herrlichkeit Gottes willen werden jene Menschen Jünger unseres Herrn werden. 4. Sie werden die Stimme des Propheten hören und an seinen Herrn glauben. 5. Seine Knechte werden die guten Gaben von den treuen Brüdern empfangen. 6. Du wirst ein guter Knecht in jenen Tagen werden und wirst andere auf dem Weg der Wahrheit führen. 7. Diese Frauen werden in der Kirche beten und werden die treuen Menschen lehren. 8. Ihr wurdet durch die gerechten Jünger gelehrt, aber in den letzten Tagen werdet ihr selbst lehren. 9. Er wird die treuen Brüder im Meer taufen und wird sie zu der kleinen Gemeinde führen. 10. Jene guten Worte wird er in das Buch des Lebens schreiben.

Merke: ὁ πιστὸς ἄνθρωπος ἕξει καὶ τὴν ζωὴν καὶ εἰρήνην.

Lektion 14

Schwacher Aorist (Aorist I)
Aktiv und Medium Indikativ

126. Wortschatz

ἤκουσα	ich hörte, Aorist I von ἀκούω
θεραπεύω	ich heile, Fut.: θεραπεύσω, Aor. I: ἐθεράπευσα
ἔγραψα	ich schrieb, Aorist I von γράφω
ἔπεμψα	ich sandte, Aor. I von πέμπω
πείθω	ich überrede, Fut.: πείσω, Aor. I: ἔπεισα
ἐπίστευσα	ich glaubte, Aor. I von πιστεύω
ἐκήρυξα	ich verkündigte, Aor. I von κηρύσσω
ἀπολύω	ich befreie, mache los, Fut.: ἀπολύω, Aor. I: ἀπέλυσα
ἤδη	(Adv.) schon
γάρ	denn (Konj. nachgestellt, 67[1])
ἐπιστρέφω	ich kehre hin, Fut.: ἐπιστρέψω, Aor. I: ἐπέστρεψα
ἑτοιμάζω	ich bereite, Fut.: ἑτοιμάσω, Aor. I: ἡτοίμασα
θαυμάζω	ich bewundere, Fut.: θαυμάσω, Aor. I: ἐθαύμασα
ὑποστρέφω	ich kehre um, zurück, Fut.: ὑποστρέψω, Aor. I: ὑπέστρεψα

127. Der Grundgedanke des Aorist

Wie schon zuvor erwähnt (16, 17, 97), wird im Griechischen in der Vergangenheit deutlich unterschieden zwischen einer *fortdauernden* und einer *einmaligen, punktuellen Handlung*, und es gab dabei keine Verwechslung im Gebrauch der Zeiten. Die eine Zeitform wurde nicht für die andere gebraucht. Ein Sprecher oder Schriftsteller gebrauchte eine ganz bestimmte Zeitform, um auszusagen, was er ausdrücken wollte. Das Imperfekt drückt die Handlung aus, die in der Vergangenheit andauert; die Handlung kann sich auch wiederholen oder eine feste Gewohnheit sein, aber die Aktionsart ist *durativ*. Z.B. ἤκουον, ich war dabei, zu hören. Im Gegensatz dazu lenkt der Aorist auf einfachste Weise den Blick auf das Ereignis selbst, z.B. ἤκουσα, ich hörte (einmal). »Der Aorist ist die Zeit-

form, die wie selbstverständlich gebraucht wird, wenn nicht ein besonderer Grund vorliegt, eine andere Zeitform zu verwenden« (ATR S. 831). Nur im Indikativ gibt es die Unterscheidung zwischen Vergangenheit, Gegenwart und Zukunft (17); dabei ist das Kennzeichen der Vergangenheit im Griechischen das *Augment*, welches ausschließlich in den *Vergangenheitsformen* des Indikativs begegnet.
Der Aorist »stellt die Tatsache einer Handlung oder eines Geschehens ohne Rücksicht auf deren Dauer« fest (D. und M.S. 193). Der Aorist schließt in seiner Aussage nichts über Vollständigkeit ein, sondern zeigt die Handlung als durchgeführt an. Der Aorist Indikativ drückt einfach das Geschehensein einer Handlung in der Vergangenheit aus. Der Gedanke der Einmaligkeit einer Handlung bleibt beim Aorist auch in den anderen Modus erhalten (einschließlich Infinitiv und Partizip). Dies wird noch einmal zur Sprache kommen, wenn die anderen Modi des Aorists erklärt werden.

128. Schwacher und starker Aorist (Aorist I und II)
Die Unterscheidung zwischen einem Aorist I und Aorist II betrifft nur die *Form*; es sind zwei verschiedene Arten, auf welche diese Zeitform bei verschiedenen Verben gebildet wird. So wie auch im Deutschen die Zeitformen der Vergangenheit bei verschiedenen Verben unterschiedlich gebildet werden, z.B. »ich schreibe« hat die Vergangenheit »ich schrieb«, »ich werfe« hat die Vergangenheit »ich warf« und »ich liebe« bildet die Vergangenheit »ich liebte«, so sind auch bei einigen griechischen Verben die Formen des Aoristes verschieden; die Grundbedeutung dieser Zeitform aber bleibt bei allen die gleiche.

129. Die Übersetzung des griechischen Aorists
Der griechische Aorist kann mit der einfachen Vergangenheit im Deutschen wiedergegeben werden, z.B. ἐπίστευσα, ich glaubte. Er kann auch mit dem Perfekt, der vollendeten Vergangenheit übersetzt werden, wenn zwischen dem Ereignis und der Aussage kein zeitlicher Zwischenraum steht, z.B. ἐπιστεύσατε τοὺς λόγους μου, ihr habt meine Worte geglaubt, d.h. zu irgendeiner Zeit in der Vergangenheit, die nicht näher bestimmt ist, habt ihr meine Worte geglaubt. Wenn der griechische Aorist im Deutschen mit dem Perfekt übersetzt wird, ist damit nichts über die derzeitigen Auswirkungen dieser Handlung ausgesagt. Gewöhnlich wird der Textzusammenhang darüber entscheiden, ob ein griechischer Aorist mit der einfachen Vergangenheit oder mit dem Perfekt übersetzt werden

muß, z.B. »ich glaubte« oder »ich habe geglaubt«. In den Übungen sollte der griechische Aorist immer mit der einfachen Vergangenheit übersetzt werden, wenn der Kontext nicht darauf hinweist, daß besser die vollendete Vergangenheit eingesetzt wird.
Im Neuen Testament wird die Unterscheidung zwischen dem Aorist und dem Perfekt sehr deutlich gemacht, z.B. 1. Kor. 15,4: »er wurde begraben« (Aor.) und er ist auferweckt worden (Perf.), d.h. er ist auferstanden und befindet sich noch jetzt in diesem Zustand«. Vgl. auch Kol. 1,16: »es wurde geschaffen (Aorist) . . . und alles ist geschaffen worden (Perfekt)« (und die Ergebnisse und Auswirkungen dieses Schöpfungsaktes sind noch heute vorhanden). Moulton betrachtet das Perfekt »als die wichtigste aller griechischen Zeitformen im Blick auf die Auslegung« (Prolegomena S. 140) und diese Einschätzung ist wahrscheinlich auch gerechtfertigt (siehe Lektion 29 über das griechische Perfekt).

130. Aorist I Aktiv Indikativ
Das Aktiv Indikativ des Aorist I für λύω lautet:

Singular		Plural	
ἔλυσα	ich löste	ἐλύσαμεν	wir lösten
ἔλυσας	du löstest	ἐλύσατε	ihr löstet
ἔλυσε(ν)	er löste	ἔλυσαν	sie lösten

131. Augment im Aorist
Wie das Imperfekt, so ist auch der Aorist eine sekundäre oder Nebenzeitform und hat im Indikativ das Augment. Das Augment ist dasselbe wie für das Imperfekt (98.1,2; 99). Es hat auch dieselben Sekundärendungen wie das Imperfekt, obwohl in der 1. Person Singular im Aorist I das ν ausfällt.

132. Die Bildung des Aorist I Aktiv Indikativ
Man wird sich noch erinnern, daß in den Zeitformen, die auf dem Präsensstamm aufbauen, d.h. im Präsens und Imperfekt und Futur Aktiv und Medium der variable oder thematische Bindevokal ο/ε auf den Verbstamm folgt. Im Aorist steht das Zeitsuffix σα anstelle des variablen Vokales und wird dem Verbstamm angefügt. Wo also das Futur σο/ε hat, hat der Aorist I σα. So hat der Aorist I im Aktiv Indikativ beim Beispielverb λύω (1) das Augment, (2) den Verbstamm, (3) das Zeichen σα für den Aorist I und

(4) die aktiven Personalendungen der sekundären oder Nebenzeit (-ν, -ς, -keine, -μεν, -τε, -ν oder -σαν). In der 1. Person Singular fällt die Endung ν weg, und in der 3. Person Singular verändert sich das σα zum σε, wobei diese Form wie im Imperfekt auch das bewegliche ν haben kann.

133. Aorist I Medium Indikativ
Von λύω lautet der Aorist I Medium Indikativ:

Singular		Plural	
ἐλυσάμην	ich löste für mich	ἐλυσάμεθα	wir lösten für uns
ἐλύσω	du löstest für dich	ἐλύσασθε	ihr löstet für euch
ἐλύσατο	er löste für sich	ἐλύσαντο	sie lösten für sich

134. Aorist Passiv und Futur Passiv
Das Passiv des Aorist wie auch des Futur ist in der Form völlig anders als das Medium und wird in einer der folgenden Lektionen (146—148) erläutert werden. Die Form ἐλυσάμεθα bedeutet also »wir lösten für uns« und nicht »wir wurden gelöst«.

135. Bildung des Aorist I Medium Indikativ
Der Aorist I Medium hat wie auch der Aorist Aktiv, die sekundären Personalendungen. So besteht der Aorist I Medium Indikativ von λύω aus (1) dem Augment, (2) dem Verbstamm, (3) dem Zeichen σα des Aorist I und (4) den sekundären Personalendungen des Medium (-μην, -σο, -το, -μεθα, -σθε, -ντο). In der 2. Person Singular steht die verkürzte Form ἐλύσω für die ursprüngliche Form ἐλύσασο.

136. Die dritte Stammform
Da der Aorist Indikativ (der die dritte Stammform des griechischen Verbs bildet), nicht immer mit Sicherheit vorausbestimmt werden kann, sollte der Schüler diese Form genau in einem Wörterbuch nachschlagen. Die Abweichungen, die im Aorist stattfinden, gleichen oft auch denen, die im Futur vorkommen (beachten Sie das Wörterverzeichnis dieser Lektion). Man sollte hierbei aber vorsichtig sein und bei der Bestimmung der Ao-

ristform nicht leichtfertig nach dieser Methode vom Futur auf den Aorist schließen. Für jedes Verb sollte man die Formen für jedes Verb in einem Lexikon nachprüfen, in ein besonderes Heft eintragen und lernen.

137. Übung

1. ἐπέμψατε τὰ τέκνα ἐκ τοῦ ἱεροῦ καὶ εἰς τὴν ἐκκλησίαν. 2. ὁ κύριος ἐδίδαξε καὶ ἐν τῷ οἴκῳ καὶ ἐν ἄλλοις τόποις. 3. ἐν ἐκείναις ταῖς ἡμέραις ἠκούσαμεν τὴν φωνὴν αὐτοῦ, νῦν δὲ οὐκέτι ἀκούομεν αὐτήν. 4. ὁ κύριος ἔσωσέ με ἀπὸ τῶν ἁμαρτιῶν μου. 5. ἐπίστευσαν εἰς τὸν κύριον καὶ σώσει αὐτούς. 6. ἐπεστρέψαμεν πρὸς τὸν κύριον καὶ ἐθεράπευσεν ἡμᾶς. 7. ἤκουσαν τῆς φωνῆς αὐτοῦ καὶ ἐπίστευσαν. 8. ἐδεξάμεθα αὐτὸν εἰς τοὺς οἴκους ἡμῶν. 9. ἐκεῖνοι οἱ τυφλοὶ ἀνέβλεψαν καὶ ἐδόξασαν τὸν θεόν. 10. οὗτοι οἱ ἀγαθοὶ ἀπέλυσαν τοὺς δούλους. 11. ἡτοίμασεν ἐν τῷ οὐρανῷ τόπον ἡμῖν. 12. ἔσωσε τοὺς ἀδελφούς μου, ἐπίστευσαν γὰρ εἰς αὐτόν. 13. ἤδη ἐθεράπευσεν αὐτοὺς καὶ ἔπεμψεν αὐτοὺς εἰς τὴν ὁδὸν τῆς δικαιοσύνης. 14. ἐκήρυξαν τὸ εὐαγγέλιον ἐκείνοις τοῖς ἀνθρώποις τοῖς κακοῖς καὶ ἔπεισαν αὐτούς.

1. Sie hörten weder seine Worte noch empfingen sie sein Evangelium. 2. Sie bereiteten gute Geschenke für den Jünger. 3. Er heilte die Sklaven und überredete die bösen Menschen. 4. Er lehrte sowohl die guten Frauen als auch die guten Menschen im Tempel. 5. Ihr verfolgtet uns, aber wir verfolgten euch nicht. 6. Sie beteten nicht zum Herrn, weil sie nicht an ihn glaubten. 7. Die Brüder glaubten und die Kinder wunderten sich. 8. Wir empfingen diese guten Verheißungen von unserem Herrn.

Merke: ὁ κύριος ἄξει τὸν λαὸν αὐτοῦ.

1 Einige andere Bedeutungen, die sich aus dem Textzusammenhang im Neuen Testament anbieten, werden später erklärt (325).

Lektion 15

Starker oder Aorist II Aktiv und Medium Indikativ

138. Wortschatz

ἦλθον	ich kam, ich ging, Aor. II von ἔρχομαι
ἔλαβον	ich nahm, ich empfing, Aor. II von λαμβάνω
εἶπον[1]	ich sagte, Aor. II von λέγω
ἤγαγον	ich führte, Aor. II von ἄγω
ἔβαλον	ich warf, Aor. II von βάλλω
ὁράω[2]	ich sehe, Fut.: (Dep.): ὄψομαι, Aor. II: εἶδον
εὑρίσκω	ich finde, Fut.: εὑρήσω, Aor. II: εὗρον (heureka »ich habe es gefunden!«)
φέρω	ich trage, ich bringe, Fut.: οἴσω, Aor. I: ἤνεγκα[3]
πίπτω	ich falle, Fut.: (Dep.) πεσοῦμαι, Aor. II: ἔπεσον
λείπω	ich verlasse, Fut.: λείψω, Aor. II: ἔλιπον
προσφέρω	ich bringe herzu (hat den Akkusativ für das, was gebracht wird und den Dativ für die Person, der es gebracht wird, z.B. προσήνεγκε τὰ τέκνα τοῖς ἀδελφοῖς, er brachte die Kinder zu den Brüdern

139. Die Notwendigkeit im Lexikon nachzuschlagen

Wie schon gesagt (128) unterscheidet sich der Aorist II vom Aorist I nur in der *Form*; nur aus dem Lexikon kann man ersehen, ob ein Verb einen Aorist I oder einen Aorist II hat, oder wie die Aoristform lautet. Der Aorist ist als Zeitform Ausdruck einer Handlung in ihrer einfachsten Form. Es ist eine Handlung, die ***nicht begrenzt*** ist, also ohne Unterscheidung zwischen einer vollendeten oder unabgeschlossenen Handlung. Die Vergangenheit wird im Indikativ durch das *Augment* bezeichnet. Der Aorist drückt eine einmalige, punktuelle Handlung in der Vergangenheit aus, während das Imperfekt eine Handlung in der Vergangenheit aussagt, die andauert (durativ).

140. Rückblick auf das System von Präsens und Futur

Die Formen des Indikativ Präsens werden, wie wir uns noch erinnern, aus dem Präsensstamm + den variablen Bindevokalen ο/ε + den primären Personalendungen gebildet, also lautet das Präsens Aktiv Indikativ von λύω: λύ-ω, λύ-εις, λύ-ει, λύ-ομεν, λύ-ετε, λύ-ουσιν. Das Präsens im

Medium/Passiv Indikativ: λύ-ομαι, λύ-ῃ, λύ-εται, λυ-όμεθα, λύ-εσθε, λύ-ονται. Das Imperfekt Aktiv Indikativ wird auch gebildet aus dem Präsensstamm mit vorausgehendem *Augment* + dem variablen Bindevokal ο/ε + den sekundären Personalendungen, also lauten die Formen des Imperfekt Aktiv Indikativ von λύω: ἔ-λυ-ον, ἔ-λυ-ες, ἔ-λυ-ε(ν), ἐ-λύ-ομεν, ἐ-λύ-ετε, ἔ-λυ-ον. Das Imperfekt Medium/Passiv Indikativ von λύω: ἐ-λυ-όμην, ἐ-λύ-ου, ἐ-λύ-ετο, ἐ-λυ-όμεθα, ἐ-λύ-εσθε, ἐ-λύ-οντο. Die Formen des Futur Aktiv/Medium Indikativ werden aus der zweiten Stammform des Verbs gebildet und sind gekennzeichnet durch ein σ, das an den Präsensstamm angefügt wird (wobei der Stamm + σ gewissen Abweichungen unterliegt, wenn der Stamm auf π, β, φ, κ, γ, χ, τ, δ, ϑ endet, wie in 116,1.2.3 erläutert). So lautet das Futur Aktiv Indikativ von λύω: λύσ-ω, λύσ-εις, λύσ-ει, λύσ-ομεν, λύσ-ετε, λύσ-ουσι(ν). Das Futur Medium Indikativ (das Passiv wird aus einem anderen Stamm gebildet) von λύω lautet: λύσ-ομαι, λύσ-ῃ, λύσ-εται, λυσ-όμεθα, λύσ-εσθε, λύσ-ονται.

141. Bildung des Aorist II Aktiv und Medium Indikativ

Der Aorist II Aktiv und Medium Indikativ wird aus dem Aoriststamm II (dritte Stammform eines Verbs im Lexikon) gebildet. Da der Aorist II eine Zeitform der Vergangenheit ist, hat der Indikativ auch ein Augment (98,1.2). Dieses Augment wird dem Stamm des Aorist II vorangestellt (unter den Sprachforschern besteht allgemein Übereinstimmung darüber, daß dieser eine Form des Verbs darstellt, die früher entstand als das Präsens[4]). Der Aorist *Passiv* Indikativ wird von einer anderen Stammform gebildet (wie auch das Futur Passiv Indikativ; 146, 147). Zu dem (1) Augment und dem (2) Stamm des Aorist II wird der variable Bindelaut ο/ε hinzugefügt (genau wie im Präsens und Imperfekt) und (3) die sekundäre Personalendung angehängt. So wird also der Aorist II Aktiv und Medium Indikativ *genau so* wie das *Imperfekt* konjugiert, außer daß der Aorist II Indikativ mit dem Stamm des Aorist II gebildet wird, während das Imperfekt auf dem Präsensstamm beruht. So dient hier oft nur ein einziger Buchstabe der Unterscheidung zwischen Imperfekt und Aorist II, z.B.

ἐλείπομεν	Imperfekt, wir verließen
ἐλίπομεν	Aorist II, wir verließen
ἐβάλλομεν	Imperfekt, wir warfen
ἐβάλομεν	Aorist II, wir warfen

142. Aorist II Aktiv Indikativ

Der Aorist II Aktiv Indikativ von λείπω (ich verlasse) lautet:

Singular		Plural	
ἔ-λιπ-ον[5]	ich verließ	ἐ-λίπ-ομεν	wir verließen
ἔ-λιπ-ες	du verließest	ἐ-λίπ-ετε	ihr verließt
ἔ-λιπ-ε(ν)	er verließ	ἔ-λιπ-ον	sie verließen

143. Aorist II Medium Indikativ

Der Aorist II Medium Indikativ von λείπω lautet:

Singular	Plural
ἐ-λιπ-όμην[6]	ἐ-λιπ-όμεθα
ἐ-λίπ-ου	ἐ-λίπ-εσθε
ἐ-λίπ-ετο	ἐ-λίπ-οντο

144. Übung

1. εὗρεν ἄνθρωπον ἐν τῇ ἐρήμῳ καὶ ἤνεγκεν αὐτὸν πρὸς τὸν κύριον. 2. ἐκεῖνοι οἱ δοῦλοι καὶ εἶδον τὸν ἀπόστολον καὶ ἤκουσαν τὴν ἀλήθειαν ἀπ' αὐτοῦ. 3. οἱ μαθηταὶ τοῦ κυρίου ἤκουσαν τὰς παραβολὰς καὶ ἐπίστευσαν εἰς αὐτόν. 4. ὁ πιστὸς ἀδελφὸς ἤγαγε τοὺς δούλους αὐτοῦ εἰς τὴν ὁδὸν τῆς δικαιοσύνης. 5. οἱ πονηροὶ ἄγγελοι ἔπεσον ἐκ τοῦ οὐρανοῦ. 6. τὰ τέκνα ἔλαβον τὰ δῶρα τὰ καλὰ ἀπὸ τῶν πιστῶν. 7. ὁ προφήτης εἶδεν ἀδελφὸν ἐν τῷ οἴκῳ καὶ εἶπεν ἀγαθοὺς λόγους αὐτῷ. 8. ἐγίνοντο μαθηταὶ τοῦ κυρίου καὶ ἐδόξαζον αὐτόν. 9. ὁ κύριος ἐξέβαλε τὰ δαιμόνια λόγῳ καὶ ἐθεράπευσε τὸν ἄνθρωπον. 10. ὁ ἀπόστολος εἰσῆλθεν εἰς τὴν ἐκκλησίαν καὶ εἶπεν λόγους τῆς ἀληθείας. 11. ὁ δοῦλος ἔλιπε τὰς ὁδοὺς τῆς ἁμαρτίας καὶ ἐπέστρεψε πρὸς τὸν θεόν. 12. τὰ τέκνα ἔβαλον λίθους εἰς τὸν οἶκον τοῦ ἀδελφοῦ. 13. οἱ πιστοὶ ἄνθρωποι προσήνεγκον τὰ τέκνα τοῖς μαθηταῖς. 14. εἴπομεν παραβολὰς τοῖς τέκνοις καὶ λόγους τῆς δικαιοσύνης ταῖς πισταῖς. 15. ἤλθομεν εἰς τὸν οἶκον τοῦ δικαίου μαθητοῦ καὶ εἴδομεν τὰ τέκνα αὐτοῦ. 16. ἐλάβομεν ταύτας τὰς ἐντολὰς ἀπὸ τοῦ κυρίου ἡμῶν καὶ ἐδιδάξαμεν αὐτὰς τοῖς ἄλλοις.

1. Der Jünger brachte die Sünder zum Herrn. 2. Wir sahen den Herrn in jenen Tagen und hörten seine Gleichnisse. 3. Die Kinder führten die anderen in das Haus der treuen Brüder. 4. Wir gingen in den Tempel hinein und fanden die Jünger. 5. Der Sohn Gottes kam vom Himmel und führte uns zu Gott. 6. Wir fanden die Brüder im Hause des Apostels. 7. Ihr ließt die Gaben im Tempel und brachtet die Kinder zum Herrn. 8. An jenem Tag sahen wir den Herrn in seiner Herrlichkeit. 6. Jene bösen Menschen sagten schlechte Worte in der Wüste und nahmen die Wahrheit nicht an. 10. Die treuen (Frauen) führten ihre Kinder zum Herrn.

Merke: εὕρομεν τὸν κύριον καὶ εὗρεν ἡμᾶς.

1 Die Endungen des Aorist I -α, -ας, -ε(ν), -αμεν, -ατε, -αν finden sich oft auch am Stamm des Aorist II; am häufigsten begegnet dies im Neuen Testament bei εἶπον und εἶδον.

2 Das Präsenssystem von ὁράω (Präsens und Imperfekt) weist eine Kontraktion auf, die in einer späteren Lektion (220) erklärt wird. βλέπω wird im Präsens häufiger gebraucht, εἶδον für die Vergangenheit; ὄψομαι begegnet oft im Futur für »sehen«.

3 Man nennt dies einen Aorist I auf κ. φέρω hat auch einen Aorist II ἤνεγκον. Wenige Verben haben Aorist I und II. Dies Verb ist eines der unregelmäßigsten in der Bildung der Stammformen.

4 So hält man λαβ für die älteste Form des Verbs; man meint, daß das Präsens durch eine sog. Infixation (Einfügung) der Nasallaute μ und ν entstand.

5 Die Formen sind nach diesem Schema geschrieben, damit man sich leicht erinnern kann. Man sollte sich den variablen Bindelaut ο/ε merken und für das Aktiv die Endungen: -ν, -ς, keine, -μεν, -τε, -ν und für das Medium -μην, -σο, -το, -μεθα, -σθε, -ντο; ἐλίπου ist verkürzte Form für das ursprüngliche ἐλίπεσο.

6 Vgl. Fußnote 5.

Lektion 16

Aorist Passiv und Futur Passiv Indikativ

145. Wortschatz

ἐλήμφθην	ich wurde genommen, Aor. Pass. von λαμβάνω
ἐδιδάχθην	ich wurde gelehrt, Aor. Pass. von διδάσκω
ἐκηρύχθην	ich wurde gepredigt, Aor. Pass. von κηρύσσω
ἐβλήθην	ich wurde geworfen, Aor. Pass. von βάλλω
ἐγενήθην	ich wurde, Aor. Pass. Form von γίνομαι
ἐγνώσθην	ich wurde erkannt, Aor. Pass. von γινώσκω
ἠκούσθην	ich wurde gehört, Aor. Pass. von ἀκούω
ἐλείφθην	ich wurde verlassen, Aor. Pass. von λείπω
ἠγέρθην	ich wurde auferweckt, Aor. Pass. von ἐγείρω
ἐπορεύθην	ich ging, Aor. Pass. (Dep.) von πορεύομαι
ὤφθην	ich wurde gesehen, Aor. Pass. von ὁράω
ἠνέχθην	ich wurde getragen, Aor. Pass. von φέρω
ἐγράφην[1]	ich wurde geschrieben, Aor. Pass. von γράφω
ἀπεστάλην	ich wurde gesandt, Aor. Pass. von ἀποστέλλω
ἤχθην	ich wurde geführt, Aor. Pass. von ἄγω

146. Aorist Passiv und Futur Passiv Indikativ

Der Aorist Passiv Indikativ und das Futur Passiv Indikativ werden auf der sechsten Stammform gebildet, d.h. auf dem Stamm des Aorist Passiv. Die vierte Stammform (Perfekt Aktiv) und die fünfte Stammform (Perfekt Medium/Passiv) werden in einer späteren Lektion erklärt (285—291).

147. Kennzeichen und Bildung des Aorist Passiv

Der Stamm des Aorist Passiv wird gebildet, indem man an den Verbstamm die Silbe θε anfügt (diese wird jedoch in der gesamten Konjugation zu θη gedehnt). Da der Aorist eine sekundäre Zeit (Nebentempus) ist, hat er (1) das Augment (98,1.2; 99), (2) den Stamm des Aorist Passiv und (3) die sekundären Personalendungen des *Aktiv* (97, Fußnote; 142; 143, Fußnote), die den Endungen des Imperfekt Aktiv Indikativ entsprechen, außer daß in der 3. Person Plural die Alternativendung -σαν anstelle von -ν steht. So ergibt sich für den Aorist Passiv Indikativ von λύω folgende Konjugation:

Singular		Plural	
ἐλύθην[2]	ich wurde gelöst	ἐλύθημεν	wir wurden gelöst
ἐλύθης	du wurdest gelöst	ἐλύθητε	ihr wurdet gelöst
ἐλύθη	er wurde gelöst	ἐλύθησαν	sie wurden gelöst

148. Kennzeichen und Bildung des Futur Passiv Indikativ

Das Futur Passiv Indikativ wird gebildet, indem man dem Stamm des Aorist Passiv die Silbe -σο/ε anfügt, wobei die Silbe θε zu θη gedehnt wird. Das Futur ist eine primäre Zeitform (Haupttempus) und hat daher *kein* Augment. Darum werden an den Stamm des Futur Passiv die primären Endungen des Medium angefügt. Abgesehen von dem veränderten Stamm wird das Futur Passiv Indikativ wie das Futur Medium Indikativ konjugiert.

So lautet die Konjugation von λύω im Futur Passiv Indikativ wie folgt:

Singular		Plural	
λυθήσομαι[3]	ich werde gelöst werden	λυθησόμεθα	wir werden gelöst werden
λυθήσῃ	du wirst gelöst werden	λυθήσεσθε	ihr werdet gelöst werden
λυθήσεται	er wird gelöst werden	λυθήσονται	sie werden gelöst werden

149. Notwendigkeit des Nachschlagens im Lexikon

Der Aorist Passiv eines griechischen Verbs kann nicht ohne weiteres durch Anwendung bestimmter Regeln gebildet werden; sondern es muß bei jedem Verb im Lexikon nachgeschlagen werden, wie diese Form lautet. Hat man sich aber die Stammformen eingeprägt, hat man einen guten Vorrat, um die meisten Verbformen im Neuen Testament zu erkennen.

150. Die Stammbildung des Aorist Passiv bei Verben, deren Stamm auf einen Konsonanten endet

1. Ein π oder β vor dem Suffix θ des Aorist Passiv wird zu φ, z.B. πέμπω bildet den Aorist Passiv Indikativ: ἐπέμφθην; λείπω hat ἐλείφθην; τρίβω hat ἐτρίφθην.

2. Ein κ oder γ vor dem Stammsuffix θ des Aorist Passiv wird zu χ, z.B. bildet διώκω den Aorist Passiv ἐδιώχθην; ἄγω: ἤχθην.

3. Das τ, δ oder ϑ am Ende eines Verbstammes wird vor dem Stammsuffix ϑ des Aorist Passiv zu σ, z.B. bildet πείϑω den Aorist Passiv Indikativ ἐπείσϑην.

151. Aorist II Passiv

1. Der Aorist II Passiv Indikativ wird genauso konjugiert wie der Aorist I Passiv, mit dem einzigen Unterschied, daß der Aorist II Passiv kein ϑ im Zeitstamm hat, z.B. bildet γράφω den Aorist II Passiv wie folgt: ἐγράφην, ἐγράφης, ἐγράφη, ἐγράφημεν, ἐγράφητε, ἐγράφησαν. ἀποστέλλω hat den Aorist II Passiv ἀπεστάλην, ἀπεστάλης, ἀπεστάλη, ἀπεστάλημεν, ἀπεστάλητε, ἀπεστάλησαν.
2. Verben, die den Aorist II Passiv bilden, haben auch eine entsprechende Form im Futur, das Futur II Passiv Indikativ, z.B. ἐγράφην bildet das Futur Passiv γραφήσομαι.

152. Aorist und Futur der Deponentia

1. Deponentia, deren Aorist in der Form des Medium *aktive* Bedeutung haben, nennt man Medium-Deponentia, z.B. ἐγενόμην, ich wurde.
2. Deponentia, deren Aorist in der Form des Passiv *aktive* Bedeutung haben, nennt man Passiv-Deponentia, so hat z.B. γίνομαι die Aorist Passiv-Form. Man beachte bei diesem Verb, daß die Mediumform ἐγενόμην und die Passivform im Aorist ἐγενήϑην genau die gleiche Bedeutung haben: »ich wurde«.
3. Manche Verben, die im Präsens eine Aktiv-Form haben, begegnen im Futur als Deponentia, z.B. bildet γινώσκω im Futur die Dep.-Form γνώσομαι; auch λαμβάνω bildet im Futur die Dep.-Form λήμψομαι (s. 112; 122).
4. Einige Deponentia, die die Mediumform haben, gebrauchen durchgehend die Passivform, z.B. ἀποκρίνομαι die Form ἀπεκρίϑην, ich antwortete, eher als die Mediumform ἀπεκρινάμην, die nur siebenmal im Neuen Testament begegnet (Matth. 27,12; Mark. 14,61; Luk. 3,16; 23,9; Joh. 5,17.19; Apg. 3,12).

153. Übung

1. ἐδιδάχϑημεν ὑπὸ τῶν ἀποστόλων ἐν ἐκείναις ταῖς ἡμέραις. 2. ἐλήμφϑη ἐκ τοῦ οἴκου καὶ ἤχϑη εἰς τὴν ἔρημον. 3. αἱ φωναὶ τῶν ἀδελφῶν ἠκούσϑησαν ἐν τῷ ἱερῷ. 4. αἱ ἐντολαὶ τοῦ κυρίου ἐγράφησαν ἐν τῷ βιβλίῳ. 5. ἐγνώσϑην ὑπ' αὐτοῦ καὶ ἤγαγέ με

ἐν ταῖς ὁδοῖς τῆς δικαιοσύνης. 6. ἐλείφθην ἐν τῷ κακῷ τόπῳ ἀλλὰ ἐσώθην ὑπὸ τοῦ κυρίου. 7. ἐγενήθημεν μαθηταὶ τοῦ κυρίου ὅτι ἐπιστεύσαμεν εἰς αὐτόν. 8. οἱ λίθοι ἐξεβλήθησαν ἐκ τοῦ οἴκου καὶ ἠνέχθησαν εἰς ἄλλον τόπον. 9. ὁ πιστὸς ἀδελφὸς ὤφθη ἐν τῇ ἐκκλησίᾳ. 10. ὁ κύριος τῆς ζωῆς ἠγέρθη ἐν δόξῃ. 11. τὸ εὐαγγέλιον ἐκηρύχθη τῷ λαῷ καὶ ἐν ταῖς πονηραῖς ἡμέραις. 12. οἱ πρῶτοι δοῦλοι ἀπεστάλησαν πρὸς τὸ ἱερὸν ὑπὸ τῶν ἀδελφῶν. 13. ἐπιστεύθη ἐν κόσμῳ[4], ἀνελήμφθη[5] ἐν δόξῃ. 14. κατὰ τὴν ἐπαγγελίαν τοῦ κυρίου τόπος ἑτοιμασθήσεται ἡμῖν ἐν οὐρανῷ. 15. τὸ εὐαγγέλιον τῆς βασιλείας κηρυχθήσεται τοῖς λαοῖς. 16. οἱ λόγοι ὑμῶν ἀκουσθήσονται ἐν ταῖς ἐσχάταις ἡμέραις.

1. Derselbe Jünger wurde vom Herrn gelehrt. 2. Sie gingen in die Wüste und wurden von den anderen gesehen. 3. Die Schriften wurden von den Aposteln geschrieben. 4. Der Herr selbst wurde im Tempel verlassen. 5. Die Wahrheit wird in jenen Tagen erkannt werden. 6. Die Stimme des Herrn wird im Tempel gehört werden. 7. Der Lehrer selbst wurde vom Herrn gelehrt und seine Worte wurden geglaubt. 8. Weil sie vom Wort des Herrn gelehrt wurden, wurden sogar die bösen Menschen gerettet. 9. Die guten Gemeinden wurden von den Brüdern gesehen und sie gingen mit den Aposteln in sie hinein. 10. Die Kinder wurden von den treuen Menschen in die Kirche gebracht.

Merke: γνωσθησόμεθα ὑπὸ τοῦ κυρίου, ὅτι ἐπιστεύσαμεν τοῖς λόγοις αυτοῦ.

1 Beachten Sie das Fehlen des ϑ in den Formen des Aorist II Passiv; Verben, die die Form des Aorist Passiv II haben, bilden auch die Futur Passiv II Form (151,1.2).

2 Dies ist der Aorist I Passiv Indikativ, der an dem ϑ des Stammsuffixes zu erkennen ist. Für den Aorist II Passiv siehe 151.

3 Dies ist das Futur I Passiv Indikativ und ist erkennbar an dem ϑ im Stammsuffix. Futur II Passiv siehe 151.

4 Der Artikel kann bei κόσμος auch fehlen, weil Dinge, die einmalig sind oder für eine ganze Klasse stehen, auch ohne Artikel bestimmt sind.

5 ἀναλαμβάνω, ich nehme auf.

Lektion 17

Substantive der dritten Deklination

154. Wortschatz

ἐλπίς, -ίδος, ἡ	Hoffnung	ἅγιος, -α, -ον	heilig
αἰών, αἰῶνος, ὁ	Zeitalter	Pl. ἅγιοι, οἱ	Heilige (Hagiographen)
εἰς τὸν αἰῶνα	für ewig		
εἰς τοὺς αἰῶνας τῶν αἰώνων	in alle Ewigkeit	ὄνομα, -ατος, τό	Name
		σῶμα, -ατος, τό	Leib (somatisch)
ῥῆμα, -ατος, τό	Wort, Sache	πνεῦμα, -ατος, τό	Geist (Pneumatologie)
νύξ, νυκτός, ἡ	Nacht		
θέλημα, -ατος, τό	Wille	σάρξ, σαρκός, ἡ	Fleisch (Sarkophag)
φῶς, φωτός, τό	Licht (Photograph)	αἷμα, -ατος, τό	Blut (Hämoglobin)
στόμα, -ατος, τό	Mund		
πῦρ, πυρός, τό	Feuer (Pyrotechnik)	ἄρχων, -οντος, ὁ	Herrscher
		γράμμα, -ατος, τό	Buchstabe

155. Stamm der Substantive der 3. Deklination

Die 3. Deklination enthält Stämme, die mit einem Konsonanten, aber auch mit ι, υ oder einem Diphthong enden. In den meisten Fällen muß man den *Stamm* kennen, um zu bestimmen, ob ein Substantiv zur 3. Deklination gehört. Der Stamm wird meist gefunden, indem man die Endung -ος des Genitiv Singular wegstreicht; z.B. der Stamm von ἐλπίς lautet ἐλπιδ- (Hoffnung), von πνεῦμα πνευματ-, von ἄρχων ἀρχοντ- usw.

156. Deklination der repräsentativen Substantive der 3. Deklination

1. ἐλπίς, ἐλπίδος, ἡ (Hoffnung). Der Stamm ἐλπιδ steht für eine Gruppe von Substantiven der 3. Deklination, deren Stamm auf einen Dental endet (τ, δ oder θ).

Singular		Plural	
N	ἐλπίς	NV	ἐλπίδες
GA	ἐλπίδος		ἐλπίδων

DLI	ἐλπίδι		ἐλπίσι(ν)
A	ἐλπίδα		ἐλπίδας
V	ἐλπί		

2. ἄρχων, ἄρχοντος, ὁ (Herrscher) steht für eine andere Gruppe von Substantiven der 3. Deklination, deren Stamm auf οντ endet. Im Nominativ Singular verlieren die Substantive dieser Klasse das τ, so daß sie hier mit -ων enden.

Singular		Plural	
NV	ἄρχων	NV	ἄρχοντες
GA	ἄρχοντος		ἀρχόντων
DLI	ἄρχοντι		ἄρχουσι(ν)
A	ἄρχοντα		ἄρχοντας

Beachten Sie, daß dort, wo die Konsonanten ντ vor dem darauffolgenden σ ausfallen, der vorhergehende Vokal nicht zu ω, sondern zu ου gedehnt wird.

3. σάρξ, σαρκός, ἡ (Fleisch) stellt eine Gruppe von Substantiven der 3. Deklination dar, deren Stamm auf κ endet. Keins von diesen Substantiven ist Neutrum.

Singular		Plural	
NV	σάρξ	NV	σάρκες
GA	σαρκός		σαρκῶν
DLI	σαρκί		σαρξί(ν)
A	σάρκα		σάρκας

Es wird hier auffallen, daß einsilbige Substantive der 3. Deklination im zweiten und dritten Fall Singular und Plural die Endungen betonen (361); im Genitiv und Ablativ Plural steht der Zirkumflex. Diese Regel bildet eine Ausnahme zu der Regel, daß der Akzent auf derselben Silbe bleiben soll wie im Nominativ Singular, wenn es die allgemeinen Akzentregeln erlauben (13).

4. σῶμα, σώματος, τό (Leib) steht für eine Klasse von Substantiven der 3. Deklination, deren Stamm auf -ματ ausgeht; *alle sind Neutra* (ὄνομα, θέλημα, πνεῦμα, στόμα, γράμμα, αἷμα, ῥῆμα usw.). Das Geschlecht der anderen Klassen der Substantive der 3. Deklination muß für jedes Substantiv besonders gelernt werden.

Singular		Plural	
NV	σῶμα	NV	σώματα
GA	σώματος		σωμάτων
DLI	σώματι		σώμασι(ν)
A	σῶμα		σώματα

Beachten Sie, daß der Nominativ, Akkusativ und Vokativ im Singular und Plural auf α endet. Weiter fällt auf, daß neutrische Substantive (aller drei Deklinationen) im Singular und Plural nur je drei verschiedene Kasusformen aufweisen (vgl. 36).

5. Die dritte Deklinationsform im Plural bei allen Substantiven der 3. Deklination kann das bewegliche ν haben. Die Deklination der übrigen Substantive der 3. Deklination findet sich in 227 und den Beispieltafeln am Ende des Textteiles dieses Buches (361—364).

6. Man wird bemerken, daß der Vokativ Singular *gewöhnlich,* aber nicht immer gleich wie der Nominativ lautet. Im Plural ist der Nominativ und Vokativ bei den Substantiven aller Deklinationen formal identisch.

157. Übung

1. ὁ κύριος ἔχει τὰ ῥήματα τῆς ζωῆς. 2. γινώσκομεν τὸ θέλημα τοῦ θεοῦ καὶ ἄξομεν τοὺς δούλους εἰς αὐτό. 3. ὁ ἄρχων ἦλθεν πρὸς τὸν κύριον καὶ ἐδιδάχθη τὴν ἀλήθειαν τοῦ θεοῦ. 4. οἱ ἅγιοι γινώσκουσι τὸν κύριον καὶ γνωσθήσονται ὑπ' αὐτοῦ. 5. ἐν ἐκείνῃ τῇ ὥρᾳ τὰ σώματα τῶν ἁγίων ἐγερθήσονται ἐκ νεκρῶν.[1] 6. ἤχθη εἰς τὴν ἔρημον ὑπὸ τοῦ ἁγίου πνεύματος. 7. ὀφθησόμεθα ὑπὸ τοῦ κυρίου ἐν τῇ ἐσχάτῃ ἡμέρᾳ. 8. τὸ στόμα τοῦ δικαίου κυρίου εἶπεν λόγους τῆς ζωῆς. 9. σώσει ἡμᾶς τῷ αἵματι αὐτοῦ. 10. ἐν ἐκείνῃ τῇ νυκτὶ ὀψόμεθα τοὺς ἀδελφοὺς ἡμῶν. 11. ἐγένοντο οἱ μαθηταὶ αὐτοῦ καὶ γνώσονται αὐτὸν εἰς τοὺς αἰῶνας τῶν αἰώνων. 12. τὸ ὄνομα αὐτοῦ ἅγιόν ἐστιν. 13. ἐν τῇ σαρκὶ ἡμῶν οὐ γινώσκομεν αὐτόν, ἀλλ' ἐν τῷ πνεύματι

ἐγνώσθη ὑπὸ τῶν ἀδελφῶν αὐτοῦ. 14. ὁ ἀγαθὸς δοῦλος εἶδεν τὸ φῶς ἐν τῷ οἴκῳ. 15. οἱ ἄρχοντες ἐπίστευσαν εἰς αὐτὸν καὶ οἱ ἄλλοι ἤχθησαν πρὸς αὐτὸν ὑπ' αὐτῶν. 16. εἰσελεύσονται εἰς τὸν οἶκον καὶ ὄψονται τὸ πῦρ.

1. Der Herrscher dieses Königreiches ist der Sohn Gottes. 2. Der Herr wird seine Knechte seine Wege lehren. 3. Der Buchstabe hat kein (nicht) Leben. 4. Der Sohn wurde von den Toten auferweckt und verherrlichte Gott. 5. Jetzt haben wir Hoffnung sogar in diesem Leben. 6. An jenem Tage werden sie das Angesicht des Sohnes Gottes sehen. 7. Jene bösen Herrscher glaubten nicht an den Namen des Herrn. 8. Er hat Worte von Hoffnung und Leben und Frieden. 9. Durch das Blut des Herrn wurden wir von unseren Sünden gerettet und verherrlichen ihn. 10. Wir werden gerettet werden durch den Willen Gottes.

Merke: γινώσκομεν τὸ θέλημα τοῦ θεοῦ καὶ γινωσκόμεθα ὑπ' αὐτοῦ.

1 ἐκ νεκρῶν ist ein verbreiteter Ausdruck für »von den Toten«, so in Joh. 12,9.17; 20,9.

Lektion 18

Verbaladjektive: Partizipien Präsens
Gebrauch des Partizip Präsens

158. Wortschatz

γλῶσσα, -ης, ἡ	Zunge, Sprache (Glossolalie, d.h. Gabe der Zungenrede)
προσέρχομαι	ich komme heran, gehe heran (mit Dativ)
ὤν, οὖσα, ὄν	Partizip Präsens von εἰμί
λύων, λύουσα, λῦον	Partizip Präsens Aktiv von λύω
μή	Negation in allen Modi außer Indikativ und beim Infinitiv und Partizip: nicht

159. γλῶσσα, die Zunge, wird analog zu δόξα (Ruhm, Ehre) dekliniert (44)

160. Allgemeine Bemerkungen zur Art der Partizipien
Das griechische Partizip stellt von der Wortart her eine *Mischform* dar, weil es sowohl ein Verbalsubstantiv als auch ein Verbaladjektiv sein kann.
1. Es ist insofern wie ein *Verb,* als es die verschiedenen Genera (Wortgeschlechter) aufweist, d.h. nach Aktiv, Medium oder Passiv bestimmt sein kann, außerdem auch betr. die *Zeit,* d.h. daß eine Handlung als *fortlaufend* (Partizip Präsens), oder als einfaches Ereignis (Partizip Aorist) oder als vollendet ausgesagt wird (Partizip Perfekt). In seiner Funktion als Verbform kann das Partizip ein Objekt im gleichen Fall haben wie ein finites Verb, wie wir schon wissen, d.h. auch ein Subjekt; andererseits kann es auch wie andere Teile eines Verbs im Satz eine adverbiale Bestimmung bei sich haben.
2. Ein Partizip ist wie ein *Adjektiv,* insoweit es in allen drei Geschlechtern, durch alle Kasus und im Singular und Plural dekliniert werden kann. Es unterliegt denselben Regeln der Übereinstimmung wie andere Adjektive, d.h. Übereinstimmung in Geschlecht, Zahl und Fall mit dem Substantiv, welches es näher bestimmt. Hier wird das Partizip immer in Verbindung mit einem Substantiv, Pronomen oder mit dem Artikel gebraucht.
3. Mit Ausnahme des Partizips Futur (welches nur selten im Neuen Testament vorkommt), sind die Partizipien *zeitlos*; das Zeitverhältnis, welches

das Partizip im Satz ausdrückt, hängt eher vom Sinn des Textzusammenhangs als der Zeitform des Partizips ab. Die Zeitform beim Partizip ist rein relativ gegenüber der des Hauptverbs, wie die Beispiele und Erläuterungen in dieser und den folgenden Lektionen noch zeigen werden. Das Partizip selbst (in welcher Zeitform auch immer) ist *zeitlos*; die Zeitform zeigt lediglich die *Art der Handlung* an, wie wir bei sorgfältigem Studium der Partizipien erkennen werden. Das Partizip Präsens drückt eine *gleichzeitige und fortlaufende* Handlung aus, dagegen das Partizip Aorist gewöhnlich eine *vorzeitige, einmalige* (punktuelle) Handlung.

161. Deklination des Partizip Präsens Aktiv

Die Deklination des Partizips Präsens Aktiv von λύω lautet wie folgt:

Singular

	M	F	N
N	λύων	λύουσα	λῦον
GA	λύοντος	λυούσης	λύοντος
DLI	λύοντι	λυούσῃ	λύοντι
A	λύοντα	λύουσαν	λῦον

Plural

	M	F	N
N	λύοντες	λύουσαι	λύοντα
GA	λυόντων	λυουσῶν	λυόντων
DLI	λύουσι(ν)	λυούσαις	λύουσι(ν)
A	λύοντας	λυούσας	λύοντα

162. Akzent bei Partizipien

1. Das Maskulinum und Neutrum werden nach der dritten Deklination (Beispiel ἄρχων) dekliniert, das Femininum dagegen nach der ersten Deklination (44, Beispiel δόξα). Im Genitiv/Ablativ Femininum Plural folgt der Akzent der Regel für die *Substantive* der ersten Deklination und nicht der Regel für die Adjektive (41).
2. Das α ist im Akkusativ Plural des Maskulinum wie in der dritten Deklination kurz (156.2), dagegen beim Femininum lang wie in der ersten Deklination (43).

3. Der Akzent geht bei den Partizipien *nicht zurück*, also z.B. das Partizip Präsens Aktiv von ἀκούω lautet: ἀκούων, ἀκούουσα, ἀκοῦον.
4. Das Partizip hat keine Personalendungen und demnach ist es *nicht durch ein Subjekt bestimmt*; es macht keine Aussage und ist deshalb auch *kein* Modus.

163. Deklination des Partizips Präsens Medium und Passiv

Die Deklination von λυόμενος, λυομένη, λυόμενον, lösend für mich selbst, des Partizips Präsens Medium von λύω und des Partizips Präsens Passiv (gelöst werdend), die in der Form völlig übereinstimmen, lautet wie folgt:

		Singular	
	M	F	N
N	λυόμενος	λυομένη	λυόμενον
GA	λυομένου	λυομένης	λυομένου
DLI	λυομένῳ	λυομένῃ	λυομένῳ
A	λυόμενον	λυομένην	λυόμενον

		Plural	
N	λυόμενοι	λυόμεναι	λυόμενα
GA	λυομένων	λυομένων	λυομένων
DLI	λυομένοις	λυομέναις	λυομένοις
A	λυομένους	λυομένας	λυόμενα

1. Beachten Sie, daß diese Deklination genau derjenigen der Adjektive der zweiten (im Maskulinum und Neutrum) und der ersten Deklination (im Femininum) entspricht.
2. Die Partizipien Präsens werden gebildet aus dem *Präsensstamm* des Verbs (22) und Hinzufügung der Endungen -ων, -ουσα, -ον und der anderen Endungen des Aktiv für das Partizip Präsens Aktiv, und der Endungen -όμενος, -ομένη, -όμενον und der anderen Endungen des Medium/Passiv für das Partizip Präsens Medium oder Passiv.

164. Die Deklination des Partizips Präsens von εἰμί lautet wie folgt:

		Singular	
	M	F	N
N	ὤν	οὖσα	ὄν
GA	ὄντος	οὔσης	ὄντος
DLI	ὄντι	οὔσῃ	ὄντι
A	ὄντα	οὖσαν	ὄν

		Plural	
	M	F	N
N	ὄντες	οὖσαι	ὄντα
GA	ὄντων	οὐσῶν	ὄντων
DLI	οὖσι(ν)	οὔσαις	οὖσι(ν)
A	ὄντας	οὔσας	ὄντα

Da εἰμί keine Handlung, sondern nur einen Seinszustand ausdrückt, hat es kein Genus. Beachten Sie wieder, daß der Genitiv/Ablativ im Femininum Plural den Akzentregeln für die *Substantive* der ersten Deklination und nicht der Adjektivregel folgt (41).

Verben, die im Indikativ keine Aktiv-Form haben, haben auch keine Aktiv-Form beim Partizip. So hat πορεύομαι das Deponens-Partizip Präsens πορευόμενος, πορευομένη, πορευόμενον.

165. Gebrauch der Partizipien

Das griechische Partizip begegnet sehr häufig im Text in allen Kasus der Deklination und ermöglicht so eine große Knappheit und zugleich Genauigkeit des Ausdrucks. Wir können den Gebrauch des griechischen Partizips in drei große Gruppen einteilen: 1. Das attributive Partizip, 2. das Umstands- oder adverbiale Partizip und 3. das ergänzende Partizip.

1. Das Partizip kann, wie jedes Adjektiv, die Eigenschaft eines Substantivs näher beschreiben, d.h. ein Substantiv oder ein Wort, das wie ein Substantiv gebraucht wird, also *attributiv* (es gibt zu dem Substantiv, bei dem es steht, ein Charakteristikum, eine Tatsache oder Eigenschaft an). Dabei ist typisch, daß ein attributiv gebrauchtes Partizip auch die *attributive* Stellung hat (52). Im allgemeinen ist das Partizip mit dem Artikel attributives Partizip; dagegen ist das artikellose Partizip ein *Umstands-* oder *adverbiales* Partizip; d.h. es gibt einen Umstand an, der mit der Handlung ver-

bunden ist, die das übergeordnete Verb ausdrückt. Es sollte jedoch beachtet werden, daß der Artikel beim attributiv gebrauchten Partizip nicht häufiger begegnen muß als bei einem attributiven Adjektiv (ATR S. 1105). Dieser Gebrauch ohne Artikel ist nicht üblich im Neuen Testament, aber kommt zuweilen vor.

Die folgenden Beispiele veranschaulichen den Gebrauch des attributiven Partizips.

Beispiel für ein *attributiv* gebrauchtes Partizip mit Substantiv *ohne* Artikel:

(1) δεκάτας ἀποθνῄσκοντες ἄνθρωποι λαμβάνουσιν, den Zehnten nehmen sterbliche (d.h. sterbende) Menschen (Hebr. 7,8); ὕδωρ ζῶν, lebendiges Wasser (Joh. 4,10).

Beispiele für attributiven Gebrauch von Partizipien *mit* dem Artikel (alle Partizipien mit Artikel sind attributiv):

(2) ἠκρίβωσεν παρ᾽ αὐτῶν τὸν χρόνον τοῦ φαινομένου ἀστέρος, er erkundete mit Fleiß von ihnen, wann der Stern erschienen wäre (Matth. 2,7).

(3) οἱ γραμματεῖς οἱ ἀπὸ Ἱεροσολύμων καταβάντες (Partizip Aorist Aktiv II von καταβαίνω), die Schriftgelehrten, die von Jerusalem herabgekommen waren (Mark. 3,22).

(4) τὸ ὕδωρ τὸ ζῶν, lebendiges Wasser (Joh. 4,11).

Wie ein Adjektiv, so kann auch ein Partizip als *Substantiv* gebraucht sein (in allen Kasus), wie die unten angeführten Beispiele außer (7) zeigen:

(5) τὰ ὄντα, das, was etwas ist (1. Kor. 1,28).

(6) ὁ ἐρχόμενος, derjenige, der kommt (Joh. 1,15) (Luther übersetzt: »nach mir wird kommen, der vor mir gewesen ist«).

(7) ἐκ τῆς ὀργῆς τῆς ἐρχομένης, vor dem zukünftigen Zorn (1. Thess. 1,10) (hier Ablativ).

(8) ὁ διδάσκων ἐν τῇ διδασκαλίᾳ, lehrt jemand, so warte er der Lehre (wörtl. der, der lehrt . . .) (Röm. 12,7).

(9) αἱ γλῶσσαι εἰς σημεῖόν εἰσιν οὐ τοῖς πιστεύουσιν, die Zungenrede dient zum Zeichen nicht den Gläubigen (Dativ) (1. Kor. 14,22).

(10) οἱ ἄνθρωποι εἶδον τοὺς λέγοντας ταῦτα, die Menschen sahen *die, welche* (oder die Menschen, die) solches sagten.

(11) ἡ πιστεύουσα εἰς τὸν κύριον σῴζεται ὑπ᾽ αὐτοῦ, die Frau, die an den Herrn glaubt, wird von ihm gerettet.

(12) ὁ θεὸς σῴζει τὸν πιστεύοντα εἰς αὐτόν, Gott rettet den, der an ihn glaubt.

(13) τὸ λεγόμενον ὑπὸ τοῦ ἀποστόλου ἀγαθόν ἐστιν, das, was vom Apostel gesagt wird, ist gut.
(14) ὁ ἀδελφὸς τῆς πιστευούσης εἰς τὸν κύριον ἦν ἁμαρτωλός, der Bruder der Frau, die an den Herrn glaubt, war ein Sünder.
2. Das *Umstands-*(oder *adverbiale*) Partizip ohne Artikel wird einem Substantiv oder Pronomen beigefügt, um einen Umstand oder eine Bedingung anzugeben, unter dem eine Handlung (meist die des übergeordneten Verbs) geschieht. Das Umstandspartizip dient also dazu, das Hauptverb des Satzes wie eine adverbiale Bestimmung oder ein zusätzliches Prädikat näher zu kennzeichnen. Einige Sprachwissenschaftler nennen diesen Gebrauch des Partizips den *adverbialen* (D.&M. S. 226ff.). Das Umstandspartizip hat *keinen* Artikel und steht in der *prädikativen* Stellung (53), d.h. vor dem Artikel oder hinter dem Substantiv. Durch die Übereinstimmung mit dem betreffenden Substantiv oder Pronomen bestimmt das Umstandspartizip das Prädikat des Satzes genauer, wie wir an den folgenden Beispielen erkennen können. Das Umstandspartizip stimmt in Geschlecht (Genus), Zahl (Numerus) und Fall (Kasus) mit dem Substantiv oder Pronomen überein, welches es näher bestimmt.
Die meisten Umstandspartizipien, die in den Beispielsätzen vorkommen, können mit einem temporalen (zeitlichen) Nebensatz wiedergegeben werden (»während« bei den Partizipien Präsens, »als« oder »nachdem« bei den Partizipien des Aorist); doch das Umstandspartizip kann auch verschiedene andere Verhältnisse zum Hauptverb aussagen, wie z.B. eine Bestimmung des Mittels, der Art und Weise, des Grundes, der Bedingung, der Einräumung (Konzession) usw.; dies hängt jeweils vom Textzusammenhang ab. Das Umstandspartizip erkennt man immer daran, daß es in der *prädikativen* Stellung steht. Das Umstandspartizip unterscheidet sich vom *ergänzenden* oder komplementären Partizip insofern, daß es nicht unbedingt notwendig ist, um den ausgesprochenen Gedanken des Autors oder Sprechers zu vervollständigen. »Das Umstandspartizip kann man auch entfernen, ohne daß dadurch der Satz ›ausblutet‹« (ATR S. 1124). Das Umstandspartizip ist im wesentlichen eine zusätzliche Wendung, betont adverbial, die nur eine lose Verbindung zum übrigen Satz hat. Um den Gebrauch des Umstandspartizips zu begreifen, sollte man sich die folgenden Beispiele genau ansehen:
(1) ταῦτα λέγων ἐφώνει, »da er das sagte, rief er (Luk. 8,8); beachten Sie, daß die Handlung des Partizip Präsens mit derjenigen des Hauptverbs *gleichzeitig* ist.

(2) πίστει Ἰακὼβ ἀποθνήσκων ἕκαστον τῶν υἱῶν Ἰωσὴφ εὐλόγησεν, durch den Glauben segnete Jakob, als er starb, beide Söhne Josephs. Das Partizip Präsens ἀποθνήσκων zeigt hier wieder eine zum Hauptverb des Satzes *gleichzeitig* verlaufende Handlung an.

(3) τοῦτο δὲ ἔλεγεν πειράζων αὐτόν, dies sagte er aber, ihn zu prüfen (wörtl. indem er ihn prüfte) (Joh. 6,6).

(4) ἄγων τὰ τέκνα πρὸς τὸν κύριον δοξάζει τὸν θεόν, während er die Kinder zum Herrn führt, preist er Gott.

(5) ὁ ἀδελφὸς λέγων ταῦτα ἐν τῇ ἐκκλησίᾳ βλέπει τὸν ἀπόστολον, während der Bruder dies in der Gemeinde sagt, sieht er den Apostel. Beachten Sie, daß die Partizipien in all diesen Beispielsätzen in Genus, Numerus und Kasus mit dem Substantiv (oder Subjekt des betr. Verbs in 1,3,4) übereinstimmen, mit dem sie verbunden sind. Das Partizip *ohne Artikel* kann in einem Satz für sich stehen. Es muß von einem Substantiv, Pronomen oder Subjekt des betreffenden Hauptverbs *abhängig* sein und mit dem Wort, mit dem es übereinstimmt, eine Konstruktion bilden. Beachten Sie die Anwendung dieses Grundsatzes auch in den folgenden Beispielen für das Umstandspartizip:

(6) βλέπουσι τὸν ἀδελφὸν βαπτίζοντα τὰ τέκνα ἐν τῇ ἐκκλησίᾳ, sie sehen den Bruder, als er die Kinder in der Gemeinde tauft. Beachten Sie, daß das Partizip βαπτίζοντα im Präsens steht, weil es eine Handlung anzeigt, die zur gleichen Zeit wie die Handlung des übergeordneten Verbs geschieht (βλέπουσι); es steht im Akkusativ Singular Maskulinum, um mit τὸν ἀδελφόν, dem direkten Objekt des Verbs, übereinzustimmen.

(7) προσῆλθον τῷ ἀδελφῷ βαπτίζοντι τὰ τέκνα ἐν τῇ ἐκκλησίᾳ, sie kamen zum Bruder, als er die Kinder in der Gemeinde taufte. Im Vokabelteil dieser Lektion wurde darauf hingewiesen, daß προσέρχομαι mit dem Dativ verbunden wird; deshalb steht das Partizip βαπτίζοντι im Dativ Singular Maskulinum, um mit τῷ ἀδελφῷ übereinzustimmen, und es steht im Präsens, weil die Handlung, die es aussagt, mit der des Hauptverbs *gleichzeitig* geschieht.

(8) διδασκομένῳ ὑπὸ τῶν μαθητῶν οἱ ἀδελφοὶ προσῆλθον αὐτῷ, während er von den Jüngern gelehrt wurde, kamen die Brüder zu ihm. Hier ist das Partizip διδασκομένῳ *passiv* und stimmt in Genus, Numerus und Kasus mit αὐτῷ überein. Die Handlung ist *gleichzeitig* mit der des Hauptverbs προσῆλθον.

3. Das *ergänzende* (oder komplementäre) Partizip stellt eine so enge Verbindung zum Hauptverb des Satzes her, daß der Gedanke, den der Spre-

cher oder Autor aussagen will, ohne dieses Partizip *unvollständig* ist. Der Gebrauch des Partizips wird durch die folgenden Beispiele verdeutlicht:
(1) οὐ παύομαι εὐχαριστῶν, ich höre nicht auf zu danken (Eph. 1,16).
(2) ὡς δὲ ἐπαύσατο λαλῶν, als er hatte aufgehört zu reden (Luk. 5,4).
(3) ἦν ἐκβάλλων δαιμόνιον, er trieb einen bösen Geist aus (Luk. 11,14).
Diese Konstruktion, die aus einem kopulativen Verb (hier das Imperfekt von εἰμί) und einem Partizip (hier des Präsens) besteht, nennt man ein *umschreibendes* oder periphrastisches Imperfekt. Diese umschreibende Konstruktion ist das meistgebrauchte Beispiel für das ergänzende oder komplementäre Partizip im Neuen Testament. Andere umschreibende Konstruktionen sollen später erläutert werden. Das ergänzende Partizip findet sich am häufigsten nach Verben des *Seins, Scheinens*, des *Zeigens, Beginnens, Fortfahrens* und *Aufhörens.*

166. Überblick

Sehen Sie noch einmal alle grammatischen Erläuterungen und Satzbeispiele von Abschnitt 165 durch und merken Sie sich die ungefähre Bedeutung der folgenden Formen des Partizips Präsens:

	Partizip ohne Artikel	
Aktiv	λύων	lösend
Medium	λυόμενος	lösend für sich selbst
Passiv	λυόμενος	gelöst werdend
	Partizip mit Artikel	
	Singular	
Aktiv	ὁ λύων	derjenige, der löst der Mann, der löst
Medium	ὁ λυόμενος	derjenige, der für sich löst der Mann, der für sich löst
Passiv	ὁ λυόμενος	derjenige, der gelöst wird der Mann, der gelöst wird
	Plural (Maskulinum)	
Aktiv	οἱ λύοντες	diejenigen, die lösen die Männer, die lösen
	Plural (Neutrum)	
Aktiv	τὰ λύοντα	das, was löst

167. Die Negation μή

μή ist die Negation in allen Modi außer dem Indikativ, außerdem beim Infinitiv und Partizip, z.B. ὁ μὴ πιστεύων οὐκ ἔχει τὴν ζωήν, derjenige, der nicht glaubt, hat das Leben nicht.

168. Übung

1. ἡ γλῶσσα τῶν δικαίων λέγει τὰ δίκαια. 2. οἱ δεχόμενοί σε δέχονται καὶ τὸν κύριον. 3. ἔλεγον ταῦτα τοῖς πορευομένοις εἰς τὸ ἱερόν. 4. οἱ πιστεύοντες εἰς τὸν κύριον δοξάζουσιν αὐτὸν ἐν τῇ ἐκκλησίᾳ. 5. τοῦτό ἐστιν τὸ πνεῦμα τὸ σῷζον τοὺς ἀνθρώπους καὶ ἄγει αὐτοὺς ἐν ταῖς ὁδοῖς τῆς δικαιοσύνης. 6. ἐκεῖνοι οἱ ἀδελφοὶ ἦσαν ἐν τῷ οἴκῳ τῷ λυομένῳ ὑπ' ἐκείνων τῶν πονηρῶν ἀνθρώπων. 7. εἴδομεν τοῦτον τὸν δοῦλον ἐν τῷ οἴκῳ λυομένῳ ὑπ' ἐκείνων τῶν πονηρῶν ἀνθρώπων. 8. ὁ λέγων ὅτι γινώσκει αὐτὸν καὶ οὐ μένει ἐν τῇ ἀληθείᾳ οὐ γινώσκει τὸν κύριον. 9. εἴδομεν τοὺς λέγοντας ταῦτα ἐν τῷ ἱερῷ. 10. προσευχόμεθα τῷ κυρίῳ διωκόμενοι ὑπὸ τοῦ πονηροῦ. 11. ἐν ἐκείναις ταῖς ἡμέραις τὸ εὐαγγέλιον τὸ σῷζον τοὺς ἁμαρτωλοὺς ἐκηρύσσετο ὑπὸ τῶν πιστῶν ἀποστόλων. 12. ὁ πιστεύων εἰς τὸν υἱὸν τοῦ θεοῦ ἔχει τὴν ζωήν. 13. βλέπομεν τὸ φῶς πιστεύοντες εἰς τὸν κύριον. 14. οἱ γινώσκοντες τὸν θεὸν ἀκούουσιν ἡμᾶς. 15. οἱ ἀκούοντες τοὺς λόγους ἡμῶν ἐπίστευον εἰς τὸν ἐγείροντα τοὺς νεκρούς.

1. Derjenige, der die Stimme des Sohnes Gottes hört, bleibt (ist bleibend) in derselben Hoffnung. 2. Wir werden den sehen, der an jenem Tage im Namen des Herrn kommt. 3. Das, was nicht sichtbar ist (gesehen wird), bleibt für immer. 4. Wir glaubten an den, der die Toten auferweckt. 5. Die, die Gott kennen, kennen auch seinen Sohn. 6. Wir sahen ihn, während er im Tempel gelehrt wurde. 7. Jene guten Brüder wurden von denen, die die Heiligen verfolgen, aus dem Hause geworfen. 8. Diejenigen, die den Herrn aufnehmen (empfangen), werden gerettet. 9. Wir kennen das (die Dinge), was im Buch des Lebens geschrieben wird. 10. Das Licht Gottes, welches die Menschen zur Gerechtigkeit führt, ist schon in der Welt.

Merke: ὁ πιστεύων εἰς τὸν υἱὸν ἔχει τὴν ζωήν.

Lektion 19

Verbaladjektive:
Partizip Aorist I und II Aktiv und Medium
Gebrauch des Partizips Aorist

169. Wortschatz

ἐλθών	gekommen seiend, Part. Aor. II von ἔρχομαι
λαβών	genommen habend, Part. Aor. II von λαμβάνω
εἰπών	gesagt habend, Part. Aor. II von λέγω
ἀγαγών	geführt habend, Part. Aor. II von ἄγω
βαλών	geworfen habend, Part. Aor. II von βάλλω
ἐγενόμην	ich wurde, Dep. Med. Aor. II von γίνομαι;
γενόμενος	
γενομένη, γενόμενον	Part. Dep. Medium Aor. II von γίνομαι
ἰδών	gesehen habend, Part. Aor. II von ὁράω
ἐνεγκών	gebracht, getragen habend, Part. Aor. II von φέρω (das -α Aor. I ἤνεγκα ist im Neuen Testament gebräuchlicher)
ἀπέθανον	ich starb, Aor. II Akt. Ind. von ἀποθνῄσκω, Part. Aor. II: ἀποθανών
ἀπεκρίθην	ich antwortete, Aor. I, Pass. Dep. von ἀποκρίνομαι

170. Das Partizip des Aorist I und II

Wie bereits erwähnt (128, 139) unterscheidet sich der Indikativ des Aorist I und Aorist II nur in der *Form.* Entsprechend werden die Partizipien des Aorist I und Aorist II genau gleich gebraucht und sind nur in der Form verschieden. Das Partizip des Aorist I wird aus dem Stamm des Aorist I, das des Aorist II aus dem Stamm des Aorist II gebildet. So hat λύω den Aorist I Aktiv Indikativ ἔλυσα und das Partizip des Aorist I λύσας, λύσασα, λῦσαν; βάλλω hat den Aorist II Aktiv Indikativ ἔβαλον und das Partizip des Aorist II βαλών. Man wird sich erinnern, daß das *Augment* nur *im Indikativ der Vergangenheitszeiten* erscheint. So wird bei der Bildung des Partizips das Augment abgetrennt und an den Aoriststamm die Kasusendungen der dritten Deklination für das Maskulinum und Neutrum, und die Kasusendungen der ersten Deklination für das Femininum angefügt.

1. Verben mit *temporalem Augment* (98.2) bilden gewöhnlich wieder den ursprünglichen Vokal der Form ohne Augment; so bildet ἄγω, ἤγαγον (Aor. II Aktiv Indikativ) das Partizip Aktiv Aorist II ἀγαγών; ἀκούω, ἤκουσα (Aorist I Aktiv Indikativ) hat das Partizip Aktiv Aorist I ἀκούσας.

2. Bei ὁράω, εἶδον (Aorist II Aktiv Indikativ) ist der Stamm des Aorist II ἰδ-, und mit dem Augment ist die unregelmäßige Augmentform εἰ- entstanden. So ist hier das Partizip Aorist Aktiv ἰδών. Bei εἶπον, dem Aorist II Aktiv Indikativ von λέγω, erschien der Stamm εἰπ bereits als lang genug und wurde deshalb mit dem Augment nicht zusätzlich verändert. So lautet hier das Partizip Aktiv des Aorist II εἰπών. Bei zusammengesetzten Verben erhält man den Aoriststamm, indem man das Augment wegstreicht; wo eine Präposition ihren Schlußvokal wegen des Augments ausstieß, erscheint dieser wieder beim Aoriststamm, so daß aus ἀπέθανον (Aorist II Aktiv Indikativ von ἀποθνῄσκω) das Partizip ἀποθανών entsteht. Der Schüler sollte die in den Übungen vorkommenden Formen entsprechend analysieren und die Partizipformen anhand des griechisch-deutschen Vokabulars ableiten.

171. Partizip Aktiv Aorist I

Die Deklination von λύσας, λύσασα, λῦσαν, gelöst habend, dem Partizip Aktiv Aorist I von λύω lautet wie folgt:

Singular

	M	F	N
N	λύσας	λύσασα	λῦσαν
GA	λύσαντος	λυσάσης	λύσαντος
DLI	λύσαντι	λυσάσῃ	λύσαντι
A	λύσαντα	λύσασαν	λῦσαν

Plural

	M	F	N
N	λύσαντες	λύσασαι	λύσαντα
GA	λυσάντων	λυσασῶν	λυσάντων
DLI	λύσασι(ν)	λυσάσαις	λύσασι(ν)
A	λύσαντας	λυσάσας	λύσαντα

172.
Die Deklination des Partizips Aktiv Aorist I folgt der dritten Deklination im Maskulinum und Neutrum, und der ersten Deklination im Femininum, wobei die Regel für den Akzent der Substantive im Genitiv/Ablativ Plural (41) Anwendung findet. Die Silbe -σα, die das System des Aorist I kennzeichnet, erscheint in allen Formen des Partizips und seiner Deklination.

173. Partizip Medium Aorist I
Die Deklination von λυσάμενος, λυσαμένη, λυσάμενον, für mich gelöst habend, dem Partizip Medium Aorist I von λύω lautet:

Singular

	M	F	N
N	λυσάμενος	λυσαμένη	λυσάμενον
GA	λυσαμένου	λυσαμένης	λυσαμένου
DLI	λυσαμένῳ	λυσαμένῃ	λυσαμένῳ
A	λυσάμενον	λυσαμένην	λυσάμενον

Plural

	M	F	N
N	λυσάμενοι	λυσάμεναι	λυσάμενα
GA	λυσαμένων	λυσαμένων	λυσαμένων
DLI	λυσαμένοις	λυσαμέναις	λυσαμένοις
A	λυσαμένους	λυσαμένας	λυσάμενα

174. Bildung des Partizips Medium Aorist
Das Partizip Medium des Aorist I (das Partizip Passiv Aorist I wird wie der Indikativ Passiv Aorist aus dem Aorist-Passiv-Stamm gebildet, d.h. mit der sechsten Stammform) wird aus dem Stamm des Aorist I (der dritten Stammform) gebildet und wie ein Adjektiv der zweiten (im Maskulinum und Neutrum) und der ersten Deklination (im Femininum) dekliniert. Auch hier erscheint die charakteristische Silbe -σα in allen Deklinationsformen.

175. Partizip Aktiv Aorist II

Die Deklination von ἰδών, ἰδοῦσα, ἰδόν, gesehen habend, dem Partizip Aktiv Aorist II von ὁράω lautet (s. 170.2):

Singular

	M	F	N
N	ἰδών	ἰδοῦσα	ἰδόν
GA	ἰδόντος	ἰδούσης	ἰδόντος
DLI	ἰδόντι	ἰδούσῃ	ἰδόντι
A	ἰδόντα	ἰδοῦσαν	ἰδόν

Plural

N	ἰδόντες	ἰδοῦσαι	ἰδόντα
GA	ἰδόντων	ἰδουσῶν	ἰδόντων
DLI	ἰδοῦσι(ν)	ἰδούσαις	ἰδοῦσι(ν)
A	ἰδόντας	ἰδούσας	ἰδόντα

176. Akzent beim Partizip Aorist II

Das Partizip Aktiv Aorist II wird genauso wie das Partizip Präsens Aktiv dekliniert, abgesehen davon, daß sein Akzent von der dort geltenden Regel abweicht. Im Nominativ/Vokativ des Maskulinum Singular wird nicht nach der Regel des zurückgezogenen (rezessiven) Akzentes verfahren, sondern der Akut auf die letzte Silbe gesetzt. In den anderen Formen gilt die Regel, daß bei Substantiven der Akzent möglichst auf derselben Silbe bleibt (13), mit Ausnahme des Genitiv/Ablativ Plural Femininum, wo die besondere Regel für Substantive der ersten Deklination (41) Anwendung findet und somit der Zirkumflex auf der letzten Silbe erscheint.

177. Bildung des Partizips Medium Aorist II

Das Partizip Medium Aorist II wird aus dem Stamm des Aorist II gebildet (dritte Stammform), wird aber genau wie das Partizip Medium Präsens dekliniert; so bildet z.B. λαμβάνω den Indikativ Aktiv Aorist II ἔλαβον, der Stamm ist λαβ- und demzufolge lautet das Partizip Medium Aorist II λαβόμενος, λαβομένη, λαβόμενον.

178. Gebrauch des Partizips Aorist

1. Wie schon in 160.3 erläutert, sind die Partizipien (mit Ausnahme des Partizips Futur) zeitlos, zeigen aber wie die finiten Verbformen die Art der Handlung an (16.1,2,3). Das Partizip Präsens zeigt *fortlaufende* (lineare) Handlung an, das Partizip Aorist dagegen die *einmalige,* punktuelle Handlung; das Partizip Perfekt, welches in einer späteren Lektion erläutert wird, sagt eine *vollendete* Handlung aus. Abgesehen von der Art einer Handlung sagt die *Zeitform* des Partizips etwas aus über das Zeitverhältnis zum Hauptverb.

Wie bereits zuvor erläutert, wird die *Gleichzeitigkeit* mit der Handlung des Hauptverbs, wenn mit Partizip, mit dem Partizip des *Präsens* ausgedrückt (weit weniger mit dem Partizip Aorist, wie wir noch sehen werden). Die *Vorzeitigkeit* im Verhältnis zum Geschehen des Textzusammenhanges (d.h. wie es das Hauptverb aussagt) wird, wenn mit Partizip, mit dem Partizip Aorist ausgedrückt (oder dem Partizip Perfekt), ganz gleich, ob die Handlung des Hauptverbs Vergangenheit, Gegenwart oder Zukunft ist.

Aus diesem Grund ist das Partizip Aorist zeitlos und bezieht sich nicht notwendig auf Vergangenheit. Es zeigt eine Handlung an, die als *unbestimmt* (indefinit) begriffen wird (d.h. ein einfaches Ereignis ohne Blick auf Dauer oder Vollständigkeit). Wie wir später sehen werden, kann sich das Partizip Aorist auf eine Handlung beziehen, die *gleichzeitig* zu derjenigen des Hauptverbs ist. Das Beispiel, das hierfür am häufigsten begegnet, ist ἀποκριθεὶς (Partizip Aorist Dep. Passiv von ἀποκρίνομαι) . . . εἶπεν, »er antwortete und sprach« (Joh. 1,49). Das Partizip Aorist zeigt *nicht* eine auf die Handlung des Hauptverbs *folgende* Handlung an (ATR S. 861); so laufen alle aufgeführten Beispiele auf Vorzeitigkeit oder Gleichzeitigkeit hinaus. Das Partizip Aorist von λύω, λύσας kann also übersetzt werden »gelöst habend«, »wenn er gelöst hat«, oder »nachdem er gelöst hatte«, und das Partizip mit Artikel ὁ λύσας »derjenige, der löste« oder »der Mann, der löste«.

2. Wie wir an den folgenden Beispielen erkennen werden, sind die wichtigsten Arten des Gebrauchs beim Partizip, wie sie in 165.1—3 beschrieben sind, sowohl auf das Partizip Aorist wie das Partizip des Präsens anzuwenden:

(1) ὁ δὲ Φαρισαῖος ἰδὼν ἐθαύμασεν, da das der Pharisäer sah, verwunderte er sich (Luk. 11,38). ἰδών ist Nominativ Maskulinum Singular in Übereinstimmung mit ὁ Φαρισαῖος und steht im Aorist, um eine ein-

malige Handlung auszudrücken, die zu derjenigen des Hauptverbs im Verhältnis der *Vorzeitigkeit* steht.

(2) ἐλθὼν οὖν ὁ Ἰησοῦς εὗρεν αὐτόν, da kam Jesus und fand ihn (Joh. 11,17) (ἐλθών Nominativ Maskulinum Singular) stimmt mit ὁ Ἰησοῦς, dem Subjekt des Satzes, überein).

(3) ὁ δὲ ἐξελθὼν ἤρξατο κηρύσσειν, er aber, da er hinauskam, hob er an und sagte viel davon (Mark. 1,45). ὁ ἐξελθών (Partizip mit Artikel Aktiv Aorist II von ἐξέρχομαι) ist Nominativ Maskulinum Singular in Übereinstimmung mit dem Subjekt des Hauptverbs ἤρξατο. Das Subjekt eines Verbs steht natürlich immer im Nominativ. Die Handlung des Partizips ist gegenüber der Handlung des Verbs *vorzeitig*.

κηρύσσειν ist Präsens Aktiv Infinitiv und — in Vorwegnahme der Lektion über den Gebrauch des Infinitivs (21) — darf hier schon bemerkt werden, daß im Neuen Testament der finiten Form fast ohne Ausnahme immer der Infinitiv *Präsens* folgt; diese Konstruktion begegnet über 70mal im Neuen Testament.

(4) ὑπάγω πρὸς τὸν πέμψαντά με, ich gehe hin zu dem, der mich gesandt hat. Hier wird τὸν πέμψαντα (Partizip Aktiv Aorist I) als Substantiv im Akkusativ nach der Präposition πρός gebraucht, mit einem Verb, das eine Bewegung aussagt (57.2).

(5) οἱ δὲ Φαρισαῖοι ἰδόντες εἶπαν αὐτῷ, da das die Pharisäer sahen, sprachen sie zu ihm (Matth. 12,2). Hier stimmt ἰδόντες (Partizip Aktiv Aorist II von ὁράω) in Geschlecht, Zahl und Fall mit οἱ Φαρισαῖοι überein. Es ist immer wieder wichtig, sich klarzumachen, daß das artikellose Partizip nicht für sich stehen kann; es muß mit einem Substantiv oder einem substantivischen Pronomen zusammenstehen und wird dem Beziehungswort entsprechend konstruiert (vgl. Matth. 12,24; 21,38).

(6) οἱ δὲ ἰδόντες αὐτὸν ἐπὶ τῆς θαλάσσης περιπατοῦντα, und da sie ihn sahen auf dem Meer wandeln (Mark. 6,49). οἱ ἰδόντες veranschaulicht den substantivischen Gebrauch des Partizips (wie (3)).

(7) ἡ δὲ ἐλθοῦσα προσεκύνει,sie aber kam und fiel vor ihm nieder (Matth. 15,25).

(8) ὁ ἀδελφὸς εἰπὼν ταῦτα ἐν τῇ ἐκκλησίᾳ εἶδεν τὸν ἀπόστολον, als der Bruder diese Worte in der Gemeinde gesagt hatte, sah er den Apostel. εἰπών drückt hier aus, daß das »Sagen« eher stattfindet als das »Sehen«. Die Form Nominativ Maskulinum Singular steht in Übereinstimmung zu ὁ ἀδελφός.

(9) ἰδὼν ταῦτα ἐν τῇ ἐκκλησίᾳ ἐξῆλθεν, als er diese Dinge in der Ge-

meinde gesehen hatte, ging er hinaus. ἰδών stimmt hier wieder mit dem Subjekt des Verbs ἐξῆλθεν (er) überein.
(10) προσήλθομεν αὐτῷ ἰδόντι ταῦτα, wir kamen zu ihm, nachdem er diese Dinge gesehen hatte. προσέρχομαι hat den Dativ nach sich, und ἰδόντι steht im Dativ, damit die Übereinstimmung mit αὐτῷ besteht, mit dem hier das Partizip konstruiert ist.
(11) εἰπόντες ταῦτα προσῆλθον αὐτῷ, nachdem sie diese Dinge gesagt hatten, kamen sie zu ihm. Hier steht εἰπόντες im Nominativ Maskulinum Plural in Übereinstimmung mit dem Subjekt des Verbs προσῆλθον (3. Person Plural).
(12) ὁ δοῦλος ὁ ἀκούσας τούτους τοὺς λόγους ἐν τῇ ἐκκλησίᾳ εἰσῆλθεν εἰς τὸν οἶκον, der Sklave, der diese Worte in der Gemeinde gehört hatte, ging in das Haus. Das attributive Partizip sagt aus, von welchem Sklaven hier die Rede ist.
(13) ὁ δοῦλος ἀκούσας τούτους τοὺς λόγους ἐν τῇ ἐκκλησίᾳ εἰσῆλθεν εἰς τὸν οἶκον, als der Sklave diese Worte in der Gemeinde gehört hatte, ging er in das Haus. Das artikellose Partizip gibt hier eine zusätzliche Einzelheit über den Sklaven an.
(14) εἴδομεν τοὺς εἰπόντας ταῦτα ἐν τῇ ἐκκλησίᾳ, wir sahen die, die diese Dinge in der Gemeinde gesagt hatten.

179.

Lesen Sie sorgfältig noch einmal die Abschnitte 161 und 174. Merken Sie sich die ungefähre Bedeutung der folgenden Formen des Partizips Aorist:

		ohne Artikel
Aktiv	λύσας	gelöst habend
Medium	λυσάμενος	für mich gelöst habend

		mit Artikel
Aktiv	ὁ λύσας	derjenige, der löste der Mann, der löste (oder: gelöst hat)
Medium	ὁ λυσάμενος	derjenige, der für sich löste der Mann, der für sich löste

180. Übung

1. ὁ λαβὼν τοὺς διωκομένους ὑπὸ τῶν πονηρῶν εἶδεν τὸν κύριον. 2. ὁ ἀπόστολος ἐξελθὼν ἐκ τῆς ἐκκλησίας ἦλθεν εἰς ὁδὸν τῆς ἀληθείας. 3. αἱ λαβοῦσαι τοὺς ἀνθρώπους τοὺς διωκομένους ὑπὸ τοῦ ἄρχοντός εἰσιν πισταί. 4. οἱ μὴ ἰδόντες τὸν κύριον οὐκ ἐπίστευσαν εἰς αὐτόν. 5. τὰ τέκνα τὰ δεξάμενα ταῦτα ἀπὸ τῶν ἀκουσάντων τὸν κύριον ἤγαγον τοὺς ἄλλους πρὸς αὐτόν. 6. ἔτι ὢν ἐν τῇ ερήμῳ ὁ ἀδελφὸς εἶδεν τὸν δοῦλον. 7. ἰδὼν ταῦτα ἔτι ὢν ἐν τῇ ὁδῷ ὁ ἀπόστολος ἐδόξασε τὸν κύριον. 8. οἱ ἀγαθοὶ ἔλαβον αὐτὸν εἰπόντα ταῦτα ἐν τῷ ἱερῷ. 9. ὁ γενόμενος μαθητὴς ἔλεγε τούτους τοὺς ἀγαθοὺς λόγους τοῖς ἄλλοις. 10. τυφλὸς ὢν[1] νῦν βλέπω. 11. εἴδομεν τὰ τέκνα καὶ μένοντα ἐν τῇ ὁδῷ καὶ ἐξελθόντα ἐξ αὐτῆς. 12. ἐλέγομεν τὰ ἀγαθὰ περὶ τοῦ σώσαντος ἡμᾶς. 13. οἱ λίθοι οἱ πεσόντες ἐκ τοῦ οἴκου ἠνέχθησαν ὑπὸ τῶν τέκνων. 14. ἐκήρυξαν τὸ εὐαγγέλιον τοῖς ἔτι οὖσιν ἐν τῷ ἱερῷ. 15. οὗτοί εἰσιν οἱ ἀκούσαντες τὸν λόγον τοῦ κυρίου καὶ ἐν ταῖς πονηραῖς ἡμέραις, ἀλλ' ἐκεῖνοί εἰσιν οἱ μὴ πιστεύσαντες τοῖς λόγοις ἡμῶν. 16. ἐκεῖναι ἀκούσασαι τὰ λεγόμενα ὑπὸ τοῦ ἀποστόλου ἐπίστευσαν εἰς αὐτόν.

1. Während der Herrscher noch im Hause war, hörte er den Herrn. 2. Jene Menschen kamen zum Apostel, nachdem er in den Tempel gekommen war. 3. Diejenigen, die den Herrn gesehen hatten, kamen zu den Menschen, die den Sklaven aus dem Hause führten. 4. Wir glaubten an denjenigen, der die anderen gerettet hatte. 5. Sie predigten das Evangelium jenen, die in die Gemeinde eingetreten waren. 6. Jene Dinge wurden von denen gelehrt, die die Wahrheit an jenem Tage gehört hatten. 7. Die Frauen, welche jene aufnahmen, die von den Herrschern verfolgt wurden, nahmen uns auch auf. 8. Jene Menschen starben, nachdem sie keine Verheißungen empfangen hatten (nicht empfangen hatten). 9. Während der Herr noch im Tempel predigte, sah er die Jünger. 10. Während sie gingen, verkündigten sie das Evangelium, welches sie gerettet hatte.

Merke: ὁ δίκαιος κύριος γινώσκει τοὺς δεξαμένους αὐτόν, καὶ ὁ γινώσκων τὸν υἱὸν γινώσκει καὶ τὸν πέμψαντα αὐτόν.

1 Das Partizip kann auch konzessiv, d.h. mit »obwohl« übersetzt werden.

Lektion 20

Verbaladjektive:
Partizip Aorist Passiv

181. Wortschatz

διδαχθείς — gelehrt worden seiend, Part. Passiv Aorist I von διδάσκω

γραφείς — geschrieben worden seiend, Part. Passiv Aorist II von γράφω

παιδίον[1], τό	ein kleines Kind,	σωτηρία, ἡ	Heil
ἀρχή, ἡ	Anfang (Archetypus),	σημεῖον, τό	Zeichen
ἱμάτιον, τό	Kleid,	κεφαλή, ἡ	Haupt
χαίρω	ich freue mich,	ἐκεῖ, Adv.	dort
συναγωγή, ἡ	Synagoge,	οἰκία, ἡ	Haus
εὐθύς, εὐθέως[2]	sofort, sogleich	(Synonym für οἶκος, ὁ)	
φυλακή, ἡ	Wache, Gefängnis,	στρατιώτης, -ου, ὁ	Soldat

182. Partizipien Passiv Aorist

Das Partizip Passiv Aorist wird aus dem Stamm des Aorist Passiv gebildet, den man durch Streichung des Augments erhält. So lautet der Indikativ Passiv vom Aorist I von λύω: ἐλύθην. Der Stamm des Aorist Passiv heißt λυθ-; an ihn werden die Endungen der dritten Deklination für das *Maskulinum* und *Neutrum,* und der ersten Deklination für das *Femininum* angefügt. Der Akzent beim Partizip Aorist Passiv ist unregelmäßig, da er im Nominativ Singular Maskulinum nicht zurückgezogen wird. Bei den anderen Formen gilt die Akzentregel für Substantive, außer im Genitiv/Ablativ Plural des Femininum, wo die Regel für die Substantive der ersten Deklination angewendet wird (41, 161, 171, 175). Die Formen des Passiv Aorist II Indikativ, bei denen das ϑ fehlt, bilden auch das Partizip Passiv Aorist II ohne das ϑ, z.B.: ἐγράφην, γραφείς.

183. Partizip Passiv Aorist I

Die Deklination von λυθείς, λυθεῖσα, λυθέν, gelöst worden seiend, des Partizips Passiv Aorist I, von λύω lautet:

Singular

	M	F	N
N	λυθείς	λυθεῖσα	λυθέν
GA	λυθέντος	λυθείσης	λυθέντος
DLI	λυθέντι	λυθείσῃ	λυθέντι
A	λυθέντα	λυθεῖσαν	λυθέν

Plural

	M	F	N
N	λυθέντες	λυθεῖσαι	λυθέντα
GA	λυθέντων	λυθεισῶν	λυθέντων
DLI	λυθεῖσι(ν)	λυθείσαις	λυθεῖσι(ν)
A	λυθέντας	λυθείσας	λυθέντα

184. Gebrauch des Partizip Passiv Aorist

Das Partizip Passiv Aorist wird in denselben Partizipialkonstruktionen angewendet. die wir in 165 und 178 kennenlernten. Wie andere Partizipien des Aorist bezeichnet es gewöhnlich eine Handlung, die im Verhältnis zur Handlung des Hauptverbs *vorzeitig* ist. Siehe auch 178.1 für Gleichzeitigkeit des Geschehens gegenüber dem Hauptverb. Beachten Sie den Gebrauch des Partizip Passiv Aorist in den folgenden Beispielen:

(1) δικαιωθέντες νῦν ἐν τῷ αἵματι αὐτοῦ σωθησόμεθα δι' αὐτοῦ, werden wir durch ihn bewahrt werden . . ., nachdem wir jetzt durch sein Blut gerecht geworden sind (Röm. 5,9; vgl. Röm. 5,1).

(2) μὴ βαπτισθέντες ὑπ' αὐτοῦ, und ließen sich nicht von ihm taufen (Luk. 7,30).

(3) ὅστις ἦν ... βληθεὶς ἐν τῇ φυλακῇ, ... er war ... ins Gefängnis geworfen (Luk. 23,19). Hier ist das Partizip Passiv Aorist βληθείς mit dem Imperfekt des kopulativen Verbs εἰμί verbunden und bildet so einen umschreibenden (periphrastischen) Aorist Indikativ Passiv von βάλλω, eine ungewöhnliche Form (vgl. ATR S. 375).

(4) θεραπευθεὶς ἐπορεύθη εἰς ἕτερον τόπον, als er geheilt worden war, ging er an einen anderen Ort.

(5) ἔλαβον τοὺς διδαχθέντας ὑπὸ τῶν μαθητῶν εἰς τὴν ἐκκλησίαν, sie nahmen die, die von den Jüngern gelehrt worden waren, in die Gemeinde auf.

Übersetzung des Partizips Passiv Aorist

Prägen Sie sich die ungefähre Bedeutung des Partizips Passiv Aorist mit Artikel ein:

	der, der gelöst worden war
	worden ist
	wurde
ὁ λυθείς	der Mann, der gelöst worden war
	worden ist
	wurde

186. Der absolute Genitiv

Ein adverbiales Partizip, welches mit einem Substantiv oder Pronomen im Genitiv übereinstimmt und nicht in die Hauptkonstruktion des Satzes eingefügt ist, steht im sogenannten »absoluten Genitiv«. Diese besondere Konstruktion kann, wie andere adverbiale Partizipien, eine Umstandsbestimmung der Zeit, des Grundes, der Einräumung, Bedingung, Absicht darstellen oder einfach einen Begleitumstand. »Am häufigsten wird diese Wendung gebraucht, wenn das Substantiv oder Pronomen und das Partizip ohne einen ersichtlichen Zusammenhang mit einem anderen Satzteil syntaktisch für sich steht« (ATR S. 1131). Die folgenden Beispiele verdeutlichen den Gebrauch des absoluten Genitivs:

(1) καὶ εἰσελθόντος αὐτοῦ εἰς οἶκον οἱ μαθηταὶ αὐτοῦ κατ' ἰδίαν ἐπηρώτων αὐτόν, und da er heimkam, fragten ihn seine Jünger allein (Mark. 9,28). ἐπηρώτων ist Imperfekt, 3. Pers. Plural von ἐπερωτάω.

(2) γενομένης (Partizip Medium Dep. Genitiv Singular Femininum Aorist II von γίνομαι) δὲ ἡμέρας ἐξελθὼν ἐπορεύθη εἰς ἔρημον τόπον, da es aber Tag ward, ging er hinaus an eine einsame Stätte (Luk. 4,42).

In den obigen Beispielen stellen die Wendungen εἰσελθόντος αὐτοῦ und γενομένης ... ἡμέρας den absoluten Genitiv dar. Grammatisch stehen sie unabhängig von den Hauptverben und ihren näheren Bestimmungen. Man wird sich daran erinnern, daß wir bei der Besprechung des Umstands- oder adverbialen Partizips bemerkten, daß das adverbiale Partizip aus dem Satz entfernt werden kann, ohne daß dieser dadurch unvollständig oder unverständlich wird. Dasselbe gilt für die Konstruktion des absoluten Genitivs, die im Griechischen sehr häufig angewendet wird. Es ist im Deutschen nicht möglich, das Partizip und das Substantiv oder Pronomen in der Konstruktion des absoluten Genitivs wörtlich zu übersetzen, sondern diese Konstruktion besser durch einen Nebensatz der Zeit, der Begründung, der Absicht oder einer anderen Wendung entsprechend dem Textzusammenhang wiederzugeben. (dabei ist die adverbiale Bestimmung der Zeit wahrscheinlich die hier am häufigsten angewendete Übersetzung im Neuen Testament.) Wichtig ist nur, daß die Aussage in der Konstruktion des absoluten Genitivs von der Aussage des Hauptsatzes *verschieden* ist. Beachten Sie sorgfältig die folgenden Beispiele:

(3) πιστευσάντων ὑμῶν εἰς τὸν κύριον, οἱ ἀδελφοὶ ὑμῶν καὶ τὰ τέκνα καὶ ἐπίστευσαν, als (oder nachdem) ihr an den Herrn geglaubt hattet, glaubten auch eure Brüder und die Kinder.

(4) λεγόντων αὐτῶν ταῦτα ἀπῆλθεν, während sie dies sagten, ging er davon, dagegen:

(5) εἶδεν αὐτοὺς λέγοντας ταῦτα, er sah sie, während sie diese Dinge sagten.

Im letzten Satz hat das Partizip eine grammatische Verbindung zum ganzen Satz, und darum findet der absolute Genitiv keine Anwendung.

187. Übung

1. βληθέντος τοῦ ἀδελφοῦ εἰς τὴν φυλακὴν οἱ μαθηταὶ ἐπίστευσαν εἰς τὸν κύριον. 2. εἰπόντος τοῦ ἁγίου πνεύματος ταῦτα, τὸ εὐαγγέλιον ἐκηρύχθη ὑπὸ τῶν πιστῶν ἀποστόλων. 3. ὁ κύριος εἶπεν λόγους εἰρήνης καὶ ἐλπίδος καὶ ζωῆς τοῖς θεραπευθεῖσιν ὑπ' αὐτοῦ. 4. οἱ διδαχθέντες τὴν ἀλήθειαν τοῦ θεοῦ ἐπίστευσαν καὶ ἐβαπτίσθησαν καὶ εἰσῆλθον εἰς τὴν ἐκκλησίαν. 5. εἰσελθόντος τοῦ ἀνθρώπου εἰς τὴν οἰκίαν τοῦ ἐγερθέντος ὑπὸ τοῦ κυρίου οἱ ἀδελφοὶ καὶ ἐπίστευσαν. 6. ἐδέχεσθε τοὺς ἐκβληθέντας ἐκ τῆς συναγωγῆς καὶ ἤχθησαν ὑπὸ τῶν ἀδελφῶν αὐτῶν εἰς τὴν ἐκκλησίαν. 7. ἐκβληθέντων αὐτῶν ἐκ τῆς συναγωγῆς αὐτὸς ὁ κύριος ἐδίδαξεν αὐτούς. 8. τὰ παιδία προσηνέχθησαν αὐτῷ καὶ ἐν ἐκείναις ταῖς ἡμέραις. 9. βληθεὶς εἰς τὴν φυλακὴν διὰ τὸ εὐαγγέλιον ὁ ἀγαθὸς ἀδελφὸς ἐκεῖ ἐδόξασε τὸν σώσαντα αὐτόν. 10. τῶν δικαίων ἀνθρώπων ἐνεχθέντων οἱ μαθηταὶ ἐχάρησαν. 11. τὸ εὐαγγέλιον τὸ κηρυχθὲν αὐτοῖς ὑπὸ τῶν ἀποστόλων ἔσῳζεν αὐτούς. 12. ἡ ἀλήθεια ἡ κηρυχθεῖσα ἐν τῷ κόσμῳ ὑπὸ τῶν πιστευσάντων εἰς τὸν κύριον ἐπιστεύθη καὶ ὑπὸ τῶν ἀδελφῶν ἡμῶν. 13. ἐκεῖναι αἱ ἐκκλησίαι ἔλαβον τὴν ἀλήθειαν ἀπὸ τῆς ἀρχῆς καὶ ἐδιδάχθησαν τὸν λόγον τοῦ θεοῦ. 14. ὁ κύ-

ριός ἐστιν ἡ κεφαλὴ τοῦ σώματος. 15. γραφεισῶν τῶν γραφῶν εὐθὺς ἐπιστεύσαμεν αὐταῖς. 16. οἱ στρατιῶται ἔλαβον τὰ ἱμάτια τοῦ κυρίου.

1. Die Heiligen werden die Sünder in der Gemeinde (in die Gemeinde hinein) versammeln und das Evangelium wird ihnen dort gepredigt werden. 2. Jene, die den Herrn gesehen hatten, glaubten an ihn. 3. Das Heil Gottes wurde in jenen Tagen verkündet, und es wird auch jetzt verkündet werden. 4. Nachdem die Brüder dies gesagt hatten, freuten sich die Jünger. 5. Die Wahrheit Gottes wird in den letzten Tagen gehört werden. 6. Dann wird das Zeichen des Menschensohns in den Himmeln gesehen werden. 7. Gerechtigkeit ist das Kleid der Heiligen. 8. Nachdem der Jünger in das Gefängnis geworfen worden war, beteten die Brüder. 9. Nachdem unsere Namen im Buch des Lebens aufgeschrieben worden sind, werden wir den Herrn für immer und ewig sehen. Jene, die an den Herrn geglaubt haben, werden in das Himmelreich eingehen und Sein Angesicht sehen.

Merke: ὁ κύριος ὁ δίκαιος γινώσκει τὰς ὁδοὺς τῶν δικαίων.

1 Diminutive (Verkleinerungsformen) auf -ίον sind Neutrum.

2 Beide Formen begegnen im Neuen Testament; εὐθύς 51mal und εὐθέως etwa 36mal.

Lektion 21

Verbalsubstantive: Infinitive
Infinitiv mit und ohne Artikel
Eigennamen. Indirekte Rede

188. Wortschatz

δύναμαι	ich kann,	δυνατός, -ή, -όν stark, fähig
θέλω[1]	ich will,	ἱκανός, -ή, -όν ausreichend, fähig, wert
δεῖ	es ist nötig (unpersönliches Verb, nur in der 3. Person Singular[2], hat Akkusativ mit Infinitiv nach sich)	
βούλομαι	ich will,	Φαρισαῖος, ὁ Pharisäer
Ἰουδαῖος, ὁ	Jude,	μέλλω ich bin im Begriff (etwas zu tun)
ὀφείλω	ich schulde	
ἔξεστι(ν)	es ist erlaubt (unpersönliches Verb, nur in der 3. Person Singular, mit Dativ für den, dem etwas erlaubt ist)	
Ἰησοῦς, Ἰησοῦ, ὁ	Jesus,	πρό, Präp. m. Abl., vor, bevor
Χριστός, ὁ	Christus,	πάσχω ich leide
ὁ Χριστός	der Christus,	Aor. II: ἔπαθον
	Messias,	κελεύω ich gebiete
	»Gesalbter«,	κώμη, ἡ Dorf
ὥστε	so daß (oft steht danach Akkusativ mit Infinitiv, 196.9; s. 264 Fußnote)	
ἁμαρτάνω	ich sündige, ἁμαρτήσω, ἡμάρτησα (Aor. I), ἥμαρτον (Aor. II)[3]	
ἄξιος, -α, -ον	würdig, wert	

189. Allgemeine Bemerkungen über das Wesen des Infinitivs

Wie das Partizip ist auch der Infinitiv eine Mischform; das Partizip, wie bereits erwähnt, ist ein Verbaladjektiv; der Infinitiv dagegen ein Verbalsubstantiv. Partizip und Infinitiv sind beides infinite Formen, d.h. sie haben kein Subjekt bei sich; darum fehlen auch Personalendungen. Beide machen keine Aussage im Satz und haben deshalb auch keinen Modus. Vom

verbalen Aspekt aus gesehen drückt der Infinitiv eine Handlung aus und ist auch durch ein Genus bestimmt (d.h. Wortgeschlecht), besitzt aber nicht die Kraft, eine Handlung einem Subjekt zuzuweisen, weil es weder ein Subjekt noch Personalendungen gibt.
Der Infinitiv hat eine *Zeitform*; diese betrifft jedoch im Griechischen, wie wir bereits wissen, die Art einer Handlung (fortdauernd, einmalig oder in der Vollendung), *mit Ausnahme des Indikativs*, bei dem die Zeit der Handlung ein sekundärer Aspekt ist (16, 17). Der Infinitiv kann auch ein Objekt bei sich haben und durch Adverben näher bestimmt sein. Der Infinitiv hat insofern den Charakter eines Substantivs, als er für ein *Subjekt* oder auch Objekt stehen kann. Er kann auch durch den neutrischen Artikel bestimmt sein und in allen Kasus außer dem Vokativ erscheinen; er kann auch eine Präposition bei sich haben (in diesem Fall hat er immer den Artikel); er kann andere Worte näher bestimmen und durch Adjektive gekennzeichnet werden.

190. Infinitiv Präsens und Aorist

Die Infinitive des Präsens und Aorist von λύω[4] und ihre ungefähre Übersetzung lauten:

Präsens			Aorist	
Aktiv	λύειν	lösen	λῦσαι	lösen
Medium	λύεσθαι	für sich lösen	λύσασθαι	für sich lösen
Passiv	λύεσθαι	gelöst werden	λυθῆναι	gelöst werden

191. Bildung des Infinitivs

Die Infinitivformen des Präsens werden aus dem Präsensstamm, die des Aorist und Aktiv Medium aus dem Aoriststamm gebildet (wobei im Aorist auch wieder die Silbe -σα erscheint); die Infinitive des Aorist Passiv werden aus dem Passivstamm des Aorist gebildet (mit der Silbe θη des Aorist Passiv).

192. Akzent beim Infinitiv

Der Infinitiv des Aorist I Aktiv bildet eine Ausnahme von der Regel über den Akzent beim Verb, denn er hat den Akzent auf der *vorletzten* Silbe (Paenultima). Der Infinitiv Aorist Passiv weist auch einen unregelmäßigen Akzent auf.

193. Bildung der Infinitive beim Aorist II

Die Infinitive des Aorist II werden aus dem Stamm des Aorist II gebildet. Sie haben die gleiche Endung wie die Infinitive des Präsens, nur steht beim Infinitiv *Aktiv* der *Zirkumflex* auf der letzten, und in der *Mediumform* ein Akut auf der vorletzten Silbe. Z.B. λαβεῖν, ἐλθεῖν, λιπεῖν, ἀγαγεῖν, ἰδεῖν für den Infinitiv Aktiv von λαμβάνω, ἔρχομαι, λείπω, ἄγω und ὁράω, und λαβέσθαι, ἐλθέσθαι, λιπέσθαι, ἀγαγέσθαι und ἰδέσθαι für die entsprechenden Infinitive des Aorist II Medium.

194. Der Infinitiv Präsens von εἰμί lautet εἶναι

195. Präsens von δύναμαι

Der Indikativ Präsens des Medium Deponens δύναμαι, ich kann, lautet:

Singular	Plural
δύναμαι	δυνάμεθα
δύνασαι oder δύνῃ[5]	δύνασθε
δύναται	δύνανται

Infinitiv: δύνασθαι

196. Einige Beispiele für den Gebrauch des Infinitivs

Wie bereits in 189 dargelegt, stellt der Infinitiv ein Verbalsubstantiv dar.
1. Ohne Artikel kann der griechische Infinitiv die Bedeutung bestimmter Verben *vervollständigen,* die fast nur mit einer Infinitiv-Ergänzung begegnen. Man nennt dies den *ergänzenden* oder komplementären Infinitiv. Die wichtigsten Verben mit einem komplementären Infinitiv sind: δύναμαι, ich kann; θέλω, ich will; μέλλω, ich bin im Begriff; δεῖ, es ist nötig; βούλομαι, ich will; ὀφείλω, ich schulde, ich muß; ἔξεστι(ν), es ist erlaubt; und ἄρχομαι, ich fange an.
(1) οὐδεὶς δύναται ἐλθεῖν πρός με, niemand kann zu mir kommen (Joh. 6,44).
(2) διδάσκαλε, θέλομεν ἀπὸ σοῦ σημεῖον ἰδεῖν, Meister, wir wollten gern ein Zeichen von dir sehen (Matth. 12,38).

(3) γινώσκειν δὲ ὑμᾶς[6] βούλομαι ἀδελφοί, ich lasse euch aber wissen, liebe Brüder (wörtl.: »ich will, daß ihr wißt, Brüder«) (Phil. 1,12).
(4) μέλλει γὰρ ὁ υἱὸς τοῦ ἀνθρώπου ἔρχεσθαι, denn es wird geschehen, daß der Menschensohn kommt (wörtl.: denn der Menschensohn ist im Begriff zu kommen) (Matth. 16,27).
(5) κατὰ τὸν νόμον ὀφείλει ἀποθανεῖν, nach dem Gesetz muß er sterben (Joh. 19,7).
(6) οὐκ ἔξεστίν σοι ἔχειν αὐτήν, es ist nicht recht, daß du sie hast (Matth. 14,4).
2. Der Infinitiv ohne Artikel kann auch als *Objekt* eines finiten Verbs stehen, z.B. ἐζήτουν (Imperfekt Aktiv 3. Person Plural von ζητέω) αὐτὸν κρατῆσαι (Infinitiv Aktiv Aorist I von κρατέω), sie trachteten danach, wie sie ihn griffen (Mark. 12,12). Die meisten komplementären Infinitive stehen als Objekt eines finiten Verbs, wie wir an den Beispielen unter 1 oben sehen.
3. Der Infinitiv, ob mit oder ohne Artikel, kann bei einem unpersönlichen Verb wie ἔξεστι(ν), es ist erlaubt, oder δεῖ, es ist nötig, als *Subjekt* eines Satzes dienen, z.B.:
(1) δεῖ τὸν υἱὸν τοῦ ἀνθρώπου πολλὰ παθεῖν, des Menschen Sohn muß viel leiden (Luk. 9,22), oder wörtlicher: vieles zu leiden ist nötig für den Menschensohn. (Hier steht der Infinitiv ohne Artikel.)
(2) ἐμοὶ γὰρ τὸ ζῆν Χριστός, Christus ist mein Leben (Phil. 1,21), wörtlich: für mich ist leben Christus.
(3) τὸ γὰρ θέλειν παράκειταί μοι, Wollen haben ich wohl (Röm. 7,18) (hier Infinitiv mit Artikel).
4. Der Infinitiv wird häufig in Verbindung mit Adjektiven wie ἱκανός, wert; ἄξιος, würdig; δυνατός, mächtig, fähig, gebraucht.
(1) οὐκέτι εἰμὶ ἄξιος κληθῆναι (Infinitiv Passiv Aorist I von καλέω) υἱός σου, ich bin nicht mehr wert, daß ich dein Sohn heiße (Luk. 15,21).
(2) δυνατός ἐστιν αὐτὸ φυλάξαι (Infinitiv Aktiv Aorist I von φυλάσσω, ich bewahre), er kann (es) mir bewahren (1. Tim. 1,12).
5. Mit Artikel (immer im Neutrum) kann der Infinitiv in den meisten Konstruktionen stehen, in denen jedes andere Nomen (Substantiv oder Pronomen) stehen kann. Dabei wird immer der neutrische Artikel dekliniert und zeigt somit immer deutlich den Kasus des Infinitivs an. Der Infinitiv wird gewöhnlich gebraucht, um die *Absicht* anzuzeigen: mit dem Infinitiv im *Dativ* (ohne Artikel) wie in dem Satz ἤλθομεν προσκυνῆσαι, wir sind gekommen anzubeten; oder im Genitiv: σκεῦος ἐκλογῆς ἐστίν μοι

οὗτος τοῦ βαστάσαι τὸ ὄνομά μου ἐνώπιον ἐθνῶν, dieser ist mir ein auserwähltes Rüstzeug, daß er meinen Namen trage vor Heiden (Apg. 9,15).

6. Der Infinitiv mit Artikel wird in Verbindung mit einigen Präpositionen gebraucht, z.B.

(1) καὶ ἐθαύμαζον ἐν τῷ χρονίζειν ἐν τῷ ναῷ αὐτόν, und verwunderte(n) sich, daß er so lange im Tempel verweilte (Luk. 1,21) (temporal).

(2) μετὰ δὲ τὸ ἐγερθῆναί με, wenn ich aber auferstehe (Matth. 26,32) (temporal).

(3) διὰ τὸ ἀκούειν περὶ αὐτοῦ, denn er hatte von ihm gehört (Luk. 23,8) (kausal).

(4) πρὸ τοῦ σε Φίλιππον φωνῆσαι, bevor dich Philippus rief (Joh. 1,48) (temporal).

Zwischen Artikel und Infinitiv können auch einige andere ergänzende Worte stehen.

7. Die *Absicht* kann entweder durch den Infinitiv *allein* oder durch den *Genitiv* des Infinitivs mit Artikel ausgedrückt werden:

(1) οὐκ ἦλθον καταλῦσαι, ich bin nicht gekommen aufzulösen (Matth. 5,17) (Infinitiv ohne Artikel).

(2) τοῦ μηκέτι δουλεύειν ἡμᾶς τῇ ἁμαρτίᾳ, daß wir hinfort der Sünde nicht dienen (Röm. 6,6; vgl. Phil. 3,10). Beim Infinitiv und Partizip werden die Negationen μή und μηκέτι verwendet (167).

8. Die Präpositionen εἰς und πρός beim Infinitiv mit Artikel (im Akkusativ) drücken die *Absicht* aus:

(1) εἰς τὸ καταργῆσαι τὴν ἐπαγγελίαν, so daß die Verheißung zunichte würde (Gal. 3,17).

(2) πρὸς τὸ θεαθῆναι τοῖς ἀνθρώποις, damit sie von den Leuten gesehen werden (Matth. 23,5).

9. ὥστε mit dem Infinitiv bringt die *Folge* oder das *Ergebnis* einer Handlung zum Ausdruck:

(1) ὥστε πιστεῦσαι . . . πολὺ πλῆθος, daß (als Ergebnis) eine große Menge . . . gläubig ward (Apg. 14,1).

(2) ὥστε τὸν ὄχλον θαυμάσαι, so daß sich das Volk verwunderte (Matth. 15,31).

Bei diesen Redewendungen muß man den ganzen Ausdruck und nicht die einzelnen Worte für sich übersetzen. Sorgfältiges Einprägen dieser Beispiele wird dem Schüler helfen, auch die Redewendungen und Konstruktionen in der Übung entsprechend zu übersetzen.

197. Indirekte Rede

Indirekte Rede kann im Griechischen auf verschiedene Weise ausgedrückt werden.

1. Indirekte Rede kann durch den Infinitiv ausgedrückt werden. οἳ λέγουσιν αὐτὸν ζῆν, welche sagen, er lebe (Luk. 24,23). οἵ ist Relativpronomen (279) im Nominativ Maskulinum Plural und ζῆν Infinitiv Aktiv Präsens von ζάω (diese unregelmäßig gebildete Form wird später erläutert) (vgl. auch ATR S. 1039).

2. Meistens wird im Neuen Testament die indirekte Rede durch einen Nebensatz mit dem Indikativ ausgedrückt, der durch ὅτι eingeleitet wird. Es ist hier zu beachten, daß ὅτι im Neuen Testament *nur* mit dem Indikativ verbunden wird. Dafür die folgenden Beispiele:

(1) ἐγὼ πεπίστευκα (Perfekt Aktiv Indikativ 1. Person Singular von πιστεύω) ὅτι σὺ εἶ ὁ Χριστός, ich glaube, daß du bist der Christus (Joh. 11,27). Im Griechischen steht hier in der indirekten Rede die gleiche Zeit und der gleiche Modus wie in der direkten Aussage, die dahinter steht. Die Person des Verbs in der indirekten Aussage wird natürlich jeweils entsprechend geändert werden. Dieser Grundsatz findet auch in den folgenden Beispielen Anwendung.

(2) κἀγὼ (man nennt dies Krasis, Zusammenziehung von καί und ἐγώ) δέ σοι λέγω ὅτι σὺ εἶ ὁ Πέτρος, und ich sage dir auch: du bist Petrus (Matth. 16,18a). Das ὅτι kann hier rein *rezitativ* verstanden werden, d.h. es dient nur zur Kennzeichnung einer direkten Rede und kann daher unübersetzt bleiben (wie ein Doppelpunkt) (326.3).

Das folgende Beispiel verdeutlicht den Grundsatz, wenn das Verb, das der indirekten Rede vorangeht, in der *Vergangenheit* steht.

(3) ὁ ἀδελφὸς εἶπεν ὅτι βλέπει τὸν κύριον, der Bruder sagte, daß er den Herrn sah. Hier lautete der direkte Satz: ich sehe den Herrn. So bleibt hier Zeit und Modus der Aussage in der indirekten Rede erhalten, und nur die Person des Verbs ändert sich.

Das folgende Beispiel verdeutlicht die Regel, wenn die direkte Aussage in der Vergangenheit stand:

(4) ὁ ἀδελφὸς εἶπεν, ὅτι εἶδεν τὸν κύριον, der Bruder sagte, daß er den Herrn gesehen hatte. Hier lautete die direkte Aussage: ich sah den Herrn. So werden hier im Griechischen auch in der indirekten Rede Zeit und Modus der direkten Aussage unverändert beibehalten.

Das folgende Beispiel zeigt, wie die indirekte Rede lautet, wenn die direkte Aussage in der *Zukunft* steht:

(5) ὁ ἀδελφὸς εἶπεν, ὅτι ὄψεται τὸν κύριον, der Bruder sagte, daß er den Herrn sehen würde. Die direkte Aussage lautete: ich werde den Herrn sehen.

198. Eigennamen

Die Deklination von Ἰησοῦς, ὁ, Jesus steht für eine ganze Zahl von Eigennamen der gemischten Deklination. Viele Eigennamen, die aus dem Semitischen kommen, sind gewöhnlich undeklinierbar, während griechische und lateinische Namen in der Regel dekliniert werden. Die Deklination von Ἰησοῦς lautet:

N	Ἰησοῦς
GA	Ἰησοῦ
DLI	Ἰησοῦ
A	Ἰησοῦν

Eigennamen haben einen *großen Anfangsbuchstaben.*

199. Nomen mit und ohne Artikel

Nomen, die einzig in ihrer Art sind, gelten wie Eigennamen und können auch ohne den Artikel bestimmt sein, können aber, wie es häufig vorkommt, den Artikel haben. Z.B. in Luk. 21,25 erscheinen Sonne, Mond und Sterne alle ohne Artikel. Das Wort θεός, Gott, wird wie ein Eigenname mit und ohne Artikel gebraucht. πνεῦμα, Geist, oder πνεῦμα ἅγιον, Heiliger Geist, kann mit oder ohne Artikel begegnen, ebenso auch κόσμος, Welt, und νόμος, Gesetz. Worte, die das einzige einer Art darstellen, sind auch ohne Artikel bestimmt.

200. Übung

1. ἔλεγεν γὰρ ὁ Ἰωάννης[7] αὐτῷ, Οὐκ ἔξεστίν σοι ἔχειν αὐτήν. καὶ ἤθελεν αὐτὸν ἀποκτεῖναι[8]. 2. καὶ συνάγονται οἱ ἀπόστολοι πρὸς τὸν Ἰησοῦν. 3. οὐ γάρ ἐστιν καλὸν λαβεῖν τὸν ἄρτον τῶν τέκνων καὶ τοῖς κυναρίοις[9] βαλεῖν. 4. καὶ ἤρξατο διδάσκειν αὐτοὺς ὅτι δεῖ τὸν υἱὸν τοῦ ἀνθρώπου πολλὰ[10] παθεῖν. 5. εἰσελθὼν εἰς τὸ ἱερὸν ἤρξατο ἐκβάλλειν[11] τοὺς πονηροὺς ἀνθρώπους. 6. ὁ Ἰησοῦς ἤρξατο λέγειν αὐτοῖς ἐν παραβολαῖς. 7. καὶ ἀποκριθεὶς[12] ὁ Ἰησοῦς ἔλεγεν διδάσκων ἐν τῷ ἱε-

ρῷ. 8. τὸ εὐαγγέλιον τῆς βασιλείας κηρυχθήσεται ἐν τῷ κόσμῳ ἐν ἐκείναις ταῖς ἡμέραις. 9. ὁ διδάσκαλος εἶπεν, ὅτι ἄξει ὑμᾶς εἰς τὴν ἀλήθειαν. 10. καὶ εἶπεν αὐτοῖς ὁ ἄγγελος ὅτι τοῦτο γενήσεται ὑμῖν τὸ σημεῖον. 11. ὁ Ἰησοῦς ἀπέθανεν ὑπὲρ ἡμᾶς. 12. οἱ ἀπόστολοι ἔλεγον ταῦτα ἔτι ὄντες ἐν τῇ σαρκὶ εἰς τὸ πιστεῦσαι εἰς τὸν Ἰησοῦν τοὺς ἄλλους. 13. τὸ πνεῦμα τὸ ἅγιον ἔπεσεν ἐν τῷ λέγειν αὐτὸν ταῦτα. 14. μετὰ τὸ παθεῖν τὸν Ἰησοῦν οἱ μαθηταὶ ἐθαύμασαν καὶ ὑπέστρεψαν εἰς τοὺς οἴκους αὐτῶν. 15. οἱ ἀπόστολοι ἐβάπτιζον τοὺς ἐρχομένους πρὸς αὐτοὺς μετὰ τὸ βληθῆναι τὸν Ἰωάννην εἰς φυλακήν. 16. κελεύσας τὸν λαὸν ὁ κύριος ἐλθεῖν εἰς τὴν κώμην ἀπῆλθεν εἰς τὴν ἔρημον.

1. Als sie in den Tempel kamen, sagten sie, daß sie Jesus sehen wollten. 2. Sie sagten, daß es nicht recht sei, die Kinder zu nehmen. 3. Die Jünger wurden von Jesus gelehrt, nachdem das Evangelium dem Volk verkündet worden war. 4. Der Apostel sagte an jenem Tage, daß er den Herrn selbst gesehen hatte. 5. Sie sagten, daß der Menschensohn dies leiden müsse. 6. In jener Stunde werden wir bewahrt werden, weil wir an den Namen des Sohnes Gottes geglaubt haben. 7. Weil er dort war, kamen die Brüder zusammen. 8. Jesus wurde von Gott gesandt, um für uns zu sterben, damit wir ihn für immer verherrlichen.

Merke: ὁ θεὸς μένει ἐν ἡμῖν καὶ ἡμεῖς ἐν αὐτῷ.

1 Imperfekt ἤθελον, welches auf die klassische Form ἐθέλω hindeutet.

2 Ausnahme Apg. 26,9, wo sich der Infinitiv δεῖν findet. Das Imperfekt lautet ἔδει. χρή wird nur einmal im N.T. für δεῖ gebraucht (Jak. 3,10; vgl. auch Matth. 18,33).

3 Nur einige Verben haben sowohl Aorist I als auch Aorist II. φέρω wurde bereits erwähnt (138, Fußnote 3).

4 Der Infinitiv Perfekt Aktiv und Medium/Passiv wird im Zusammenhang mit dem Perfekt besprochen. Diese Formen kommen nur selten im N.T. vor.

5 Beide Formen begegnen im Neuen Testament.

6 Der Akkusativ ὑμᾶς heißt Akkusativ des allgemeinen Bezugs; andere nennen dies das »Subjekt des Infinitivs«. Aber da der Infinitiv keine finite Verbform ist, kann er im grammatischen Sinn kein Subjekt haben. Der Infinitiv ohne oder mit Artikel kann freilich Subjekt eines Satzes sein, wie wir in 196.3 sehen werden.

7 Ἰωάννης, ὁ, Johannes.

8 Inf. Akt. Aorist I von ἀποκτείνω.

9 κυνάριον, τό, kleiner Hund (vgl. 181 Fußnote).

10 Neutrum Akk. Plural von πολύς, d.h. vieles (370).

11 Im Neuen Testament steht nach ἄρχομαι Inf. Präsens (178.3).

12 Partizip Dep. Passiv Aorist.

Lektion 22

Der Konjunktiv
Gebrauch von ἵνα
Bedingungssätze (Konditionalsätze)

201. Wortschatz

ἐάν	Konditionalpartikel mit Konjunktiv: wenn
εἰ	Konditionalpartikel mit Indikativ: wenn
ἵνα	Konjunktion mit Konjunktiv: daß, damit
μηδέ	bei allen Modus außer dem Indikativ: und nicht, auch nicht, nicht einmal
μηδέ — μηδέ	weder — noch
μηκέτι	bei allen Modus außer dem Indikativ: nicht mehr
εὐαγγελίζομαι[1]	Dep. Medium, ich verkündige frohe Botschaft, predige das Evangelium (mit Akkusativ der Sache für das, was verkündigt wird, und mit Akkusativ oder Dativ der Person, wem etwas verkündigt wird)
λοιπός, -ή, -όν	Adj., übrig; οἱ λοιποί die übrigen, der Rest
μακάριος, -α, -ον	Adj., gesegnet, selig, glücklich
ὄχλος, ὁ	Menge, Volksmenge
μαρτυρία, ἡ	Bezeugung, Zeugnis
φάγομαι	Futur Dep. Medium von ἐσθίω: ἔφαγον Aorist II Indikativ von ἐσθίω
πίομαι	Futur Dep. Medium von πίνω, ich trinke; ἔπιον Aorist II von πίνω

202. Der Konjunktiv

Wie schon früher erwähnt (19.2) ist der Konjunktiv der Modus (Aussageform) der *zögernden Behauptung* oder *Möglichkeit.* Manchmal wird er auch als Aussageform der *Wahrscheinlichkeit* bezeichnet, während der Optativ (der nur 67mal im Neuen Testament begegnet) als Aussageform der *Möglichkeit* gilt. In der Übersetzung hat der Konjunktiv dieselben drei Möglichkeiten wie das Futur, d.h. er kann je nach dem Satzzusammenhang als Futur, im Sinne der Überlegung oder als Wunsch übersetzt werden (124, 214). Bis auf nur wenige Fälle, wo der Konjunktiv Perfekt vorkommt, findet sich der Konjunktiv im Neuen Testament nur im *Präsens* und *Aorist*. *Auch im Aorist* werden die Endungen der *Haupttempora* verwendet. Anstelle des variablen Bindevokals ο/ε findet sich hier der Bindevokal ω/η.

203. Konjunktiv Präsens Aktiv

Der Konjunktiv im Präsens Aktiv wird von λύω wie folgt gebildet:

Singular	Plural
λύω	λύωμεν
λύῃς	λύητε
λύῃ	λύωσι(ν)

Beachten Sie, daß die 3. Person Plural auch hier das bewegliche ν haben kann.

204. Konjunktiv Präsens Medium und Passiv

Der Konjunktiv im Präsens Medium oder Passiv wird von λύω wie folgt gebildet:

Singular	Plural
λύωμαι	λυώμεθα
λύῃ	λύησθε
λύηται	λύωνται

Was den Konjunktiv besonders kennzeichnet und von anderen Modi unterscheidet, ist der lange Vokal ω oder η, der unmittelbar auf den Stamm folgt. In der 3. Person Plural Aktiv steht im Konjunktiv das ω anstelle des für den Indikativ üblichen ου. In der 2. Person Singular Präsens des Medium oder Passiv hat auch der Indikativ die Endung ῃ (λύῃ). Um welche Form es sich jeweils handelt, muß aus dem Textzusammenhang geschlossen werden, da diese Form mit dem Konjunktiv Präsens Medium oder Passiv der 2. Person Singular identisch ist (vgl. 86, 87).

205. Konjunktiv Aorist Aktiv
Der Konjunktiv Aorist Aktiv von λύω wird wie folgt gebildet:

Singular	Plural
λύσω	λύσωμεν
λύσῃς	λύσητε
λύσῃ	λύσωσι(ν)

Es ist zu beachten, daß die Form der 1. Person Singular mit derjenigen des Indikativ Aktiv Futur der 1. Person Singular identisch ist (114); auch hier muß aus dem Kontext die Form näher bestimmt werden.

206. Konjunktiv Aorist Medium
Der Konjunktiv Aorist Medium von λύω wird wie folgt gebildet:

Singular	Plural
λύσωμαι	λυσώμεθα
λύσῃ	λύσησθε
λύσηται	λύσωνται

Wie schon in 202 erwähnt, sind hier die Endungen im Aorist dieselben wie im Präsens. Natürlich werden hier die Endungen an den *Aoriststamm* angefügt, während sie im Konjunktiv Präsens sich an den *Präsensstamm* anschließen. Im Konjunktiv Aorist gibt es ***kein Augment***, welches bekanntlich nur im ***Indikativ*** der Tempora der Vergangenheit (Imperfekt und Aorist) auftritt (98.1; 127).

207. Der Konjunktiv des Aorist II Aktiv und Medium wird genauso wie der Konjunktiv des Aorist I gebildet, nur daß dieser auf dem Stamm des Aorist II aufbaut.

208. Konjunktiv Aktiv Aorist II
Der Konjunktiv Aktiv des Aorist II von λαμβάνω lautet wie folgt:

Singular	Plural
λάβω	λάβωμεν

λάβῃς	λάβητε
λάβῃ	λάβωσι(ν)

209. Konjunktiv Medium Aorist II
Der Konjunktiv Medium Aorist II von λαμβάνω lautet wie folgt:

Singular	Plural
λάβωμαι	λαβώμεθα
λάβῃ	λάβησθε
λάβηται	λάβωνται

210. Konjunktiv Passiv Aorist
Der Konjunktiv Passiv Aorist von λύω lautet wie folgt:

Singular	Plural
λυθῶ	λυθῶμεν
λυθῇς	λυθῆτε
λυθῇ	λυθῶσι(ν)

Beachten Sie hier, daß der Konjunktiv Passiv Aorist den Zirkumflex über dem Bindelaut des Konjunktiv hat; dies widerspricht offensichtlich der Regel, nach der der Akzent beim Verb möglichst weit zurückgezogen wird (rezessiv ist). Diese Regelwidrigkeit beruht auf der Kontraktion, deren Regeln in der folgenden Lektion über die kontrahierten Verben erklärt werden (23). Der Konjunktiv Passiv Aorist wird aus dem Passivstamm des Aorist gebildet, den man durch Streichung des Augments erhält.

211. Verneinung beim Konjunktiv
Beim Konjunktiv steht wie bei allen übrigen Modus außer dem Indikativ die Verneinung μή, wie auch bei den Partizipien und Infinitiven (158).

212. Konjunktiv Präsens von εἰμί
Der Konjunktiv Präsens von εἰμί lautet wie folgt:

Singular	Plural
ὦ	ὦμεν
ᾖς	ἦτε
ᾖ	ὦσι(ν)

213. Der Zeitbegriff beim Konjunktiv

Wie schon früher erwähnt (16, 17, 97), drückt die Zeit *in erster Linie* die Art einer Handlung aus, d.h. ob sie andauert, einmalig ist oder im Zustand der Vollendung. Beim Indikativ ist die *Zeit* einer Handlung eine sekundäre Frage. So gibt es, was die Zeit betrifft, zwischen dem Konjunktiv Präsens und Aorist keine Unterscheidung. Die einzige Unterscheidung liegt in der Weise, wie eine Handlung wahrgenommen wird. Der Konjunktiv Präsens sagt aus, daß eine Handlung fortgesetzt oder wiederholt wird, während der Konjunktiv Aorist über Fortdauer oder Wiederholung einer Handlung nichts aussagt. Der Aorist sieht die Handlung in der denkbar einfachsten Weise und sollte in den Übungen immer angewendet werden, es sei denn, daß ein Grund vorliegt, sich die Handlung als fortdauernd oder wiederholt zu denken. Wenn der Konjunktiv des Aorist und des Präsens nebeneinander begegnen, kann man den Unterschied gewöhnlich in der Übersetzung zum Ausdruck bringen, wie z.B. in Joh. 10,38: »damit ihr zur Erkenntnis kommt und in ihr bleibt« (215.1). Sie werden aber meist ohne einen derartigen Unterschied übersetzt werden.

214. Einige Beispiele für den Gebrauch des Konjunktivs

1. *Aufforderungen* werden häufig in der 1. Person Plural des Konjunktiv ausgedrückt; man nennt ihn den Konjunktiv der Ermahnung oder Aufforderung (kohortativ): z.B. ἀγαπητοί, ἀγαπῶμεν ἀλλήλους, ihr Lieben, lasset uns einander liebhaben (1. Joh. 4,7; vgl. Matth. 27,49). Dieser Gebrauch, der oft den Nachdruck des Imperativs hat, entspricht dem *volitiven* Gebrauch des Futurs (124.2).
2. Der Konjunktiv kann als ein Modus der Möglichkeit oder Eventualität auch schlicht Zukünftigkeit ausdrücken: dieser Gebrauch entspricht genau dem einfachen zukünftigen Gebrauch des Futurs (124.1), z.B. καὶ εἴπῃ αὐτῷ und spräche zu ihm (Luk. 11,5).
3. Der Konjunktiv kann auch rhetorisch gebraucht werden, wenn jemand nach einem möglichen oder denkbaren Verlauf einer Handlung fragt, ohne unbedingt darauf eine Antwort zu erwarten; man nennt ihn den *delibe-*

rativen Konjunktiv, z.B. δῶμεν ἢ μὴ δῶμεν; sollen wir sie geben oder nicht geben? (Mark. 12,14b; vgl. 124.3).

4. Der Konjunktiv kann auch den Gedanken einer *Verhinderung* ausdrücken, daß der Anfang einer Handlung verhindert werden soll, z.B. μὴ οὖν μεριμνήσητε εἰς τὴν αὔριον, darum sorget nicht für den anderen Morgen (Matth. 6,34; vgl. 258; Gegenteil davon 257.2).

5. Mit der doppelten Verneinung οὐ μή steht der Konjunktiv für eine besonders *nachdrückliche* Verneinung, z.B. οὐ μὴ φάγω, daß ich es hinfort nicht mehr essen werde (Luk. 22,16; siehe 264). Diese Konstruktion begegnet über 75mal im Neuen Testament.

215. Der Gebrauch von ἵνα

1. ἵνα ist bei weitem die häufigste Konjunktion, um *Zweck* oder *Absicht* auszudrücken, z.B. ἵνα γνῶτε (Konjunktiv Aktiv 2. Person Plural Aorist II von γινώσκω) καὶ γινώσκητε, damit ihr zur Erkenntnis kommt und in ihr bleibt (wörtl. »und weiter erkennt«) (Joh. 10,38; 201). Hier bedeutet ἵνα »damit«.

2. ἵνα kann auch in einem *nicht-finalen* oder sog. *sub-finalen* Sinn gebraucht werden, d.h. nicht im direkten Sinn einer Absicht oder eines Zweckes, z.B. συμφέρει ... ἵνα ἀπόληται, es ist besser, daß eins ... verderbe (Matth. 5,29). Dieses ἵνα kann am besten mit »daß« wiedergegeben werden.

3. Weniger häufig ist der Gebrauch von ἵνα, welcher das *Ergebnis* einer Handlung aussagt, z.B. τίς ἥμαρτεν ... ἵνα τυφλὸς γεννηθῇ; wer hat gesündigt, ...daß er ist blind geboren? (Joh. 9,2; vgl. 1. Joh. 1,9). Man beachte, daß ἵνα auch mit dem Indikativ begegnen kann (es kommt 26mal im Neuen Testament mit dem Indikativ vor), aber die Verbindung von ἵνα mit dem Konjunktiv ist häufiger. ὅτι, das auch mit »daß« übersetzt wird, leitet die indirekte Rede ein (197.2) und kommt im Neuen Testament nur in Verbindung mit dem Indikativ vor.

216. Bedingungssätze (Konditionalsätze)

Es gibt vier Arten von Bedingungssätzen im Griechischen, aber wir werden in dieser Lektion nur zwei von ihnen erläutern. Ein Bedingungssatz (Konditionalsatz) besteht aus (1) einer Konjunktion (εἰ oder ἐάν, die beide mit »wenn« wiedergegeben werden), (2) einer sog. Protasis (der Satz, der die Bedingung enthält) und (3) einer sog. Apodosis (dem Hauptsatz, der die Folge dieser Bedingung aussagt). Es ist hierbei wichtig, daß es der

Modus ist, der die Art der Bedingung bestimmt, und *nicht* die Konjunktion. Modus sagt, wie wir uns erinnern (19), die *Art* einer Behauptung oder das *Verhältnis von der Behauptung zur Wirklichkeit* aus.

1. Eine erste Art der Bedingung nimmt diese als *wirklich* (als erfüllbar bestimmt) an. Darum wird sie im *Indikativ* ausgedrückt. Ein solcher Satz wird folgendermaßen formuliert:

Konjunktion	Protasis	Apodosis
εἰ (manchmal ἐάν, wie in 1. Th. 3,8)	alle Zeiten im Indikativ	alle Zeiten des Indikativs

Dies ist die gebräuchlichste Art aller Konditionalsätze. Hier wird die Bedingung als wirklich angenommen. Es ist die *Feststellung* und nicht die aktuelle Tatsache oder Wahrheit, welche diese Art der Bedingung vor Augen hat. Beachten wir die Kraft und den Nachdruck einer solchen Bedingung an dem folgenden Beispiel:

(1) εἰ δὲ ἐν πνεύματι θεοῦ ἐγὼ ἐκβάλλω τὰ δαιμόνια, ἄρα ἔφθασεν ἐφ' ὑμᾶς ἡ βασιλεία τοῦ θεοῦ, wenn ich aber die bösen Geister durch den Geist Gottes austreibe, so ist das Reich Gottes zu euch gekommen! (hier ist die Bedingung die Wirklichkeit) (Matth. 12,28). Oder ein anderes Beispiel dieser ersten Art der Bedingung:

(2) εἰ ἐμὲ ἐδίωξαν, καὶ ὑμᾶς διώξουσιν, haben sie mich verfolgt (wie sie es tatsächlich taten), so werden sie euch auch verfolgen (Joh. 15,20).

2. Die dritte Art der Bedingung ist ***unbestimmt***, aber ***mit Aussicht darauf, daß sie eintrifft***, d.h. die Bedingung wird angezweifelt, hat aber trotzdem Aussicht auf Verwirklichung. Da der *Konjunktiv* der Modus der *zweifelnden* Behauptung ist, steht er hier im Bedingungssatz (noch stärkerer Zweifel würde mit dem Optativ ausgesagt).

Gewöhnlich wird diese Art von Bedingungssätzen wie folgt formuliert:

Konjunktion	Protasis	Apodosis
ἐάν (die Kurzform ἄν kommt gelegentlich vor)	Konjunktiv (Präsens oder Aorist)	Gewöhnlich Indikativ Futur (aber hier sind auch viele andere Möglichkeiten, alle Zeiten von Indikativ, Konjunktiv oder Imperativ)

Die folgenden Beispiele zeigen den Gebrauch der *dritten* Art der Bedingung:

(1) ἐὰν θέλῃς δύνασαί με καθαρίσαι, willst du, so kannst du mich wohl reinigen (Mark. 1,40); der Aussätzige ist nicht sicher, daß Jesus ihn heilen wird, aber er ist voller Hoffnung, daß er es tun wird.

(2) ἐάν τις ἀγαπᾷ τὸν κόσμον, οὐκ ἔστιν ἡ ἀγάπη τοῦ πατρὸς ἐν αὐτῷ, so jemand die Welt liebhat, in dem ist nicht die Liebe des Vaters (1. Joh. 2,15).

(3) ἐὰν εἴπωμεν ὅτι ἁμαρτίαν οὐκ ἔχομεν, ἡ ἀλήθεια οὐκ ἔστιν ἐν ἡμῖν, so wir sagen, wir haben keine Sünde, so ist die Wahrheit nicht in uns (1. Joh. 1,8).

Die Bedingungen der *zweiten* Art, d.h. die den Tatsachen entgegenstehen, werden in einer späteren Lektion behandelt (344). Es wird empfohlen, mit dieser Lektion mit der Lektüre des griechischen Neuen Testamentes zu beginnen, und zwar mit dem Johannesevangelium oder dem 1. Johannesbrief. Um dies zu begünstigen, werden die Übungen gekürzt.

217. Übung

1. λάβωμεν τὰ τέκνα εἰς τὸν οἶκον ἡμῶν. 2. ἐὰν ἔλθωσιν εἰς τὴν ἐκκλησίαν εὐαγγελισόμεθα αὐτοῖς ἐκεῖ. 3. τεκνία[2] μου, ταῦτα γράφω ὑμῖν, ἵνα μὴ ἁμάρτητε. 4. ἐὰν μὴ[3] ἐκεῖνοι διδαχθῶσιν ὑπὸ τοῦ κυρίου, οὐκ ὄψονται τὸ πρόσωπον αὐτοῦ εἰς τὸν αἰῶνα. 5. καὶ ἐν τούτῳ[4] γνωσόμεθα ὅτι ἐκ τῆς ἀληθείας ἐσμέν, καὶ πείσομεν τὴν καρδίαν ἡμῶν. 6. ἐὰν μένωμεν ἐν τῇ ἀληθείᾳ αὐτοῦ, ὀψόμεθα αὐτὸν ἐν τῇ δόξῃ αὐτοῦ. 7. ὁ ἔχων τὸν υἱὸν ἔχει τὴν ζωήν· ὁ μὴ ἔχων τὸν υἱὸν τοῦ θεοῦ τὴν ζωὴν οὐκ ἔχει. 8. ἐκηρύξαμεν τοῦτο τὸ εὐαγγέλιον ἐκείνοις τοῖς πονηροῖς ἀνθρώποις, ἵνα σωθῶσι καὶ ἔλθωσιν εἰς τὴν ζωήν. 9. εἴπομεν ταῦτα ἵνα ἔχῃ χαρὰν καὶ εἰρήνην. 10. λέγει ἀγαθοὺς λόγους, ἵνα ἔχωσιν ἀγάπην ἐν ταῖς καρδίαις αὐτῶν.

1. Laßt uns eingehen in die Freude unseres Herrn. 2. Laßt uns das Evangelium den Volksmengen verkündigen, damit sie in die Wahrheit eingehen. 6. Wenn sie den Herrn verfolgt haben, werden sie uns auch verfolgen. 4. Er sagte jenes (jene Dinge) im Tempel, damit jene, die es hörten, gerettet würden und in die Freude ihres Herrn eingingen. 5. Wenn sie den Apostel in der Gemeinde hören, werden sie zum Herrn kommen und

von ihm gelehrt werden. 6. Wir glaubten der Wahrheit, damit wir gerettet würden und die Wahrheit anderen verkündigten.

Merke: ὁ πιστεύων εἰς τὸν υἱὸν τοῦ θεοῦ ἔχει τὴν μαρτυρίαν ἐν αὐτῷ.

1 Die Form auf -ω begegnet nur zweimal im Neuen Testament, und zwar nur in der Offenbarung Johannes (10,7; 14,6).

2 τεκνίον, τό, das kleine Kind.

3 ἐὰν μή wird häufig mit »außer daß« oder »wenn nicht« übersetzt; mit dem Indikativ hat εἰ μή dieselbe Bedeutung.

4 ἐν τούτῳ wird oft mit »darin« oder »dadurch« übersetzt.

Lektion 23

Rückblick auf die Konjugation des Verbs
Kontrahierte Verben auf -έω

218. Wortschatz

ὁμολογέω	ich bekenne, erkenne an
φιλέω	ich liebe
μετανοέω	ich tue Buße
ἀρνέομαι	Dep. ich leugne
περιπατέω	ich wandle
θεωρέω	ich betrachte, beobachte (Theorie)
οἰκοδομέω	ich baue
ζητέω	ich suche
καλέω, καλέσω, ἐκάλεσα, ———, ———, ἐκλήθην	ich rufe
χώρα, ἡ	Land
μαρτυρέω	ich bezeuge
ἀκολουθέω	ich folge (mit Dativ)
εὐλογέω	ich segne
λαλέω	ich rede
παρακαλέω	ich ermahne, ich tröste
ποιέω	ich tue, mache
προσκυνέω	ich verehre (gewöhnlich mit Dativ)
τηρέω	ich halte
εὐχαριστέω	ich danke (Eucharistie)
δοκέω	ich meine, ich scheine
Γαλιλαία, ἡ	Galiläa
κοινωνία, ἡ	Gemeinschaft

219. Rückblick

Der Schüler sollte die Bildung und die Beispiele für die verschiedenen Zeiten gründlich wiederholen, die bis hierher besprochen wurden, um sie sich fest einzuprägen. Wiederholen Sie die Abschnitte 16—23; 74; 85—88; 104—107; 113—117; 119; 121; 123; 127—136; 139—143; 146—151.

220. Kontrahierte Verben

Verben, die im Wörterbuch auf -έω, -άω und -όω zitiert werden, heißen kontrahierte Verben, weil das dem ω vorangehende ε, α und ο mit den Endungen des *Präsens* und *Imperfekt* kontrahiert werden. Es ist wichtig darauf hinzuweisen, daß diese Kontraktion nur im Präsenssystem, d.h. im Präsens und Imperfekt, unter Einschluß der Infinitive und Partizipien, stattfindet. In dieser Lektion kommen nur die kontrahierten Verben auf -έω zur Sprache. Die folgende Tabelle soll jedoch die Regeln und das Ergebnis der Kontraktion bei allen kontrahierten Verben vor Augen stellen. Wir verweisen den Schüler auf die Übersicht für die vom Präsensstamm abgeleiteten Formen der kontrahierten Verben am Ende des Textteiles (388—390). In der folgenden Kontraktionstabelle finden Sie den durch Kontraktion neu entstehenden Vokal jeweils im Schnittpunkt der in der linken Reihe senkrecht und in der oberen Reihe waagerecht angeordneten Vokale oder Diphthonge, z.B. α + ει = ᾳ; ε + ο = ου; ο + ῃ = οι etc.

	ε	ει	η	ῃ	ο	ου	ω
α	α	ᾳ	α	ᾳ	ω	ω	ω
ε	ει	ει	η	ῃ	ου	ου	ω
ο	ου	οι	ω	οι	ου	ου	ω

221. Der Akzent bei kontrahierten Silben

Bei den kontrahierten Verben im Bereich des Präsenssystems finden folgende Akzentregeln Anwendung:

1. Wenn eine der beiden kontrahierten Silben einen Akzent hatte, erhält die daraus entstehende Kontraktionssilbe den Akzent.

2. Wenn die kontrahierte Silbe eine vorletzte oder drittletzte Silbe ist, geben die allgemeinen Akzentregeln (10, 11) an, welchen Akzent sie hat.

3. Ist die kontrahierte Silbe die letzte des Wortes, hat sie den Zirkumflex (388). So kontrahiert φιλέομεν zu φιλουμεν, wie die Tabelle in 220 zeigt. Eine der Silben, die kontrahiert werden, hatte den Akzent, also muß die hier entstehende Kontraktion ου den Akzent erhalten (221.1). Die allgemeinen Akzentregeln besagen, daß bei kurzer Ultima eine lange Paenultima, wenn überhaupt einen Akzent, dann den Zirkumflex erhalten muß. So muß es φιλοῦμεν heißen. In der 1. Person Plural lautet die Indikativform des Präsens Medium oder Passiv von φιλέω unkontrahiert φιλεόμεθα. Die Kontraktion aus ε und ο ergibt ου, also lautet die kontrahierte Form

φιλουμεθα. Da eine der die Kontraktion bildenden Silben einen Akzent hatte, muß auch die entstandene Kontraktionssilbe ου den Akzent erhalten. Da dieses ου die drittletzte Silbe bildet (Antepaenultima), muß der Akzent ein Akut sein, da nur dieser auf der drittletzten Silbe stehen kann. So muß diese Form φιλούμεθα lauten.

Der Schüler sollte sich genau die Kontraktionstabelle einprägen und auch die Akzentsetzung der kontrahierten Silben an den Beispielen studieren (388—390).

4. Wenn, wie in den Singularformen des Imperfekt Aktiv Indikativ von φιλέω keine der kontrahierten Silben einen Akzent hatte, so werden auch die entstehenden Kontraktionssilben nicht betont, z.B. ἐφίλουν, ἐφίλεις, ἐφίλει.

5. In den Lektionen über die Verben auf -αω und -οω wird auffallen, daß es dort gegenüber den Kontraktionsregeln, dargestellt in 220, zwei Ausnahmen gibt. Beide betreffen die Infinitive des Präsens, z.B. kontrahiert α + ειν zu -ᾶν und nicht zu -ᾷν, und ο + ειν kontrahiert zu -οῦν anstatt zu -οῖν (388—390).

6. Die Partizipien des Präsens entsprechen in allen Deklinationsformen den Regeln von 220.

7. Während die unkontrahierten Formen im Neuen Testament gewöhnlich nicht vorkommen, findet sich im Lexikon immer die unkontrahierte Form, so daß man jeweils die daraus entstehenden Kontraktionsformen anhand der Regeln genau bestimmen kann.

8. In der Lektion über die kontrahierten Verben auf -άω (224; 226; 388) wird auffallen, daß die *kontrahierten* Formen des Präsens Aktiv Indikativ und Präsens Aktiv Konjunktiv *identisch* sind. Der Textzusammenhang wird gewöhnlich zeigen, um welche Form es sich handelt. Die *kontrahierten* Formen des Präsens Aktiv Indikativ und Präsens Aktiv Konjunktiv im *Singular* der kontrahierten Verben auf -όω sind ebenfalls identisch. Auch hier wird der Kontext gewöhnlich darüber Auskunft geben, was im jeweiligen Text des Neuen Testaments gemeint ist.

222. Stammformen der kontrahierten Verben

Verben, deren Stamm auf einen der Vokale -ε, -α oder -ο enden, *dehnen* gewöhnlich diesen Vokal bei der Bildung der anderen Stammformen außer dem Präsens. ε und α werden zu η, ο zu ω gedehnt. So lauten die bisher durchgenommenen Stammformen von φιλέω: φιλέω, φιλήσω, ἐφίλησα, ———, ———, ἐφιλήθην; von τιμάω: τιμάω, τιμήσω, ἐτίμησα, ———, ———, ἐτιμήθην; von δηλόω: δηλόω, δηλώσω, ἐδήλωσα, ———, ———, ἐδηλώθην. Die Dehnung des Endvokals hat nichts mit Kontraktion zu tun, und die Konjugation ist ganz regelmäßig. Kontraktion findet nur im Bereich des *Präsens* statt. Im Neuen Testament erscheinen die kontrahierten Formen und sollten auch in den Übungen gebildet werden. Das Verb καλέω dehnt im Futur und Aorist das ε des Präsensstammes *nicht*, so müssen diese Stammformen lauten: καλέω, καλέσω, ἐκάλεσα, ———, ———.

223. Übung

1. ἐὰν δὲ ἐν φωτὶ περιπατῶμεν, ἔχομεν κοινωνίαν μετ' αὐτοῦ καὶ μετὰ τῶν ἀδελφῶν αὐτοῦ. 2. ἐὰν ὁμολογῶμεν τὰς ἁμαρτίας ἡμῶν, ἕξομεν τὴν δικαιοσύνην τοῦ Χριστοῦ. 3. ὁ λέγων ἐν τῷ φωτὶ εἶναι καὶ τὸν ἀδελφὸν αὐτοῦ μὴ φιλῶν οὐ περιπατεῖ ἐν τῇ ἀγάπῃ. 4. ὁ ποιῶν τὴν δικαιοσύνην δίκαιός ἐστιν καὶ ζητεῖ τὴν δόξαν τοῦ θεοῦ. 5. ἡ ἀγάπη τοῦ κυρίου μένει ἐν τῷ περιπατοῦντι ἐν ταῖς ὁδοῖς τῆς ἀληθείας. 6. ὁ θεὸς γινώσκει τὰς καρδίας τῶν ὁμολογούντων τὸ ὄνομα αὐτοῦ. 7. αὕτη γάρ ἐστιν ἡ ἀγάπη τοῦ θεοῦ, ἵνα τὰς ἐντολὰς αὐτοῦ τηρῶμεν. 8. οὗτός ἐστιν ὁ ἐλθὼν σῴζειν ἡμᾶς ἀπὸ τῶν ἁμαρτιῶν ἡμῶν καὶ ἀγαγεῖν ἡμᾶς εἰς τὸν οὐρανόν. 9. ἐν ἀρχῇ ἦν ὁ λόγος, καὶ ὁ λόγος ἦν πρὸς τὸν θεόν, καὶ θεὸς ἦν ὁ λόγος. 10. ἐφίλουν καὶ τοὺς δικαίους καὶ τοὺς πονηροὺς καὶ ἦγον καὶ τοὺς δούλους αὐτῶν πρὸς τὸν κύριον. 11. οἱ μὴ φιλοῦντες τὸν Ἰησοῦν οὐ φιλοῦσι τοὺς φιλοῦντας αὐτόν. 12. ἀκολουθήσαντες τῷ λαλήσαντι ἐκεῖνα ἐν τῷ ἱερῷ εἰσέλθωμεν εἰς τὸν οἶκον αὐτοῦ.

1. Laßt uns den Herrn anbeten, der diese Dinge getan hat und die anderen ermahnen, ihm zu folgen. 2. Während er diese Dinge sagte, suchten ihn böse Menschen zu töten. 3. Nach diesem zog Jesus in Galiläa umher, weil die Juden ihn zum Tode führen wollten. 4. Die Brüder sahen die Werke, die durch Jesus getan wurden, während er mit ihnen in Galiläa wandelte. 5. Nachdem der Herr von den Toten auferweckt worden war, verehrten ihn die, die von ihm gerufen worden waren, im Tempel. 6. Der Apostel ermahnte die Brüder, Jesus zu folgen, damit sie ihn erkannten und für immer bei ihm wären.

Merke: ὁ ποιῶν τὴν δικαιοσύνην οὐχ ἁμαρτάνει.

Lektion 24

Kontrahierte Verben auf -άω und -όω
Weitere Nomen der dritten Deklination
Adjektive mit zwei Endungen auf -ης und -ες

224. Wortschatz

τιμάω	ich ehre
ἀγαπάω, ἀγαπήσω, ἠγάπησα	ich liebe
σταυρόω	ich kreuzige
γεννάω, γεννήσω, ἐγέννησα	ich zeuge (von der Mutter: ich gebärre)
δηλόω, δηλώσω, ἐδήλωσα	ich zeige, mache offenbar
ἐπερωτάω	ich frage
ἐρωτάω, ἐρωτήσω, ἠρώτησα	ich frage, ich bitte
ζάω[1], ζήσω (ζήσομαι), ἔζησα	ich lebe
πλήρης, -ες	Adj. voll
ἀληθής, -ές	Adj. wahr
ἀσθενής, -ές	Adj. schwach, krank
μονογενής, -ές	Adj. einzig (geboren)
ὑγιής, -ές	Adj. ganz, gesund
ἀνήρ, ἀνδρός, ὁ	Mann, Ehemann
πατήρ, πατρός, ὁ	Vater
μήτηρ, μητρός, ἡ	Mutter
ἱερεύς, ἱερέως, ὁ	Priester (227.2)
ἀρχιερεύς, ἀρχιερέως, ὁ	Hoherpriester
βασιλεύς, βασιλέως, ὁ	König
γραμματεύς, γραμματέως, ὁ	Schriftgelehrter
γένος, γένους, τό	Geschlecht, Art
ἔθνος, ἔθνους, τό	Volk
τὰ ἔθνη	Pl.: die Völker, die Heiden
ὄρος, ὄρους, τό	Berg
πίστις, πίστεως, ἡ	Glaube (227.1)
πόλις, πόλεως, ἡ	Stadt
χάρις, χάριτος, ἡ	Gnade (227.1)

225. Übersicht über die Nomen der dritten Deklination
Es wird dringend empfohlen, die bisher besprochenen Beispiele der dritten Deklination sorgfältig zu wiederholen (155, 156).

226. Stammformen der kontrahierten Verben
Wiederholen Sie die Kontraktionsregeln, die Akzentsetzung bei den kontrahierten Formen und die Stammformen der kontrahierten Verben aus der vorigen Lektion (220—222). Wie bereits oben dargelegt, werden die Verben auf -έω, -άω oder -όω nur im Bereich des Präsens kontrahiert. Wir verweisen hier auf die Abschnitte 388 und 390, wo sich am Schluß des Textteiles die Übersicht über das Präsenssystem bei den kontrahierten Verben auf -άω und -όω findet. Bei den Stammformen der Verben auf -άω wird das α zu η gedehnt, z.B. ἀγαπάω, ἀγαπήσω, ἠγάπησα; τιμάω, τιμήσω, ἐτίμησα. Verben auf -όω dehnen das ο zu ω, z.B. δηλόω, δηλώσω, ἐδήλωσα; σταυρόω (ich kreuzige), σταυρώσω, ἐσταύρωσα. Die kontrahierten Verben werden wie alle regelmäßigen Verben in allen Systemen außer im Präsens normal konjugiert (220, 221).

227. Nomen der dritten Deklination
1. Wie schon in 155 dargelegt, muß man den Genitiv Singular bei den Nomen der dritten Deklination kennen, um den Stamm zu ermitteln. Nomen der dritten Deklination weisen in ihrem Deklinationsschema beträchtliche Unterschiede auf. Die regelmäßigen Kasusendungen für die Nomen der dritten Deklination lauten:

Singular

	Maskulinum und Feminum	Neutrum
N	ς	keine Endung
GA	ος	ος
DLI	ι (kurz)	ι (kurz)
A	ν oder α (kurz)	keine Endung
V	keine Endung	keine Endung

Plural

Maskulinum und Femininum — Neutrum

NV	ες	α (kurz)
GA	ων	ων
DLI	σι(ν) (kurz)	σι(ν) (kurz)
A	ας (kurz)	α (kurz)

Geringfügige Lautverschiebungen bei bestimmten Beispielen sind schwer einzuordnen; man lernt sie am besten, indem man die folgenden Beispiele aufmerksam anschaut. Der Stamm von χάρις lautet χαριτ; durch Hinzufügung des ς im Nominativ ergab sich ein Laut, den die Griechen als unangenehm empfanden und den Nominativ deshalb in χάρις umwandelten. So wird χάρις, ἡ, die Gnade,, wie folgt dekliniert:

	Singular	Plural
NV	χάρις	χάριτες
GA	χάριτος	χαρίτων
DLI	χάριτι	χάρισι(ν)
A	χάριν	χάριτας

Die Deklination von πίστις, ἡ, Glaube, lautet:

	Singular		Plural
N	πίστις	NV	πίστεις
GA	πίστεως		πίστεων
DLI	πίστει		πίστεσι(ν)
A	πίστιν		πίστεις
V	πίστι		

πόλις, ἡ, Stadt, wird wie πίστις dekliniert. Alle Nomen dieser Gruppe werden gleich dekliniert und sind ausnahmslos Feminina. Man beachte, daß in der zweiten Deklinationsform im Singular und Plural der Akzent unregelmäßig ist und auch bei langer Ultima auf der Antepaenultima bleibt.

2. Die Nomen der dritten Deklination, deren Stämme auf -ευ enden, sind alle Maskulina. So lautet die Deklination von ἱερεύς, ὁ, Priester, wie folgt:

	Singular		Plural
N	ἱερεύς	NV	ἱερεῖς
GA	ἱερέως		ἱερέων
DLI	ἱερεῖ		ἱερεῦσι(ν)
A	ἱερέα		ἱερεῖς
V	ἱερεῦ		

3. Die Nomen der dritten Deklination, deren Stamm auf -ερ endet, heißen *synkopierte* (zusammengezogene) Nomen. Hierzu gehören πατήρ, πατρός, ὁ, Vater und ἀνήρ, ἀνδρός, ὁ, Mann; μήτηρ, μητρός, ἡ, Mutter und θυγάτηρ, θυγατρός, ἡ, Tochter, werden wie πατήρ dekliniert. Der Vokativ von μήτηρ kommt im Neuen Testament nicht vor. Der Vokativ von θυγάτηρ lautet θύγατερ. Man beachte auch bei den synkopierten Nomen den unregelmäßigen Akzent. Siehe auch 362.

	Singular	
N	πατήρ	ἀνήρ
GA	πατρός	ἀνδρός
DLI	πατρί	ἀνδρί
A	πατέρα	ἄνδρα
V	πάτερ	ἄνερ

	Plural	
NV	πατέρες	ἄνδρες
GA	πατέρων	ἀνδρῶν
DLI	πατράσι(ν)	ἀνδράσι(ν)
A	πατέρας	ἄνδρας

4. Alle neutrischen Nomen der dritten Deklination mit der Nominativ Singular-Form auf -ος (Stamm -ες) werden dekliniert wie γένος, γένους, τό, Geschlecht, Art.

	Singular	Plural
NVA	γένος	γένη
GA	γένους	γενῶν
DLI	γένει	γένεσι(ν)
A	γένος	γένη

Man beachte, daß der Akzent auf der Form des Genitiv/Ablativ Plural, die kontrahiert ist, auf der Ultima der Zirkumflex ist.

228. Adjektive zweier Endungen

Etwa 60 Adjektive im Neuen Testament werden wie ἀληθής (Maskulinum und Femininum) ἀληθές (Neutrum) dekliniert. In vielen Beispielen scheint πλήρης undeklinierbar zu sein (beachte Joh. 1,14).
Die Deklination von ἀληθής, ἀληθές, wahr, lautet:

Singular

	Maskulinum und Femininum	Neutrum	
N	ἀληθής	NV	ἀληθές
GA	ἀληθοῦς		ἀληθοῦς
DLI	ἀληθεῖ		ἀληθεῖ
A	ἀληθῆ		ἀληθές
V	ἀληθές		

Plural

NV	ἀληθεῖς	ἀληθῆ
GA	ἀληθῶν	ἀληθῶν
DLI	ἀληθέσι(ν)	ἀληθέσι(ν)
A	ἀληθεῖς	ἀληθῆ

Es fällt auf, daß in den meisten Formen das Schluß-ς des Stammes ausfällt, bevor die Kontraktion stattfindet, was durch die Ersatzdehnung und den Zirkumflex angezeigt wird. Der Stamm ist αληθεσ-.

229. Lektüre des Neuen Testaments Griechisch

Wie in Lektion 22 gesagt, wird erwartet, daß der Schüler in die Lektüre des Neuen Testaments Griechisch eingeführt wird, wahrscheinlich am Anfang in das Johannesevangelium oder den ersten Johannesbrief. Den dafür notwendigen Wortschatz wird man durch Benutzung eines Wörterbuches erhalten. Hierzu empfehlen wir das Wörterbuch zum Neuen Testament von Walter Bauer, oder auch das Griechisch-Deutsche Wörterbuch von Preuschen. Formen oder Konstruktionen, die in dem bisherigen Text noch nicht eingeführt wurden, können kurz dort nachgeschlagen werden, wo sie im weiteren Verlauf des Textes vorkommen; auf diese Weise erfolgt ein induktives Lernen, welches den Schüler noch eher an das Ziel führt, das Neue Testament in Griechisch zu *lesen*. Eine begrenzte Anzahl von Übungen sind für die Anwendung der grammatischen Regeln vorgesehen.

230. Übung

1. γινώσκομεν ὅτι ἀληθὴς εἶ καὶ ὅτι τὰ λαλούμενα ὑπὸ σοῦ ἐστιν ἀληθές. 2. ἀγαπῶμεν τοὺς ἀδελφοὺς, ἵνα ἔχωμεν τὴν ἀγάπην τοῦ κυρίου ἐν ταῖς καρδίαις ἡμῶν. 3. οὗτος ἦλθεν εἰς μαρτυρίαν, ἵνα μαρτυρήσῃ περὶ τοῦ φωτός, ἵνα πιστεύσωμεν εἰς αὐτόν. 4. οὗτός ἐστιν ὁ αἴρων τὴν ἁμαρτίαν τοῦ κόσμου. 5. ἐὰν μή τις γεννηθῇ ἐκ πνεύματος, οὐ δύναται εἰσελθεῖν εἰς τὴν βασιλείαν τοῦ θεοῦ. 6. ὁ λαβὼν αὐτοῦ τὴν μαρτυρίαν ὡμολόγησεν, ὅτι ὁ θεὸς ἀληθής ἐστιν. 7. ὁ πιστεύων εἰς τὸν υἱὸν ἔχει τὴν ζωήν, ὁ δὲ μὴ πιστεύων τῷ υἱῷ οὐκ ὄψεται τὴν ζωήν. 8. ὁ Ἰησοῦς εἶπεν ὅτι ζῶ καὶ ὑμεῖς ζήσετε. 9. ὁ κόσμος οὐ δύναται λαβεῖν τὸ πνεῦμα τῆς ἀληθείας. 10. ἐὰν ἄνθρωπος ἀγαπᾷ με, τὸν λόγον μου τηρήσει, καὶ ὁ πατήρ μου ἀγαπήσει αὐτόν, καὶ πρὸς αὐτὸν ἐλευσόμεθα.

1. Als der Priester an Jesus glaubte, wunderten sich die Jünger. 2. Diejenigen, die durch Gottes Gnade gerettet wurden, werden von den Toten auferweckt werden. 3. Laßt uns unsere Väter und unsere Mütter lieben, damit wir das Gebot des Gesetzes halten. 4. Wenn wir unsere Brüder lieben, werden die, die uns anschauen, Gott um unserer Liebe willen verherrlichen. 5. Jene, die die Gnade Gottes nicht in ihren Herzen haben, haben weder Freude noch Frieden und werden auf ewig sein Angesicht nicht sehen. 6. Der König jenes Landes empfing die, die Jesus kreuzigten.

Merke: πνεῦμα ὁ θεός ἐστιν, καὶ τοὺς προσκυνοῦντας αὐτὸν ἐν πνεύματι καὶ ἀληθείᾳ δεῖ προσκυνεῖν.

1 Dieses Verb hat im Präsenssystem η statt α, z.B.: ζῶ, ζῇς, ζῇ (Präsens); ἔζων, ἔζης, ἔζη (Imperfekt); ζῆν (Infinitiv Präsens).

Lektion 25

Futur und Aorist I Aktiv und Medium der Verba Liquida
Reziprokes und reflexives Pronomen

231. Wortschatz

μενῶ, ἔμεινα	Futur und Aorist von μένω, ich bleibe
ἐγερῶ, ἤγειρα	Futur und Aorist von ἐγείρω, ich wecke auf
βαλῶ	Fut. von βάλλω, ich werde werfen
ἀποθανοῦμαι	Dep. Fut. von ἀποθνῄσκω, ich werde sterben
ἀποκτενῶ, ἀπέκτεινα	Fut. und Aorist von ἀποκτείνω, ich töte
ἀποστελῶ, ἀπέστειλα	Fut. und Aorist von ἀποστέλλω, ich sende
ἐκτείνω, ἐκτενῶ, ἐξέτεινα	ich strecke aus
ἀρῶ, ἦρα	Fut. und Aorist von αἴρω, ich hebe auf, beseitige
σπείρω, σπερῶ, ἔσπειρα, ———, ———, ἐσπάρην	(Aor. II Passiv), ich säe
φοβέομαι	Dep. Passiv, ich fürchte, fürchte mich
ἀλλήλων	reziprokes Pronomen, von einander
ἐμαυτοῦ	reflexives Pronomen, von mir selbst
σεαυτοῦ	reflexives Pronomen, von dir selbst
ἑαυτοῦ	reflexives Pronomen, von ihm selbst
ἐπί	Präp. mit Genitiv, auf, über mit Lokativ, auf, bei, betreff mit Akkusativ, auf, über — hin, zu, gegen (eine sehr oft begegnende Präposition, in der Bedeutung sehr fließend)

232. Futur der Verba liquida

Verba liquida sind solche, deren Stamm auf einen der liquiden Konsonanten λ, μ, ν, ρ enden. Streng genommen sind λ und ρ Liquida, während μ und ν Nasale sind, aber das Futur der Verbstämme, die auf einen dieser Konsonanten enden, unterliegt der Kontraktion, wie in Lektion 23 besprochen; darum werden die so entstandenen Futurformen im Aktiv und

Medium genauso wie die Verben auf -έω im Präsens konjugiert (s. 389). Diese Verben bilden das Futur, indem sie ε + ο/ε an den Stamm anhängen (ursprünglich war es εσ + ο/ε, wobei das σ ausfiel). Das ε des Suffixes kontrahiert dann mit dem variablen Bindevokal ο/ε, und die daraus entstehende Kontraktion zeigt sich an einer Ersatzdehnung des Vokals; die kontrahierte Form hat einen Akzent, wenn eine der beiden Silben vor der Kontraktion einen Akzent hatte (wo irgend möglich den Zirkumflex). Bei den im Folgenden aufgeführten Beispielen finden sich die unkontrahierten Formen, um diesen Vorgang deutlich zu machen; unkontrahierte Formen kommen jedoch im Text nicht vor. Vokale werden entsprechend der nachstehenden Tabelle kontrahiert.

ε + ω = ω	ε + ο = ου
ε + ει = ει	ε + ου = ου
ε + ε = ει	

233. Futur Aktiv der Verba liquida
Das Futur *Aktiv* Indikativ von κρίνω lautet:

Singular		Plural	
κρινῶ	(κρινέω)	κρινοῦμεν	(κρινέομεν)
κρινεῖς	(κρινέεις)	κρινεῖτε	(κρινέετε)
κρινεῖ	(κρινέει)	κρινοῦσι	(κρινέουσι)

Allein der Akzent unterscheidet die drei Formen im Singular und in der 3. Person Plural von den Formen des Präsens Aktiv Indikativ.

234. Futur Medium der Verba liquida
Die Konjugation des Futur Medium Indikativ lautet von κρίνω wie folgt:

Singular		Plural	
κρινοῦμαι	(κρινέομαι)	κρινούμεθα	(κρινεόμεθα)
κρινῇ	(κρινέῃ)	κρινεῖσθε	(κρινέεσθε)
κρινεῖται	(κρινέεται)	κρινοῦνται	(κρινέονται)

235. Die Stämme des Präsens und Futur
Man muß immer unterscheiden zwischen dem *allgemeinen Verbstamm*, von dem alle übrigen Zeitstämme abgeleitet werden, und dem *Zeitstamm*, an den die Endungen des Verbs angehängt werden. Der Verbstamm *verbirgt sich* oft im Präsensstamm, dies ist jedoch in keiner Weise bei allen Verben so. Wie wir schon früher bemerkten, lautet der Verbstamm von λαμβάνω nicht λαμβαν-, sondern λαβ- (141, Fußnote); λαμβάνω hat also kein liquides Futur. Ähnlich lautet der Verbstamm von βάλλω nicht βαλλ-, sondern βαλ-; κρίνω hat ein kurzes ι im Futurstamm, und ein langes ι im Präsensstamm (κριν-). Einige Verben haben nur im Futur, nicht aber in anderen Zeitformen liquide Stämme, so hat z.B. λέγω das liquide Futur ἐρῶ, ich werde sagen.

236. Aorist I Aktiv und Medium der Verba liquida
Die Konjugation im Aorist I der Verba liquida lautet wie diejenige der übrigen Verben im Aorist I; *nur* wird das Aktiv und Medium des Aorist I der Verba liquida nicht durch Anfügung der Silbe -σα an den Verbstamm gebildet, sondern nur durch Anhängung von α; dabei vollziehen sich aber innerhalb des Wortes Veränderungen. Die so entstehende Form bezeichnet man gewöhnlich als *asigmatischen* Aorist (Aorist ohne σ), also ohne das charakteristische σ. Beispiele für einen solchen asigmatischen Aorist finden sich in dieser Lektion in ἔμεινα (Aorist I Aktiv Indikativ von μένω), ἐμεινάμην (Aorist I Indikativ Medium von μένω), μείνω (Aorist I Aktiv Konjunktiv), μεῖναι (Aorist I Aktiv Infinitiv), μείνας (Aorist I Partizip Aktiv Maskulinum Nominativ Singular). Ähnlich sind ἀπέκτεινα, ἀπέστειλα, ἦρα, ἔσπειρα, ἤγειρα (vgl. 392).

237. Die Notwendigkeit, das Lexikon zu befragen
Wir haben schon darauf aufmerksam gemacht, daß die Regeln noch keine Garantie für die Bildung der Stammformen des griechischen Verbs geben. λαμβάνω hat im Futur die Deponensform λήμψομαι; βάλλω das liquide Futur βαλῶ und den Aorist II ἔβαλον; γινώσκω im Futur die Deponensform γνώσομαι. Wenn der Schüler sich diese Formen danach merkt, wie sie im griechischen Text begegnen, wird er bald begreifen, wie die griechischen Verbformen gebildet werden, für welche die Stammformen von entscheidender Bedeutung sind. Man muß sich das griechische Verb von den Verbsystemen her einprägen und nicht als eine bunte Reihe für sich

stehender Formen. Häufig muß das Lexikon zu Rate gezogen werden, um sich der Stammformen eines griechischen Verbs sicher zu sein.

238. Das Verb εἰμί und das Adverb ἐκεῖ

Das Adverb ἐκεῖ und das Futur von εἰμί (ἔσται) kommt in den Evangelien siebenmal vor (Matth. 8,12; 13,42.50; 22,13; 24,51; 25,30 und Luk. 13,28), wo es genau mit »dort« übersetzt werden muß (dort wird sein Heulen und Zähneklappen).

239. Deklination des reziproken Pronomens

Das reziproke Pronomen wird durch Verdoppelung des Stammes von ἄλλος, ein anderer, gebildet, und wird *nur* im Plural in den sogenannten *obliquen* Kasus verwendet, d.h. im Genitiv/Ablativ, Dativ/Lokativ/Instrumental und Akkusativ, also:

	Maskulinum	Femininum	Neutrum
GA	ἀλλήλων	ἀλλήλων	ἀλλήλων
DLI	ἀλλήλοις	ἀλλήλαις	ἀλλήλοις
A	ἀλλήλους	ἀλλήλας	ἄλληλα

Es begegnet etwa hundertmal im Neuen Testament, aber nur in den maskulinen Formen.

240. Deklination des Reflexivpronomens: Die erste Person

Das Reflexivpronomen der *ersten* Person ἐμαυτοῦ, ἐμαυτῆς, von mir selbst, wird wie folgt dekliniert:

	Singular		Plural	
	M	F	M	F
GA	ἐμαυτοῦ	ἐμαυτῆς	ἑαυτῶν	ἑαυτῶν
DLI	ἐμαυτῷ	ἐμαυτῇ	ἑαυτοῖς	ἑαυταῖς
A	ἐμαυτόν	ἐμαυτήν	ἑαυτούς	ἑαυτάς

241. Reflexivpronomen: Die zweite Person

Das Reflexivpronomen der *zweiten* Person σεαυτοῦ, σεαυτῆς, von dir selbst, wird wie folgt dekliniert:

	Singular		Plural	
	M	F	M	F
GA	σεαυτοῦ	σεαυτῆς	ἑαυτῶν	ἑαυτῶν
DLI	σεαυτῷ	σεαυτῇ	ἑαυτοῖς	ἑαυταῖς
A	σεαυτόν	σεαυτήν	ἑαυτούς	ἑαυτάς

242. Reflexivpronomen: Die dritte Person

Die Deklination des Reflexivpronomens der *dritten* Person ἑαυτοῦ, ἑαυτῆς, ἑαυτοῦ, von ihm selbst, von ihr selbst, von ihm selbst, lautet wie folgt:

	Singular			Plural		
	M	F	N	M	F	N
GA	ἑαυτοῦ	ἑαυτῆς	ἑαυτοῦ	ἑαυτῶν	ἑαυτῶν	ἑαυτῶν
DLI	ἑαυτῷ	ἑαυτῇ	ἑαυτῷ	ἑαυτοῖς	ἑαυταῖς	ἑαυτοῖς
A	ἑαυτόν	ἑαυτήν	ἑαυτό	ἑαυτούς	ἑαυτάς	ἑαυτά

Es gibt bei den Reflexivpronomen *keinen Nominativ* und in der ersten und zweiten Person *kein Neutrum*; im übrigen ist die Deklination genau wie bei αὐτός, αὐτή, αὐτό. ἑαυτῶν, der ursprüngliche Plural von ἑαυτοῦ, dient im Plural für alle drei Personen.

243. Gebrauch der Reflexivpronomen

Die Reflexivpronomen werden unmittelbar verwendet, wenn sie sich auf das Haupt-Wort des Satzes oder der Wendung beziehen, in dem sie stehen (gewöhnlich ist es das Subjekt). Die folgend angeführten Beispiele sollen diesen Gebrauch verdeutlichen:

(1) μὴ δόξητε λέγειν ἐν ἑαυτοῖς, denket nur nicht, daß ihr bei euch wollt sagen (Matth. 3,9).

(2) ἔλεγεν γὰρ ἐν ἑαυτῇ, denn sie sprach bei sich selbst (Matth. 9,21).

(3) ἐὰν οἰκία ἐν ἑαυτῇ μερισθῇ, wenn ein Haus mit sich selbst uneins wird (Mark. 3,25).

(4) ἑαυτὸν οὐ δύναται σῶσαι, er kann sich selber nicht helfen (Mark. 15,31).

244. Übung

1. καὶ θέλων αὐτὸν ἀποκτεῖναι ἐφοβήθη τὸν ὄχλον. 2. ἦραν λίθους, ἵνα βάλωσιν ἐπ' αὐτόν, ὁ δὲ Ἰησοῦς ἐξῆλθεν ἐκ τοῦ τόπου. 3. ἐκάλεσε τοὺς μαθητὰς, ἵνα ὦσιν μετ' αὐτοῦ καὶ ἵνα ἀποστέλλῃ αὐτοὺς κηρύσσειν καὶ ἔχειν ἐξουσίαν ἐκβάλλειν τὰ δαιμόνια. 4. καὶ ἐλάλησεν αὐτοῖς ἐν παραβολαῖς λέγων, ἐξῆλθεν ὁ σπείρων τοῦ σπείρειν. 5. οἱ γραμματεῖς εἶπαν ἐν ἑαυτοῖς, Οὗτος ἁμαρτάνει. 6. εἰς ἑαυτὸν δὲ ἐλθὼν εἶπεν, Πορεύσομαι πρὸς τὸν πατέρα μου καὶ ἐρῶ αὐτῷ, Πάτερ, ἥμαρτον εἰς τὸν οὐρανόν, οὐκέτι εἰμὶ ἄξιος κληθῆναι υἱός σου. 7. ἀπεκρίνατο οὖν ὁ Ἰησοῦς καὶ ἔλεγεν αὐτοῖς, Λέγω ὑμῖν, οὐ δύναται ὁ υἱὸς ποιεῖν ἀφ' ἑαυτοῦ οὐδέν.[1] 8. καὶ ἐξελθόντες ἐκήρυξαν, ἵνα μετανοῶσιν καὶ δαιμόνια ἐξέβαλλον. 9. ἐὰν μὴ μετανοήσωσιν ἐκ τῶν ἔργων αὐτῶν ἀποθανοῦνται. 10. ἐγίνωσκεν ὁ Ἰησοῦς, ὅτι ἤθελον αὐτὸν ἐρωτᾶν, καὶ εἶπεν αὐτοῖς, Περὶ τούτου ζητεῖτε μετ' ἀλλήλων, ὅτι εἶπον, Μικρὸν καὶ οὐ θεωρεῖτέ με, καὶ πάλιν[2] μικρὸν καὶ ὄψεσθέ με;

1. Der, der Jesus, unsern Herrn, von den Toten auferweckt hat, wird auch uns mit Jesus auferwecken. 2. Die bösen (gottlosen) Menschen werden den Menschensohn töten, aber er wird auferweckt werden. 3. Auch in den bösen Tagen säten die Jünger das Wort aus. 4. Wenn ihr in der Wahrheit bleibt, wird die Wahrheit in euch bleiben. 5. Ich werde Apostel und Propheten zu ihnen senden, damit sie glauben und gerettet werden. 6. Die, die auf das Wort der Brüder hin bereuen, werden in die Freude und den Frieden eingehen.

Merke: ὁ Ἰησοῦς εἶπεν, Ἐὰν ἀγαπᾶτέ με, τὰς ἐντολάς μου τηρήσετε.

1 οὐδείς, οὐδεμία, οὐδέν (Maskulinum, Femininum und Neutrum beim Indikativ), niemand, nichts.

2 πάλιν, Adv., wieder.

Lektion 26

Der Imperativ. Verbote
Kasus zum Ausdruck der Zeit
Gebrauch von πᾶς, πᾶσα, πᾶν und ὅλος

245. Wortschatz

χρόνος, ὁ	Zeit (Chronometer)
ὅπως	damit, daß (mit dem Konjunktiv; wie ἵνα gebraucht, aber weniger häufig im Neuen Testament
καιρός, ὁ	festgesetzte Zeit, Zeitpunkt
φανερόω	ich mache bekannt, mache offenbar
μέγας, μεγάλη, μέγα[1]	groß, bedeutend (Megaphon, siehe 369)
πολύς, πολλή, πολύ	viel, Pl.: viele (Polytheismus, siehe 370)
ἁγιάζω	ich heilige
πᾶς, πᾶσα, πᾶν	Adj. jeder, Plural: alle (360, 371)
γῆ, γῆς, ἡ	Erde (Geophysik)
ἐγγύς	nahe
ἥλιος, ὁ	Sonne (heliozentrisch)
ὕδωρ, ὕδατος, τό	Wasser (Hydrant)
ἀγρός, ὁ	Feld, Acker (Agronom)
σκότος, σκότους, τό	Finsternis
οὖς, ὠτός, τό	Ohr (Otologe)
ἐλεέω	ich habe Erbarmen, bedauere (mit dem Genitiv)
ὅλος, -η, -ον	Adj. ganz (siehe 262)

246. Der Imperativ

Im Neuen Testament begegnet der Imperativ, die Befehlsform, in den drei Zeitformen des Präsens, Aorist und Perfekt, findet sich jedoch außerhalb des Präsens und Aorist selten. Der Imperativ hat nur die *zweite* und *dritte* Person. Er wird bei Befehlen und Verboten verwendet (die Verneinung ist μή wie in allen Modi außer dem Indikativ einschließlich der Infinitive und Partizipien, 167, 211); alle Zeitformen sind dabei zukunftsbezogen. Die Zeitformen sagen dabei nichts über die Zeitunterschiede aus, sondern bezeichnen lediglich den Zustand einer Handlung: das Präsens die *Dauer*, der

Aorist die *einfache Durchführung* und das Perfekt, das sehr selten ist, die *Vollendung mit anhaltendem Ergebnis* der Handlung.

247. Bildung des Imperativs

Im Präsens werden die Imperative des Aktiv, Medium und Passiv aus dem *Präsensstamm* gebildet, im Aorist im Aktiv und Medium aus dem *Aoriststamm.* Der Imperativ des Aorist Passiv basiert auf dem *Stamm des Aorist Passiv.* Der Imperativ Perfekt wird aus dem Perfektstamm gebildet (vgl. Mark. 4,39 πεφίμωσο verstumme, d.h. sei still und bleibe so).

248. Imperativ Präsens Aktiv

Der Imperativ Präsens Aktiv von λύω lautet:

	Singular		Plural	
2.	λῦε	löse!	λύετε	löst!
3.	λυέτω	er soll lösen.	λυέτωσαν	sie sollen lösen

Der charakteristische Bindelaut ε begegnet in allen Personen Singular und Plural. Man beachte, daß in der zweiten Person Plural die Form mit der Indikativform identisch ist und der Textzusammenhang darüber entscheidet, welche Form gemeint ist (vgl. Joh. 5,39 und Joh. 14,1).

249. Imperativ Präsens Medium

Der Imperativ Präsens **Medium** von λύω lautet:

	Singular		Plural	
2.	λύου	löse für dich!	λύεσθε	löst für euch!
3.	λυέσθω	er soll für sich lösen!	λυέσθωσαν	sie sollen für sich lösen!

Man beachte, daß λύου aus dem ursprünglichen λύεσο kontrahiert wurde, wobei dann das σ ausgestoßen und ε und ο zu ου kontrahiert wurden.

250. Imperativ Präsens Passiv

Der Imperativ Präsens Passiv von λύω lautet:

	Singular		Plural	
2.	λύου	werde gelöst!	λύεσθε	werdet gelöst!
3.	λυέσθω	er soll gelöst werden!	λυέσθωσαν	sie sollen gelöst werden!

In der Form sind die Imperative des Medium und Passiv im Präsens gleich, auch hier muß daher der Textzusammenhang entscheiden.

251. Imperativ Aorist I Aktiv
Der Imperativ Aorist I *Aktiv* von λύω lautet:

	Singular		Plural	
2.	λῦσον	löse!	λύσατε	löst!
3.	λυσάτω	er soll lösen!	λυσάτωσαν	sie sollen lösen!

252. Imperativ Aorist I Medium
Der Imperativ Aorist I *Medium* von λύω lautet:

	Singular		Plural	
2.	λῦσαι	löse für dich!	λύσασθε	löst für euch!
3.	λυσάσθω	er soll für sich lösen!	λυσάσθωσαν	sie sollen für sich lösen!

Man beachte, daß die charakteristische Silbe -σα in allen Formen des Imperativ Aktiv und Medium Aorist I vorkommt, mit Ausnahme der 2. Person Singular des Imperativ Aorist I Aktiv. Auch hier natürlich kein Augment im Imperativ Aorist!

253. Imperativ Aorist Passiv
Der Imperativ Aorist *Passiv* von λύω lautet:

	Singular		Plural	
2.	λύθητι	werde gelöst!	λύθητε	werdet gelöst!
3.	λυθήτω	er soll gelöst werden	λυθήτωσαν	sie sollen gelöst werden!

Man beachte, daß sich die charakteristische Silbe -θε des Aorist—Passiv-Stammes (zu -θη gedehnt) in allen Formen des Imperativ Aorist Passiv findet.

254. Imperativ Aorist II Aktiv

Der Imperativ Aorist II *Aktiv* von λείπω lautet:

	Singular		Plural	
2.	λίπε	verlasse!	λίπετε	verlaßt!
3.	λιπέτω	er soll verlassen!	λιπέτωσαν	sie sollen verlassen!

255. Imperativ Aorist II Medium

Der Imperativ Aorist II *Medium* von λείπω lautet:

	Singular		Plural	
2.	λιποῦ	löse für dich!	λίπεσθε	löst für euch!
3.	λιπέσθω	er soll für sich lösen!	λιπέσθωσαν	sie sollen für sich lösen!

Die Imperative des Aorist II haben dieselben Endungen wie diejenigen des Präsens, werden jedoch aus dem Stamm des Aorist II gebildet. Der Imperativ des Aorist II Medium hat im Singular einen unregelmäßigen Akzent, d.h. nicht rezessiv. Die Imperativformen des Aorist II von λέγω und ἔρχομαι im Aktiv lauten εἰπέ und ἐλθέ.

256. Imperativ Präsens von εἰμί

Der Imperativ Präsens von εἰμί lautet:

	Singular		Plural	
2.	ἴσθι	sei!	ἔστε	seid!
3.	ἔστω	er soll sein!	ἔστωσαν	sie sollen sein!

Der Imperativ von εἰμί oder γίνομαι wird gelegentlich mit dem Partizip Präsens verbunden; man bezeichnet diesen als umschreibenden oder periphrastischen Imperativ (vgl. Matth. 5,25; 2. Kor. 6,14; Luk. 12,35).

257. Gebrauch des Imperativs

1. Der Imperativ wird bei Befehlen gebraucht; dies wird an den folgenden Beispielen deutlich:

(1) ὁ ἔχων ὦτα ἀκουέτω, wer Ohren hat, der höre! (Matth. 11,15); im Deutschen muß das Hilfsverb »sollen« bzw. der Konjunktiv verwendet werden, um den griechischen Imperativ der 3. Person (oder indirekten Imperativ) wiederzugeben.

(2) οὗτός ἐστιν ὁ υἱός μου ὁ ἀγαπητός, ἀκούετε αὐτοῦ, das ist mein lieber Sohn, den sollt ihr hören (Mark. 9,7).

(3) ἀγαπᾶτε τοὺς ἐχθροὺς ὑμῶν, liebet eure Feinde (Matth. 5,44).

(4) ἆρον τὸν κράβαττόν σου καὶ περιπάτει, stehe auf (Imperativ Aorist, punktuelle Handlung), nimm dein Bett und gehe hin (Imperativ Präsens, fortdauernde Handlung) (Joh. 5,8). Man beachte auch den darauf folgenden Satz in Joh. 5,9 καὶ ἦρεν τὸν κράβαττον αὐτοῦ καὶ περιεπάτει, und er nahm sein Bett (Aorist) und ging hin (Imperfekt).

(5) ἐλθέτω ἡ βασιλεία σου, dein Reich komme (Matth. 6,10).

2. Der Imperativ Präsens wird mit μή verbunden, um die Fortdauer einer Handlung zu verbieten.

(1) μὴ θησαυρίζετε, ihr sollt euch nicht Schätze sammeln (Matth. 6,19).

(2) μὴ ἀγαπᾶτε τὸν κόσμον, habt nicht lieb die Welt (1. Joh. 2,15).

258. Verbote mit dem Konjunktiv Aorist

Das Verbot einer Sache, die noch nicht getan ist, wird im Griechischen mit μή und dem *Konjunktiv Aorist* ausgedrückt, z.B.

(1) εἰς ὁδὸν ἐθνῶν μὴ ἀπέλθητε (Konjunktiv Aorist), καὶ εἰς πόλιν Σαμαριτῶν μὴ εἰσέλθητε, gehet nicht (überhaupt nicht) auf der Heiden Straße und ziehet nicht in der Samariter Städte (Matth. 10,5).

(2) μὴ νομίσητε (Konjunktiv Aorist Aktiv 2. Plural von νομίζω, ich denke, ich meine), ὅτι ἦλθον καταλῦσαι τὸν νόμον ἢ τοὺς προφήτας, ihr sollt nicht wähnen, daß ich gekommen bin, das Gesetz oder die Propheten aufzulösen (Matth. 5,17).

259. Kasus, die gewöhnlich ein Zeitverhältnis ausdrücken

1. *Zeitdauer* (oder Zeitraum) wird durch den *Akkusativ* zum Ausdruck gebracht, z.B. ἔμειναν τὴν ἡμέραν ἐκείνην, sie blieben den Tag bei ihm (Joh. 1,39).

2. Die *Zeit,* in der etwas geschieht, wird durch den *Genitiv* ausgedrückt, z.B. ἦλθεν δὲ καὶ Νικόδημος ὁ ἐλθὼν πρὸς αὐτὸν νυκτὸς τὸ

πρῶτον, es kam aber auch Nikodemus, der vormals bei der Nacht zu Jesus gekommen war (Joh. 19,39).
3. Der *Zeitpunkt* wird durch den *Lokativ* ausgedrückt, z.B.:
(1) ἐγήγερται (Perfekt Passiv Indikativ 3. Person Singular von ἐγείρω), τῇ ἡμέρᾳ τῇ τρίτῃ, und daß er auferstanden ist (und immer noch auferweckt ist) am dritten Tage (1. Kor. 15,4).
(2) προσεύχεσθε δὲ, ἵνα μὴ γένηται (Aorist II Dep. Medium Konjunktiv) ἡ φυγὴ ὑμῶν χειμῶνος (Genitiv) μηδὲ σαββάτῳ, bittet aber, daß eure Flucht nicht geschehe im Winter oder am Sabbat (Matth. 24,20). Hier haben wir sowohl den Genitiv der Zeit (im Winter) als auch den Lokativ des Zeitpunktes (am Sabbat).

260. Die Deklination von πᾶς, πᾶσα, πᾶν (Stamm παντ-) lautet:

	Maskulinum	Femininum	Neutrum
		Singular	
N	πᾶς	πᾶσα	πᾶν
GA	παντός	πάσης	παντός
DLI	παντί	πάσῃ	παντί
A	πάντα	πᾶσαν	πᾶν
		Plural	
N	πάντες	πᾶσαι	πάντα
GA	πάντων	πασῶν	πάντων
DLI	πᾶσι(ν)	πάσαις	πᾶσι(ν)
A	πάντας	πάσας	πάντα

Die Deklination ist fast dieselbe wie beim Partizip Aktiv des Aorist I, nur daß im Maskulinum und Neutrum Singular die Akzentregel für die einsilbigen Nomen der dritten Deklination anzuwenden ist (156.3).

261. Gebrauch von πᾶς, πᾶσα, πᾶν
1. Wenn πᾶν in prädikativer Stellung mit Artikel beim Nomen vorkommt, wird es mit »ganz« wiedergegeben, im Plural mit »alle«.
(1) πᾶσα ἡ πόλις, die ganze Stadt (Apg. 13,44).
(2) ἀσπάζονται ὑμᾶς οἱ ἅγιοι πάντες, es grüßen euch alle Heiligen (2. Kor. 13,12).
(3) πᾶν τὸ σῶμα, der ganze Leib (Eph. 4,16).

2. In attributiver Stellung hat πᾶς eine ähnliche Bedeutung, z.B. ἡ πᾶσα πόλις, die ganze Stadt; οἱ πάντες ἄνδρες, die volle Zahl der Männer; ὁ πᾶς νόμος, das Gesetz als ganzes.
3. In Verbindung mit einem Substantiv *ohne* Artikel im Singular hat πᾶς die Bedeutung »jeder«, z.B. πᾶσα πόλις, jede Stadt; πᾶς ὄρος, jeder Berg (Offb. 6,14).
4. Wenn πᾶς der Artikel mit einem darauffolgenden Partizip folgt, handelt es sich um eine übliche Konstruktion, die häufig im Neuen Testament begegnet, z.B.:
(1) πᾶς ὁ ἀκούων, jeder, der hört.
(2) πάντες οἱ πιστεύοντες, alle, die glauben.
(3) τοῦτο γάρ ἐστιν τὸ θέλημα τοῦ πατρός μου, ἵνα πᾶς ὁ θεωρῶν τὸν υἱὸν καὶ πιστεύων εἰς αὐτὸν ἔχῃ ζωὴν αἰώνιον, denn das ist der Wille meines Vaters, daß, wer den Sohn sieht und glaubt an ihn, habe das ewige Leben (Joh. 6,40).

262. Stellung von ὅλος

ὅλος begegnet im Neuen Testament nur in der *prädikativen Stellung*, z.B.: ἀγαπήσεις κύριον τὸν θεόν σου ἐξ ὅλης τῆς καρδίας σου καὶ ἐν ὅλῃ τῇ ψυχῇ σου καὶ ἐν ὅλῃ τῇ ἰσχύϊ σου καὶ ἐν ὅλῃ τῇ διανοίᾳ σου, καὶ τὸν πλησίον σου ὡς σεαυτόν, du sollst Gott, deinen Herrn, lieben von ganzem Herzen, von ganzer Seele, von allen Kräften und von ganzem Gemüte und deinen Nächsten wie dich selbst (Luk. 10,27).

263. Übung

1. πᾶς ὁ ζῶν καὶ πιστεύων εἰς ἐμὲ οὐ μὴ ἀποθάνῃ εἰς τὸν αἰῶνα. 2. ὁ δὲ Ἰησοῦς ἦρεν τοὺς ὀφθαλμοὺς καὶ εἶπεν, Πάτερ, εὐχαριστῶ σοι, ὅτι ἤκουσάς μου. 3. πᾶς ὁ ποιῶν τὴν ἁμαρτίαν καὶ τὴν ἀνομίαν[2] ποιεῖ. καὶ ἡ ἁμαρτία ἐστὶν ἡ ἀνομία. 4. ὁ ποιῶν τὴν δικαιοσύνην δίκαιός ἐστιν, καθὼς[3] ἐκεῖνος δίκαιός ἐστιν. 5. πᾶς ὁ μὴ ποιῶν δικαιοσύνην οὐκ ἔστιν ἐκ τοῦ θεοῦ, καὶ ὁ μὴ ἀγαπῶν τὸν ἀδελφὸν αὐτοῦ. 6. ὁ ἔχων οὖς ἀκουσάτω τί[4] τὸ πνεῦμα λέγει ταῖς ἐκκλησίαις. 7. γίνου πιστὸς ἄχρι[5] θανάτου. 8. τῷ ἀγγέλῳ τῆς ἐν Ἐφέσῳ[6] ἐκκλησίας γράψον. 9. ὁ πιστεύων εἰς τὸν υἱὸν τοῦ θεοῦ ἔχει τὴν μαρτυρίαν ἐν αὐτῷ. 10. προσκυνησάτωσαν αὐτῷ πάντες ἄγγελοι θεοῦ. 11. ἡ χάρις τοῦ κυρίου Ἰησοῦ Χριστοῦ μετὰ τοῦ πνεύματος ὑμῶν. 12. αὐτὸς γάρ ἐστιν ἡ εἰρήνη ἡμῶν.

1. Sage nicht, daß du die Wahrheit Gottes nicht kennst. 2. Jeder, der an Jesus glaubt, soll in das Leben eingehen. 3. Der, der uns durch sein Blut gerettet hat, starb, damit wir das Leben haben. 4. Heiliget den Herrn Jesus Christus in euren Herzen. 5. Laßt uns Mitleid haben mit den anderen, denn der Herr hat Mitleid mit uns. 6. Tut alle Dinge (alles) im Licht, damit der Name des Herrn geheiligt werde. 7. Jene Menschen tranken das Wasser im Hause der Jünger und aßen dort Brot. 8. Hütet euch (bewahrt euch) vor dem Bösen.

Merke: ἡμεῖς δὶα νόμου νόμῳ ἀπεθάνομεν, ἵνα θεῷ ζήσωμεν.

1 Siehe 369; man beachte, daß außer den gekürzten Formen im Nominativ, Vokativ und Akkusativ Maskulinum und Neutrum Singular, diese beiden Adjektive wie gewöhnliche Adjektive der zweiten und dritten Deklination dekliniert werden.

2 α-privativum plus νόμος, ἀνομία, ἡ, Gesetzlosigkeit. α-privativum wird zur Verneinung verwendet, wie z.B. im Fremdwort »aseptisch« oder »unnötig«, »unlogisch«.

3 καθὼς, so wie, entsprechend.

4 τί, was? (Fragepronomen).

5 ἄχρι, bis.

6 Ἔφεσος, Ephesus.

Lektion 27

Kardinal- und Ordinalzahlen
οὐ und μή in Fragesätzen mit Indikativ
Gebrauch der Negationen. Akkusativ der räumlichen Ausdehnung
Attributiver und substantivischer Gebrauch von präpositionalen Wendungen
Der Genitiv des Verwandtschafts-Verhältnisses

264. Wortschatz

εἷς, μία, ἕν	Zahlwort: einer, eine, ein
οὐδείς, οὐδεμία, οὐδέν	niemand, nichts (beim Indikativ)
μηδείς, μηδεμία, μηδέν	niemand, nichts (bei allen übrigen Modi außer dem Indikativ)
ὀλίγος, -η, -ον	Adj.: gering, Plural: wenige
πλῆθος, πλήθους, τό	Menge
πούς, ποδός, ὁ	Fuß (Antipoden)
ὡς	wie; bei Zahlwörtern: ungefähr
καθαρός, -ά, -όν	Adj.: sauber, rein
οὔτε[1]	und nicht; οὔτε — οὔτε weder — noch
διψάω	ich dürste
πεινάω	ich hungere, habe Hunger
δύο	zwei (siehe 266)
ἕξ	sechs (undeklinierbar) (Hexagon)
ἔτος, ἔτους, τό	Jahr
πέντε	undeklinierbar; fünf (Pentagon)
πεντακισχίλιοι, -αι, -α	fünftausend (wörtlich: fünfmal tausend)
τρεῖς, τρία	drei (siehe 266)
τέσσαρες, -α	vier (Diatessaron, wörtl.: durch die vier; siehe 266)
στάδιον, τό	Stadion, ein Längenmaß (Pl.: τὰ στάδια, auch Maskulinum οἱ στάδιοι)
ἤ	Konjunktion: oder
πάλιν	Adv. wieder
μήτε — μήτε	weder — noch (bei allen Modus außer dem Indikativ)

265. Deklinierbare Zahlen

Nur die ersten vier Kardinalzahlen und diejenigen über »zweihundert« werden dekliniert. Jedoch alle Ordinalzahlen von »der erste« an werden dekliniert wie ἀγαθός. Zusammengesetzte Zahlen über »zwanzig« werden gebildet, indem man entweder die Einerzahl voranstellt und mit καί mit der Zehnerzahl verbindet, oder die Zehnerzahl vor die Einerzahl setzt (mit oder auch ohne καί), z.B. δύο καὶ εἴκοσι, zweiundzwanzig, oder εἴκοσι καὶ δύο, wörtl. »zwanzig und zwei«, oder εἴκοσι δύο »zwanzig zwei«. Die Kardinal- und Ordinalzahlen von eins bis zwölf lauten:

	Kardinalzahlen	Ordinalzahlen
1.	εἷς eins etc.	πρῶτος der erste etc.
2.	δύο	δεύτερος
3.	τρεῖς	τρίτος
4.	τέσσαρες	τέταρτος
5.	πέντε	πέμπτος
6.	ἕξ	ἕκτος
7.	ἑπτά	ἕβδομος
8.	ὀκτώ	ὄγδοος
9.	ἐννέα	ἔνατος
10.	δέκα	δέκατος
11.	ἕνδεκα	ἑνδέκατος
12.	δώδεκα	δωδέκατος

266. Deklination der Kardinalzahlen

	Maskulinum	Femininum	Neutrum
N	εἷς	μία	ἕν
GA	ἑνός	μιᾶς	ἑνός
DLI	ἑνί	μιᾷ	ἑνί
A	ἕνα	μίαν	ἕν

	Mask., Fem. und Neutrum		Mask., Fem.	Neutr.
N	δύο	N	τρεῖς	τρία
GA	δύο	GA	τριῶν	τριῶν

DLI	δυσί(ν)	DLI	τρισί(ν)	τρισί(ν)
A	δύο	A	τρεῖς	τρία

	Mask. und Femin.	Neutrum
N	τέσσαρες	τέσσαρα
GA	τεσσάρων	τεσσάρων
DLI	τέσσαρσι(ν)	τέσσαρσι(ν)
A	τέσσαρας	τέσσαρα

Diese Kardinalzahlen stimmen mit dem Substantiv, mit dem sie verbunden sind, überein. οὐδείς, οὐδεμία, οὐδέν und μηδείς, μηδεμία, μηδέν werden wie εἷς, μία, ἕν dekliniert.

267. Gebrauch der Negationen

Im Griechischen kann ein verneinter Satz mehr als eine Negationspartikel haben. οὐ ist die stärkere Verneinung und wird deshalb beim Indikativ verwendet. Es ist die Negationspartikel für zusammenfassende Verneinung. Sie verneint die Wirklichkeit einer angeblichen Tatsache oder Behauptung. μή ist die schwächere Negation und wird deshalb gewöhnlich bei allen Modi außer dem Indikativ verwandt, bei denen ein Grad von Unsicherheit gegeben ist. μή ist die Partikel der *eingeschränkten Verneinung*. Die Verbindung von οὐ μή kommt häufig im Neuen Testament vor und dient dem Ausdruck der besonders stark betonten Leugnung oder des Verbots, z.B.:

1. καὶ οὐ μὴ ἀπόλωνται, und sie werden nimmermehr umkommen (Joh. 10,28; vgl. Joh. 6,37; Matth. 5,20; 1. Kor. 8,13; Luk. 22,16.18).

Diese Konstruktion begegnet über 75mal im Neuen Testament mit dem Konjunktiv und auch einige Male mit dem Futur.

2. οὐδείς oder μηδείς kann in allen Kasus als Substantiv stehen, z.B.:

(1) οὐδεὶς γὰρ ἡμῶν ἑαυτῷ ζῇ, denn unser keiner lebt sich selber (Röm. 14,7).

(2) μηδενὶ μηδὲν ὀφείλετε, seid niemand etwas schuldig (Röm. 13,8; vgl. 1. Kor. 8,4; 2. Kor. 5,16; Phil. 4,15).

268. Gebrauch von οὐ und μή in Fragesätzen

1. In Fragesätzen wird οὐ (οὐκ, οὐχ, οὐχί) mit dem *Indikativ* gebraucht,

wenn eine zustimmende oder bejahende Antwort erwartet wird, z.B.: οὐχ οὗτός ἐστιν ὁ τοῦ τέκτονος υἱός; ist er nicht des Zimmermanns Sohn? (Matth. 13,55).

2. μή wird in Fragesätzen mit dem *Indikativ* gebraucht, wenn eine *negative* Antwort erwartet wird, z.B.:

(1) μὴ πάντες γλώσσαις λαλοῦσιν; reden sie alle in Zungen? (1. Kor. 12,30).

μήτι kann in demselben Sinn gebraucht sein, z.B.:

(2) μήτι δύναται τυφλὸς τυφλὸν ὁδηγεῖν, kann auch ein Blinder einem Blinden den Weg weisen? (Luk. 6,39; vgl. Joh. 21,5, wo Jesus offenbar weiß, daß sieben seiner Jünger beim Fischen eine erfolglose Nacht verbracht haben). Siehe auch Matth. 7,9—10; 9,15; 11,23 etc.).

269. Der Akkusativ ist der Kasus der *Ausdehnung* (31.7) und gibt Antwort auf die Frage »wie weit?« oder »wie lange?« im *zeitlichen* (259.1) wie auch *räumlichen* Sinn, z.B.:

ἐληλακότες οὖν ὡς σταδίους εἴκοσι πέντε ἢ τριάκοντα, da sie nun gerudert hatten bei einer Stunde (wörtlich: etwa 25 oder 30 Stadien, d.h. 5 oder 6 Kilometer, Joh. 6,19).

270. Attributiver und substantivischer Gebrauch von präpositionalen Wendungen

1. Vollständige präpositionale Wendungen können *hinter* den Artikel gestellt und wie attributive Adjektive behandelt werden, z.B.:

οἱ ἀπὸ τῆς Ἀσίας Ἰουδαῖοι θεασάμενοι αὐτὸν ἐν τῷ ἱερῷ, da sahen ihn die Juden aus der Landschaft Asien im Tempel (Apg. 21,27). Wörtlich heißt es hier: »die aus Asien Juden« etc. Hier steht der Ausdruck ἀπὸ τῆς Ἀσίας an derselben Stelle wie ein attributives Adjektiv. Da Adjektive auch wie Substantive gebraucht werden können, d.h. z.B. οἱ ἀγαθοί, die guten (Menschen), so kann auch eine präpositionale Wendung wie ein Substantiv gebraucht werden, z.B. kann deshalb die Wendung οἱ ἀπὸ τῆς Ἀσίας mit »die aus Asien« oder »die Menschen aus Asien« wiedergegeben werden.

2. Ebenso kann ein Nomen im Genitiv in ähnlicher Weise verwendet werden, um einen Besitz auszudrücken, z.B. οἱ τοῦ Ἰησοῦ, die Menschen, die zu Jesus gehören, oder: diejenigen, die zu Jesus gehören, oder: jene, die zu Jesus gehören; οἱ Φιλίππου νόμοι, die Gesetze des Philippus; wörtlich: die des Philippus Gesetze; οἱ τοῦ Ζεβεδαίου, wörtlich: die zu Zebedäus Gehörenden; hier sind »die Söhne« gemeint (Joh. 21,2).

271. Der Genitiv der verwandtschaftlichen Beziehung

Der Genitiv ist der Kasus der Beschreibung (31.2), d.h. er *beschreibt* ein bestehendes Verwandtschafts-Verhältnis. Worin dieses Verhältnis genauer besteht, wird als denen bekannt vorausgesetzt, die jemand anspricht, an die er schreibt, oder wie aus dem Textzusammenhang zu schließen ist. Es kann das Sohnesverhältnis (zum Vater) sein (dies kann in den meisten Fällen angenommen werden), oder es kann auch (entsprechend bekannter Tatsachen oder des Textzusammenhanges) das Verwandtschaftsverhältnis der Ehefrau, Mutter, Schwester, Tochter oder ein anderes sein. Die folgenden Beispiele veranschaulichen diesen Gebrauch des Genitivs:

1. Σίμων Ἰωάννου, Simon, Sohn des Johannes (Joh. 21,15).
2. Ἰάκωβον τὸν τοῦ Ζεβεδαίου, Jakobus, den Sohn des Zebedäus (Matth. 4,21).
3. Μαρία ἡ Ἰωσῆτος, Maria, des Joses Mutter (Mark. 15,47).

272. Übung

1. εἰ υἱὸς εἶ, τοῦ θεοῦ, εἰπέ, ἵνα οἱ λίθοι οὗτοι ἄρτοι γένωνται. 2. εἶδεν Ἰάκωβον τὸν τοῦ Ζεβεδαίου καὶ Ἰωάννην τὸν ἀδελφὸν αὐτοῦ. 3. καὶ ὁ Ἰησοῦς μετὰ τῶν μαθητῶν αὐτοῦ ἀπῆλθεν πρὸς τὴν θάλασσαν. 4. καὶ ἔρχεται εἰς οἶκον· καὶ συνέρχεται πάλιν ὄχλος, ὥστε μὴ δύνασθαι αὐτοὺς μηδὲ ἄρτον φαγεῖν. 5. ὁ πατὴρ ἡγίασεν καὶ ἀπέστειλεν τὸν υἱὸν εἰς τὸν κόσμον. 6. εἰ οὐ ποιῶ τὰ ἔργα τοῦ πατρός μου, μὴ πιστεύετέ μοι. 7. ὁ Ἰησοῦς εἶπεν· Ἔξεστιν τῷ σαββάτῳ[2] θεραπεῦσαι ἢ οὔ; 8. εἰ γὰρ κατὰ σάρκα ζῆτε μέλλετε ἀποθνῄσκειν. 9. ἔχωμεν πρὸς τὸν θεὸν εἰρήνην διὰ τοῦ κυρίου ἡμῶν Ἰησοῦ Χριστοῦ. 10. οἱ δὲ ἐν σαρκὶ ὄντες θεῷ ἀρέσαι[3] οὐ δύνανται.

1. Die Menschen, die zu Jesus gehören, sollen nicht in jene böse Stadt hineingehen. 2. Glückselig sind, die rein im Herzen sind, denn sie werden Gott schauen. 3. Er sprach jene Dinge zu den Menschen, die in jenem Land waren. 4. Ihr kennt weder den Vater noch mich. 5. Geh zu diesem Volk und sage ihnen die Dinge, die zu diesem Gesetz gehören. 6. Derjenige, der zu mir kommt, soll weder Hunger noch Durst haben.

Merke: ἀπεθάνομεν τῇ ἁμαρτίᾳ οὐκέτι ζήσωμεν ἐν αὐτῇ.

1 Die offensichtliche Verletzung der allgemeinen Akzentregeln entsteht aus der Verbindung des enklitischen τε mit οὐ. Das daraus entstehende Wort wird betont, als stünde das enklitische Wort noch für sich (ähnlich ὥστε, ὥσπερ, vgl. Smith, S. 43).

2 σάββατον, τό, Sabbat. 3 ἀρέσκω, ἀρέσω, ἤρεσα, ich gefalle.

Lektion 28

Interrogativ-, unbestimmtes, Relativ- und unbestimmtes Relativpronomen
Indirekte Fragen
Konditionale Relativsätze
Gebrauch des Genitivs: subjektiv und objektiv

273. Wortschatz

τίς, τί	Interrogativpronomen: wer? welcher? was? (siehe 383)
τις, τι (enkl.)	unbestimmtes Pronomen: jemand, etwas, ein gewisser, etwas gewisses (siehe 384)
ὅς, ἥ, ὅ	Relativpronomen: der, welcher (siehe 381)
ὅτε	Adv. als (relativ)
ὅταν	wann auch immer
εἰ	(häufig in indirekten Fragen) ob; die allgemeinere Bedeutung »wenn« wurde schon erklärt (201)
αἰτέω	ich bitte, ich fordere
καρπός, ὁ	Frucht
κρίσις, κρίσεως, ἡ	Gericht
ὅσος, -η, -ον	relativ, Adv.: wie groß, wie viel (quantitativ)
ὅπου	Adv.: wo (relativ)
ποῦ	Adv.: wo? (interrogativ)
οὖν	Konjunktion: darum, folglich, dann (nachgestellt, 67)
πῶς	Adv.: wie (interrogativ)
ὅστις, ἥτις, ὅτι[1]	unbestimmtes Relativpronomen: wer auch immer, was auch immer; Pl.: οἵτινες (siehe 382)
ἀσπάζομαι	ich grüße
σάββατον, τό	der Sabbat (kommt über 20mal im Neuen Testament in der Pluralform vor: σάββατα, σαββάτων, σάββασι(ν), oft jedoch mit singularischer Bedeutung
πάντοτε	Adv.: allezeit, immer

274. Das Interrogativpronomen (Fragepronomen)
Das Interrogativpronomen lautet τίς (Maskulinum und Femininum) und τί (Neutrum): wer? welcher? was? Es wird wie folgt dekliniert:

	Singular		Plural	
	Mask. und Fem.	Neutr.	Mask. und Fem.	Neutr.
N	τίς	τί	τίνες	τίνα
GA	τίνος	τίνος	τίνων	τίνων
DLI	τίνι	τίνι	τίσι(ν)	τίσι(ν)
A	τίνα	τί	τίνας	τίνα

Die Deklination erfolgt nach dem Schema der dritten Deklination in allen Geschlechtern. Die Formen des Maskulinum und Femininum sind gleich, wobei sich die Formen des Neutrum von denen des Maskulinum und Feminimum lediglich im Nominativ und Akkusativ unterscheiden.

275. Der Gebrauch des Interrogativpronomens
Die folgenden Beispiele veranschaulichen den Gebrauch des Interrogativpronomens:
1. τίνα θέλετε ἀπολύσω ὑμῖν, Βαρραβᾶν ἢ Ἰησοῦν; welchen wollt ihr, daß ich euch losgebe, Barabbas oder Jesus? (Matth. 27,17).
2. τίνος ἡ εἰκὼν αὕτη, wes ist das Bild? (Matth. 22,20).
3. τί οὖν ἐροῦμεν; was wollen wir nun hierzu sagen? (Röm. 9,30).
Man beachte, daß im Neutrum des Interrogativpronomens der Akut nie zum Gravis wechselt.
4. τίνι δὲ ὁμοιώσω τὴν γενεὰν ταύτην; wem soll ich aber dies Geschlecht vergleichen? (Matth. 11,16).
Der Akkusativ Singular des Neutrums τί des Interrogativpronomens kann auch adverbial unter der Bedeutung »warum?« gebraucht werden, z.B.:
5. τί με πειράζετε; was versucht ihr mich? (Matth. 22,18; vgl. auch Apg. 9,4).

276. Die Deklination des indefiniten (unbestimmten) Pronomens τις, τι, irgendeiner, irgendetwas, ein gewisser, eine gewisse Sache, lautet:

	Singular		Plural	
	Mask. und Fem.	Neutr.	Mask. und Fem.	Neutr.
N	τις	τι	τινές	τινά
GA	τινός	τινός	τινῶν	τινῶν
DLI	τινί	τινί	τισί(ν)	τισί(ν)
A	τινά	τι	τινάς	τινά

Die Deklination lautet wie die beim Interrogativpronomen, mit dem Unterschied, daß alle Formen des *indefiniten* Pronomens *enklitisch* sind und nur dann einen Akzent erhalten, wenn es die Akzentregel für die Enklitika erfordert (68).

277. Der Gebrauch des indefiniten Pronomens

Die folgenden Beispiele zeigen den Gebrauch des indefiniten Pronomens. Dies kann oft mit einem Substantiv zusammenstehen und dabei fast die Funktion des unbestimmten Artikels übernehmen, z.B.:

1. ἱερεύς τις, ein Priester, ein gewisser Priester (Luk. 1,5). Man wird sich erinnern, daß es im Griechischen keinen unbestimmten Artikel gibt (27).
2. ἐν τῷ εἶναι αὐτὸν ἐν τόπῳ τινὶ προσευχόμενον, . . . daß er war an einem Ort und betete (Luk. 11,1a), vgl. auch τις τῶν μαθητῶν αὐτοῦ, . . . seiner Jünger einer (Luk. 11,1b).
3. ἐκ Ναζαρὲτ δύναταί τι ἀγαθὸν εἶναι; was kann aus Nazareth Gutes kommen? (Joh. 1,46).

278. Indirekte Fragen

Wie bei der indirekten Rede (197.2), so halten auch die indirekten Fragen den gleichen Modus und dieselbe Zeit ein, die man bei der direkten Rede gefunden hätte,die hinter der indirekten liegt. Gewöhnlich sind die Fragewörter in indirekten Fragen die gleichen wie in den direkten Fragen (wer, was, wann, wo und auch ob).

καὶ ἦλθον ἰδεῖν τί ἐστιν τὸ γεγονός, und sie gingen hinaus, zu sehen, was da geschehen war (Mark. 5,14). Die ursprüngliche Frage lautete: Was ist geschehen?

279. Relativpronomen und indefinites Relativpronomen: Formen und Gebrauch

Die Deklination des Relativpronomens ὅς, ἥ, ὅ, der, die, das, welcher, welche, welches, lautet:

	Singular			Plural		
	Mask.	Fem.	Neutr.	Mask.	Fem.	Neutr.
N	ὅς	ἥ	ὅ	οἵ	αἵ	ἅ
GA	οὗ	ἧς	οὗ	ὧν	ὧν	ὧν
DLI	ᾧ	ᾗ	ᾧ	οἷς	αἷς	οἷς
A	ὅν	ἥν	ὅ	οὕς	ἅς	ἅ

Dieses Pronomen wird Relativpronomen genannt, weil es das Verhältnis oder die Beziehung zwischen Satzgliedern in Haupt- und Nebensätzen zum Ausdruck bringt. Das Relativpronomen wird wie ein unregelmäßiges Adjektiv der zweiten (Maskulinum und Neutrum) und ersten Deklination (Femininum) dekliniert, mit Ausnahme des Nominativ und Akkusativ Singular im Neutrum, wo ὅ statt ὅν steht (vgl. auch αὐτός, οὗτος und ἐκεῖνος in den gleichen Formen; 379; 380).

Das Relativpronomen stimmt mit seinem Bezugswort *gewöhnlich* in Geschlecht und Zahl, aber nicht immer im Kasus überein, welcher durch das Verhältnis zu dem Satzglied, in dem es vorkommt, bestimmt ist. Die folgenden Beispiele zeigen, wie das Relativpronomen gebraucht wird:

1. ὁ ἀστὴρ ὃ εἶδον ἐν τῇ ανατολῇ προῆγεν αὐτούς, der Stern, den sie im Morgenland gesehen hatten, ging vor ihnen hin (Matth. 2,9; vgl. Joh. 20,2).

Das Relativpronomen kann auch an den Kasus des vorangehenden Bezugswortes attrahiert, d.h. angeglichen werden; man nennt dies die *direkte Attraktion* oder Angleichung, z.B.:

2. τὸν μὲν πρῶτον λόγον ἐποιησάμην περὶ πάντων ὧν ἤρξατο ὁ Ἰησοῦς ποιεῖν τε καὶ διδάσκειν, den ersten Bericht habe ich gegeben von all dem, was Jesus anfing zu tun und zu lehren (Apg. 1,1). Hier ist ὧν, das normalerweise hätte ἅ lauten müssen, d.h. »das, was«, an den Kasus von πάντων attrahiert bzw. angeglichen worden.

Weit weniger oft wird das vorangehende Bezugswort dem Kasus des Relativpronomen angeglichen; dies nennt man die *indirekte* oder *umgekehrte* Attraktion oder Angleichung, z.B.:

3. τὸν ἄρτον ὃν κλῶμεν, οὐχὶ κοινωνία τοῦ σώματος τοῦ Χριστοῦ ἐστιν; das Brot, das wir brechen, ist das nicht die Gemeinschaft des Leibes Christi? (1. Kor. 10,16). Hier würden wir den Nominativ ὁ ἄρτος erwarten, aber stattdessen ist das Bezugswort an den Kasus des Relativpronomens angeglichen worden.

Das Relativpronomen im Griechischen muß nicht immer ein ausdrückliches Bezugswort vor sich haben, wie das folgende Beispiel zeigt:

4. ὃν ἔχεις οὐκ ἔστιν σου ἀνήρ, den du nun hast, der ist nicht dein Mann (Joh. 4,18).

5. ὃς γὰρ οὐκ ἔστιν καθ' ἡμῶν, ὑπὲρ ἡμῶν ἐστιν, wer nicht wider uns ist, der ist für uns (Mark. 9,40).

ὅς kann auch »derjenige, der« bedeuten, ἥ »diejenige, die«, ὅ »das, was«, οἵ »die Menschen, die«, αἵ »die Frauen, die« und ἅ »das, was«. Das Neutrum Plural wird im Deutschen mit dem *Singular* wiedergegeben.

Der indefinite (unbestimmte) Gebrauch von ὅστις ist weniger häufig als der bestimmte Gebrauch. Die folgenden Beispiele machen sowohl den indefiniten als auch den definiten Gebrauch von ὅστις deutlich:

6. ὅστις σὲ ῥαπίζει εἰς τὴν δεξιὰν σιαγόνα, wenn dir jemand einen Streich gibt auf deine rechte Backe, wörtl.: wer immer dir einen Streich gibt . . . (Matth. 5,39; indefinit).

7. προσέχετε ἀπὸ τῶν ψευδοπροφητῶν, οἵτινες ἔρχονται πρὸς ὑμᾶς ἐν ἐνδύμασιν προβάτων, sehet euch vor vor den falschen Propheten, die in Schafskleidern zu euch kommen (Matth. 7,15; definit). Man beachte, daß hier οἵτινες in Wirklichkeit einen *qualitativen* Sinn hat, d.h., sehet euch vor vor den falschen Propheten, die von der Art sind, daß sie kommen etc. (vgl. Röm. 6,2; Kol. 3,5).

280. Konditionale oder unbestimmte Relativsätze

Wenn ein Satz einen unbestimmten, zufälligen oder auch ungewissen Sinn hat und man daher im Deutschen den Ausdruck »auch immer« einfügen würde, also: wer auch immer, was auch immer, welcher auch immer, wo auch immer, wann auch immer, wird im Griechischen dem Relativpronomen ein ἄν oder ἐάν mit folgendem *Konjunktiv* angefügt (in dem Fall der Modus der Zufälligkeit). Die folgenden Beispiele verdeutlichen diesen Gebrauch konditionaler Relativsätze:

1. ὃς δ' ἂν βλασφημήσῃ εἰς τὸ πνεῦμα τὸ ἅγιον οὐκ ἔχει ἄφεσιν εἰς τὸν αἰῶνα, wer aber den heiligen Geist lästert, der hat keine Vergebung ewiglich (Mark. 3,29).

2. ὃς ἂν θέλῃ μέγας γενέσθαι ἐν ὑμῖν, ἔσται ὑμῶν διάκονος, wer groß sein will unter euch, der sei euer Diener (Mark. 10,43).

3. εἰς ἣν δ' ἂν πόλιν ἢ κώμην εἰσέλθητε, wenn ihr aber in eine Stadt oder in ein Dorf geht (Matth. 10,11).

4. ὅπου ἐὰν κηρυχθῇ τὸ εὐαγγέλιον εἰς ὅλον τὸν κόσμον, wo das Evangelium gepredigt wird in aller Welt (Mark. 14,9).
Da der Konjunktiv (wie auch der Optativ und Imperativ) in die Zukunft weist, d.h. auf etwas, was zur Zeit, da es ausgesprochen oder niedergeschrieben wird, noch nicht tatsächlich stattgefunden hat, kann ein solcher konditionaler oder indefiniter Relativsatz im Deutschen mit dem Indikativ Präsens oder Futur wiedergegeben werden. Der Indikativ Präsens hat oft einen solchen futurischen Sinn (vgl. Joh. 14,3 ἔρχομαι).

281. Subjektiver und objektiver Genitiv

Zwei der wichtigsten Arten im Gebrauch des Genitivs werden gewöhnlich als *subjektiver* und *objektiver* Genitiv bezeichnet. Weil diese im Blick auf die Auslegung von besonderer Bedeutsamkeit sind, werden sie hier erläutert, damit der Schüler bei der Lektüre des Neuen Testaments schon früh lernt, wie wichtig es ist, beide voneinander zu unterscheiden. In diesem Zusammenhang sollte darauf hingewiesen werden, daß nicht der Kasus, sondern das Verhältnis der Worte zueinander den Unterschied ausmacht. Der Textzusammenhang ist dabei immer von ausschlaggebender Bedeutung, und beide werden mit Nomen verbunden, die eine Handlung bezeichnen.
1. Der *subjektive* Genitiv hat einen *aktiven* Sinn, d.h. die *Handlung geht* von dem Wort *aus*, das im Genitiv erscheint. Die folgenden Beispiele verdeutlichen dies: ἡ γὰρ ἀγάπη τοῦ Χριστοῦ συνέχει ἡμᾶς, denn die Liebe Christi dringet uns (2. Kor. 5,14). Hier will Petrus sagen, daß es die Liebe Christi zu uns ist, die uns dazu treibt, etwas für ihn zu tun, wie auch der Textzusammenhang erkennen läßt.
δικαιοσύνη γὰρ θεοῦ ἐν αὐτῷ ἀποκαλύπτεται ἐκ πίστεως εἰς πίστιν, denn darin (d.h. im Evangelium) wird offenbart die Gerechtigkeit, die vor Gott gilt, welche kommt aus Glauben in Glauben (Röm. 1,17). Es ist eine Gerechtigkeit von Gottes eigener Art, die im Evangelium offenbar wird, wie Paulus es ausdrückt, aber es ist die Gerechtigkeit, die nur er hat und die er allein durch Christus und das Evangelium schenkt (vgl. Röm. 1,1, εὐαγγέλιον θεοῦ; Röm. 15,16, εὐαγγέλιον τοῦ θεοῦ).
2. Der *objektive* Genitiv hat *passiven* Sinn. Das Wort, das im Genitiv erscheint, *empfängt* die Handlung. Dieser Gebrauch des Genitivs im Neuen Testament sehr verbreitet, doch immer muß dabei der Textzusammenhang den Ausschlag geben. Die folgenden Beispiele verdeutlichen diesen anderen Gebrauch des Genitivs:
ἔχετε πίστιν θεοῦ, habt Glauben an Gott! (Mark. 11,22). Hier ist es der in

Gott ruhende Glaube, der die Taten des Glaubens möglich macht, wie sie im Textzusammenhang genannt werden.
ὁ ζῆλος τοῦ οἴκου σου καταφάγεταί με, der Eifer um dein Haus hat mich gefressen (wörtl. wird mich fressen) (Joh. 2,17).
Manchmal ist es nicht einfach zu entscheiden, und in manchen Fällen sind beide Möglichkeiten (subjektiv und objektiv) denkbar. Gewöhnlich wird ein sorgfältiges Studium des Textzusammenhanges deutlich machen, wie die Wendung zu verstehen ist.

282. Übung

1. καὶ προσελθόντες οἱ μαθηταὶ εἶπαν αὐτῷ. Διὰ τί ἐν παραβολαῖς λαλεῖς αὐτοῖς; 2. καὶ εἰ ἐγὼ ἐν Βεελζεβοὺλ ἐκβάλλω τὰ δαιμόνια, οἱ υἱοὶ ὑμῶν ἐν τίνι ἐκβάλλουσιν; 3. οἱ δὲ Φαρισαῖοι ἰδόντες εἶπαν αὐτῷ, Ἰδοὺ[2] οἱ μαθηταί σου ποιοῦσιν ὃ οὐκ ἔξεστιν ποιεῖν ἐν σαββάτῳ. 4. ὁ πέμψας με βαπτίζειν ἐν ὕδατι ἐκεῖνός μοι εἶπεν, Ἐφ'[3] ὃν ἂν ἴδῃς τὸ πνεῦμα καταβαῖνον καὶ μένον ἐπ' αὐτόν, οὗτός ἐστιν ὁ βαπτίζων ἐν πνεύματι ἁγίῳ. 5. τεκνία, μὴ ἀγαπῶμεν λόγῳ μηδὲ τῇ γλώσσῃ, ἀλλὰ ἐν ἔργῳ καὶ ἀληθείᾳ. 6. ἐν τούτῳ γινώσκομεν ὅτι ἀγαπῶμεν τὰ τέκνα τοῦ θεοῦ, ὅταν τὸν θεὸν ἀγαπῶμεν καὶ τὰς ἐντολὰς αὐτοῦ ποιῶμεν. 7. εὐχαριστοῦμεν τῷ θεῷ πατρὶ τοῦ κυρίου ἡμῶν Ἰησοῦ Χριστοῦ πάντοτε περὶ ὑμῶν προσευχόμενοι, ἀκούσαντες τὴν πίστιν ὑμῶν ἐν Χριστῷ Ἰησοῦ, καὶ τὴν ἀγάπην ἣν ἔχετε εἰς πάντας τοὺς ἁγίους. 8. ὁ δὲ καρπὸς τοῦ πνεύματός ἐστιν ἀγάπη, χαρά, εἰρήνη.

Gemischte Übungen werden von dieser Lektion an nicht mehr angeboten. Die griechischen Übungsstücke in den letzten Lektionen wurden größtenteils dem griechischen Neuen Testament entnommen. Mit Hilfe des Lexikons sollte der Schüler im weiteren Verlauf wenigstens zehn Kapitel des griechischen Neuen Testaments lesen. Je mehr einer Griechisch liest, desto besser!

Merke: πρόσεχε τῇ ἀναγνώσει.

1 Bis auf fünf Beispiele für ὅτου, die alle im Lukasevangelium begegnen (12,50; 13,8; 15,8; 22,16.18) und etwas über ein Zeitverhältnis aussagen, begegnet dieses unbestimmte Relativpronomen im Neuen Testament nur im Nominativ.

2 ἰδού, siehe!

3 ἐπί vor einem Vokal stößt das ι aus, vor einem Hauchlaut wird π zu φ.

Lektion 29

Das Perfekt. Seine exegetische Bedeutung
Perfekt II einiger Verben
Plusquamperfekt und futurisches Perfekt

283. Wortschatz

βλασφημέω	ich lästere
δικαιόω	ich erkläre gerecht, rechtfertige
ἀνάστασις, -εως, ἡ	Auferstehung
ἔμπροσθεν	ursprünglich ein Adverb des Ortes, im Neuen Testament auch als Präposition mit Genitiv: angesichts, vor, in Gegenwart von
ἐνώπιον	Adverb; im Neuen Testament mit Genitiv, vor, angesichts, in Gegenwart von
ἀπαγγέλλω	ich kündige an, berichte
ἕκαστος, -η, -ον	jeder
ψεύστης, -ου, ὁ	Lügner
φεύγω	ich fliehe, ergreife die Flucht, Perfekt II: πέφευγα
ἐγγίζω	ich nähere mich
ἑώρακα	Perfekt Aktiv Indikativ von ὁράω, ich sehe
ἔγνωκα	Perfekt Aktiv Indikativ von γινώσκω, ich erkenne
τέθνηκα	Perfekt von θνῄσκω, ich bin gestorben (in den anderen Zeiten wird ἀποθνῄσκω verwendet)
ἀκήκοα	Perfekt II von ἀκούω
γέγονα	Perfekt II von γίνομαι
γέγραφα	Perfekt II von γράφω
ἐλήλυθα	Perfekt II von ἔρχομαι
πέπονθα	Perfekt II von πάσχω
πέποιθα	Perfekt II von πείθω
βεβάπτισμαι	Perfekt Passiv von βαπτίζω, ich taufe (das Perfekt Aktiv begegnet im Neuen Testament nicht)

πληρόω	ich erfülle
ἐρρέθην	Aorist Passiv Indikativ von λέγω, ich sage; Aor. Passiv Partizip ῥηθείς
ἐγήγερται	Perfekt Passiv Indikativ 3. Person Singular von ἐγείρω; das Perfekt Aktiv kommt im Neuen Testament nicht vor
οἶδα	Perfekt II, wie Präsens gebraucht: ich weiß, Inf.: εἰδέναι, Partizip: εἰδώς, εἰδυῖα, εἰδός (siehe 401)

284. Es wird richtig sein, wenn der Schüler zunächst noch einmal die wichtigsten Begriffe der Zeit, des Modus und Genus wiederholt, die in den Abschnitten 16—19 erklärt werden, wie auch die Bildung der verschiedenen Zeitformen (einschließlich der Partizipien und Infinitive). Wenn deutlich verstanden ist, wie diese Formen von den Stammformen abgeleitet werden, wird es dem Schüler nicht schwer fallen, jede Form eines griechischen Verbs zu analysieren. Die Stammformen sollten dabei aufgeschrieben und mündlich vorgesagt werden, bis sie fest im Gedächtnis haften (siehe Lektion 34).

285. Der Begriff des Perfekts

Das Perfekt beschreibt eine Handlung als abgeschlossen zu dem Zeitpunkt,da sie erzählt oder aufgeschrieben wird. Wie oben bereits erwähnt, bezeichnet Moulton es »exegetisch gesehen als die wichtigste aller griechischen Zeitformen« (Prolegomena S. 140). Im griechischen Perfekt wird eine Handlung als eine abgeschlossene Sache und Ergebnis angesehen. Wo auch immer es im griechischen Text des Neuen Testaments begegnet, sollte der Leser fragen, warum es gerade hier gebraucht ist. Die Zeiten werden bewußt voneinander unterschieden; während im Deutschen die verschiedenen Zeiten der Vergangenheit oft wechselseitig gebraucht werden, sollten im Griechischen Aorist und Perfekt, wie auch bei den Verfassern des Neuen Testaments, immer deutlich voneinander unterschieden werden. Dies wird z.B. in Kol. 1,16 deutlich, wo es heißt: »in ihm ist alles geschaffen (ἐκτίσθη, Aorist Passiv Indikativ von κτίζω, ich schaffe) und alles »durch ihn und zu ihm geschaffen« (ἔκτισται, Perfekt Passiv Indikativ von κτίζω). Die besondere Betonung des Perfekts in dieser Aussage besagt, daß »es geschaffen worden ist« und das Ergebnis dieses Schöpfungsaktes noch immer offenkundig ist.

Im allgemeinen beschreibt das Perfekt einen *Akt, der geschehen ist und dessen Ergebnisse weiter andauern.* Die Eigenart des Perfekts in seinem Verhältnis zum Aorist zeigt sich deutlich in 1. Kor. 15,3—4: Χριστὸς ἀπέθανεν (Aorist II Akt. Indikat. 3. Person Singular von ἀποθνήσκω) ὑπὲρ τῶν ἁμαρτιῶν ἡμῶν κατὰ τὰς γραφάς, καὶ ὅτι ἐτάφη (Aorist II Passiv Indikativ 3. Person Singular von θάπτω, ich begrabe), καὶ ὅτι ἐγήγερται (Perfekt Passiv Indikativ 3. Person Singular), τῇ ἡμέρᾳ τῇ τρίτῃ κατὰ τὰς γραφάς, . . . Christus gestorben ist (ein Ereignis, das in der Vergangenheit stattgefunden hat) für unsere Sünden nach der Schrift, und daß er begraben ist (ein Ereignis, das in der Vergangenheit stattfand); und daß er auferstanden ist (und jetzt noch im Zustand der Auferweckung ist).

Es wird deutlich, daß die Wiedergabe des griechischem Perfekts im Deutschen nicht der betonten Aussage dieser besonderen Zeitform gerecht wird, welches in der Tat den gegenwärtigen Zustand beschreibt, der auf eine Handlung in der Vergangenheit zurückgeht. Die klassische Geschichte von Archimedes, von dem berichtet wird, er sei (unbekleidet) durch die Straßen gehüpft und habe immer wieder gerufen εὕρηκα, εὕρηκα, ich hab's gefunden, ich hab's gefunden!, als er das Prinzip entdeckt hatte, nach dem ein Körper, der ins Wasser getaucht wird, einen bestimmten Teil seines Gewichtes verliert, — diese Geschichte veranschaulicht wieder die besondere Bedeutung des Perfekts im Griechischen. Was Archimedes durch die Perfektform von εὑρίσκω aussagen wollte, bestand darin, daß er diese Erkenntnis gewonnen hatte und diese nun ein Teil seines denkenden Bewußtseins blieb! Hätte Archimedes eine Drachme auf der Straße gefunden und sie wieder verloren, bevor er nach Hause kam, hätte er die Aoristform gebraucht: εὗρον, ich fand; diese aber sagt über den jetzigen Stand der Dinge nichts aus. So bezeichnet das Perfekt also eine *vollendete Handlung, deren Auswirkungen bis in die Gegenwart* hereinreichen.

286. Perfekt Aktiv Indikativ

Das Perfekt Aktiv Indikativ von λύω lautet:

Singular	Plural
λέλυκα	λελύκαμεν
λέλυκας	λελύκατε
λέλυκε(ν)	λελύκασι(ν) oder λέλυκαν

Der Infinitiv Aktiv des Perfekts: λελυκέναι; man beachte den unregelmäßigen Akzent.

287. Die Bildung des Perfekts

1. Verben, die mit einem einfachen Konsonanten beginnen (außer ϱ), setzen den Anfangskonsonanten plus ε vor den Verbstamm. Man bezeichnet dies als *Reduplikation* (Verdoppelung), was an den folgenden Beispielen deutlich wird: λύω, λέλυκα; γεννάω, γεγέννηκα; μένω, μεμένηκα etc. Man hält die Reduplikation für einen Versuch, auch äußerlich in der Verbform den Gedanken der Vollendung zum Ausdruck zu bringen.

2. Beginnt der Verbstamm mit einem Vokal oder Diphthong, so besteht die Reduplikation in der Dehnung dieses Vokals oder Diphthongs; so entspricht diese hier dem *Augment.* Man beachte die folgenden Beispiele: ἐλπίζω, ἤλπικα; αἰτέω, ᾔτηκα; αἴϱω, ἦϱκα.

3. Beginnt der Verbstamm mit zwei Konsonanten oder einem Doppelkonsonant (ζ, ξ, ψ oder ϱ), so besteht die Reduplikation *gewöhnlich* im Voransetzen eines ε (wie das Augment), anstatt der Wiederholung des ersten Konsonanten mit ε. Merke: γινώσκω, ἔγνωκα; ἀποστέλλω, ἀπέσταλκα; σταυϱόω, ἐσταύϱωκα (Perfekt Aktiv Indikativ von σταυϱόω, ich kreuzige, kommt nicht im Neuen Testament vor). Dies ist jedoch keine allgemeingültige Regel, z.B. hat γϱάφω das Perfekt γέγϱαφα, γέγϱαμμαι (Medium/Passiv).

4. Beginnt der Verbstamm mit den Hauchkonsonanten φ, ϑ oder χ, so geschieht die Reduplikation mit dem entsprechenden hauchlosen Konsonanten, also π, τ oder κ. Z.B. φιλέω, πεφίληκα; ϑνῄσκω, τέϑνηκα; (im Neuen Testament ist das Präsens ἀποϑνῄσκω üblich).

5. Bei kontrahierten Verben wird der Kontraktionsvokal des Stammauslautes (ε, α oder ο) gewöhnlich *gedehnt*, bevor das charakteristische κ des Perfekt I Aktiv angehängt wird, so wie zuvor das σ im Futur und Aorist I Aktiv und Medium. Also: ἀγαπάω, ἠγάπηκα; φιλέω, πεφίληκα; μαϱτυϱέω, μεμαϱτύϱηκα; τιμάω, τετίμηκα (das Perfekt Aktiv von τιμάω kommt im Neuen Testament nicht vor).

6. Endet der Verbstamm auf einen Dentallaut (Mutum) τ, δ oder ϑ, so fällt dieser Dentallaut τ, δ oder ϑ vor dem κ des Perfekt aus, also: ἐλπίζω (Stamm ἐλπιδ-) hat das Perfekt ἤλπικα; σῴζω (Stamm σῳδ-) das Perfekt σέσωκα.

7. Das fehlende κ vor den Endungen bei einigen Verben ist das Kennzei-

chen des Perfekt II, z.B. ἀκούω, ἀκήκοα; γράφω, γέγραφα; ἔρχομαι, ἐλήλυθα, etc.
Es ist dringend geboten, daß der Schüler die vierte und die fünfte Stammform, d.h. die Form des Perfekt Aktiv Indikativ und Perfekt Medium/Passiv Indikativ aus einem Wörterbuch lernt. Beherrscht man diese Stammformen erst einmal, ist die Konjugation des Perfekts ganz regelmäßig. Da das Perfekt eine primäre oder Haupt-Zeitform ist, hat es erwartungsgemäß auch die entsprechenden Endungen des Haupttempus, nur im Indikativ entsprechen die Endungen denen der Sekundär- oder Nebenzeitform des Aorist I, also -α, -ας, -ε(ν), -αμεν, -ατε, -αν (oder häufiger -ασι(ν)).

288. Partizip Perfekt Aktiv
Das Partizip Perfekt Aktiv von λύω wird wie folgt dekliniert:

		Singular	
	Mask.	Fem.	Neutr.
N	λελυκώς	λελυκυῖα	λελυκός
GA	λελυκότος	λελυκυίας	λελυκότος
DLI	λελυκότι	λελυκυίᾳ	λελυκότι
A	λελυκότα	λελυκυῖαν	λελυκός

		Plural	
	Mask.	Fem.	Neutr.
N	λελυκότες	λελυκυῖαι	λελυκότα
GA	λελυκότων	λελυκυιῶν	λελυκότων
DLI	λελυκόσι(ν)	λελυκυίαις	λελυκόσι(ν)
A	λελυκότας	λελυκυίας	λελυκότα

Man beachte, daß das Maskulinum und Neutrum nach der dritten Deklination, das Femininum jedoch nach der ersten Deklination dekliniert werden.

289. Der Konjunktiv des Perfekts wird aus dem Perfektstamm und den bekannten Endungen des Konjunktivs gebildet, begegnet aber nur äußerst selten im Neuen Testament. Wenn er einmal vorkommt (außer dem Verb οἶδα, von dem der Konjunktiv des Perfekt zehnmal begegnet), so hat er immer die periphrastische Form, d.h. die Konjunktivform von εἰμί wird mit dem entsprechenden Partizip verbunden. So in Luk. 14,8; Joh. 3,27; 16,24; 1. Joh. 1,4 etc.

290. Perfekt Medium und Passiv

Das Perfekt Medium/Passiv Indikativ von λύω lautet:

Singular	Plural
λέλυμαι	λελύμεθα
λέλυσαι	λέλυσθε
λέλυται	λέλυνται

Der Infinitiv des Medium und Passiv Perfekt hat einen unregelmäßigen Akzent: λελύσθαι.

Die Endungen werden beim Perfekt Medium und Passiv unmittelbar an den Stamm angefügt, was gleichzeitig auch für den Infinitiv und das Partizip gilt: λελυμένος, λελυμένη, λελυμένον. Man beachte den unregelmäßigen Akzent für das Partizip Perfekt Medium/Passiv. Die Reduplikation ist dieselbe wie beim Perfekt Aktiv Indikativ.

Die Medium/Passiv-Form des Perfekts ist die fünfte Stammform des Verbs, und daraus wird das Medium- und Passiv-System des Perfekts abgeleitet.

Verben, deren Stamm auf einen Konsonant endet, unterliegen bestimmten Veränderungen bei Hinzufügung der Endungen für das Medium und Passiv Perfekt, z.B. γέγραμμαι (Perfekt Medium oder Passiv 1. Person Singular; γέγραπται (Perfekt Medium oder Passiv 3. Person Singular).

291. Das Plusquamperfekt

Das Plusquamperfekt wurde im Neuen Testament selten verwendet. Es stellt die Handlung als *in der Vergangenheit vollendet* dar, d.h. die Handlung wird als *bis zu einem bestimmten Zeitpunkt der Vergangenheit als vollendet* beschrieben. Es ist ein Sekundär- oder Nebentempus und weist als typisches Kennzeichen zu der Reduplikation des Perfekt noch das *Augment* auf. Das Plusquamperfekt Aktiv Indikativ von λύω lautet:

Singular	Plural
ἐλελύκειν	ἐλελύκειμεν
ἐλελύκεις	ἐλελύκειτε
ἐλελύκει	ἐλελύκεισαν

Manchmal fällt das Augment auch aus wie in Matth. 7,25. Ein Beispiel für das Plusquamperfekt in Joh. 6,17 zeigt den Gebrauch dieses Tempus:

καὶ σκοτία ἤδη ἐγεγόνει καὶ οὔπω ἐληλύθει πρὸς αὐτοὺς ὁ Ἰησοῦς, und es war schon finster geworden und Jesus war nicht zu ihnen gekommen (vgl. 401).

292. Das futurische Perfekt

Wie das Plusquamperfekt, kommt auch das futurische Perfekt nur selten im Neuen Testament vor. Es drückt einen *Zustand der Vollendung in der Zukunft* aus. Es gibt nur wenige periphrastische (umschreibende) Formen des futurischen Perfekts im Neuen Testament, welche aus der Futurform von εἰμί plus dem Partizip Perfekt gebildet werden, z.B. ἔσται δεδεμένον, wird gebunden sein, . . . ἔσται λελυμένον, wird gelöst sein (Matth. 16,19; vgl. Matth. 18,18). Diese Konstruktionen sind oft falsch übersetzt worden mit »werden gebunden werden« und »werden gelöst werden«.

293. Abschluß der Systeme der Verben auf -ω

Mit dieser Lektion haben wir die Darstellung der Zeitformsysteme der regelmäßigen Verben auf -ω zum Abschluß gebracht (λύω). Es ist wichtig, daß der Schüler alle diese einzelnen Systeme sorgfältig wiederholt und begreift, wie sich diese aus den jeweiligen sechs Stammformen herleiten. Die Tempus- oder Zeitformsysteme und die Zeiten, wie sie aus der jeweiligen Stammform von λύω abgeleitet werden, lauten (vgl. auch 351—356):

System	Zeitform
1. Präsens λύω	Präsens und Imperfekt in allen Genera
2. Futur λύσω	Futur Aktiv und Medium
3. Aorist I ἔλυσα	Aorist I Aktiv und Medium
4. Perfekt I λέλυκα	Perfekt I und Plusquamperfekt Aktiv
5. Perfekt Medium Passiv λέλυμαι	Perfekt und Plusquamperfekt Medium/Passiv und futurisches Perfekt
6. Aorist Passiv ἐλύθην	Aorist Passiv und Futur Passiv

Um ein griechisches Verb zu kennen muß man seine Stammformen kennen.
Man wird sich erinnern, daß nur wenige Verben sowohl einen Aorist I und Aorist II haben, z.B. φέρω hat ἤνεγκα und ἤνεγκον; ἁμαρτάνω hat ἡμάρτησα und ἥμαρτον.
Verben, die *nur* einen Aorist II haben, bilden das Aorist II Aktiv und Me-

dium aus dem Stamm des Aorist II, z.B. hat βάλλω den Aorist II ἔβαλον. Verben mit Perfekt II Aktiv bilden Perfekt und Plusquamperfekt auf diesem Stamm, z.B. γίνομαι hat Perfekt II γέγονα.
Verben, die im Passiv einen Aorist II haben, bilden auch das Futur Passiv auf diesem Stamm, z.B. γράφω hat das Aorist II Passiv ἐγράφην (ohne ϑ) und das Passiv Futur II γραφήσομαι.

294. Übung

1. ὃ ἐὰν δήσῃς[1] ἐπὶ τῆς γῆς ἔσται δεδεμένον ἐν τοῖς οὐρανοῖς[2], καὶ ὃ ἐὰν λύσῃς ἐπὶ τῆς γῆς ἔσται λελυμένον ἐν τοῖς οὐρανοῖς[2]. 2. λέγει αὐτοῖς, Ὑμεῖς δὲ τίνα με λέγετε εἶναι; ἀποκριϑεὶς δὲ Σίμων Πέτρος εἶπεν, Σὺ εἶ ὁ Χριστὸς ὁ υἱὸς τοῦ ϑεοῦ τοῦ ζῶντος. 3. ἐὰν εἴπωμεν ὅτι οὐχ ἡμαρτήκαμεν, ψεύστην ποιοῦμεν αὐτὸν καὶ ὁ λόγος αὐτοῦ οὐκ ἔστιν ἐν ἡμῖν. 4. εὐχαριστοῦμεν τῷ ϑεῷ πάντοτε περὶ πάντων ὑμῶν. 5. αὐτός ἐστιν ἡ κεφαλὴ τοῦ σώματος, τῆς ἐκκλησίας[3]. 6. ἠνέχϑημεν εἰς τὴν βασιλείαν τοῦ υἱοῦ τῆς ἀγάπης αὐτοῦ. 7. ἀσπάσασϑε πάντα ἅγιον ἐν Χριστῷ Ἰησοῦ. ἀσπάζονται ὑμᾶς οἱ σὺν ἐμοὶ ἀδελφοί. 8. πληροῦσϑε ἐν πνεύματι . . . εὐχαριστοῦντες πάντοτε ὑπὲρ πάντων ἐν ὀνόματι τοῦ κυρίου ἡμῶν Ἰησοῦ Χριστοῦ τῷ ϑεῷ καὶ πατρί. 9. τῇ γὰρ χάριτί ἐστε σεσῳσμένοι διὰ πίστεως. καὶ τοῦτο οὐκ ἐξ ὑμῶν, ϑεοῦ τὸ δῶρον. 10. τοῖς πᾶσιν γέγονα πάντα, ἵνα πάντως[4] τινὰς σώσω.

Merke: αὐτὸς γάρ ἐστιν ἡ εἰρήνη ἡμῶν.

1 δέω, δήσω, ἔδησα, binden.

2 Die hebräische Vorstellung von mehreren Himmeln (Plural) ist wahrscheinlich die Erklärung dafür, daß auch im Neuen Testament dieses Wort mehrfach im Plural begegnet.

3 Dies ist ein Beispiel für einen Genitiv der Apposition.

4 Aufs ganze gesehen, überhaupt.

Lektion 30

Steigerung der Adjektive und Adverben
Deklination der komparativen Adjektive zweier Endungen
Ablativ des Vergleiches
Instrumental der Art
Gebrauch des Lokativs
Bildung der Adverben
Weitere Beispiele für den Gebrauch des Akkusativs
Possessive Adjektive
Verneinte Finalsätze
μή in Verbindung mit Konjunktion
Gebrauch des Superlativs

295. Wortschatz

ἐμός, -ή, -όν	Poss. Adjektiv: mir gehörig, mein
ἴδιος, -α, -ον	zugehörig, eigen
ἡμέτερος, -α, -ον	Poss. Adjektiv: uns gehörig, unser
ἤ	Konjunktion: als (im Vergleich), oder
ἐχθρός, ὁ	Feind
ἔξω	Adv.: draußen (mit Genitiv), außerhalb von
μή	Konjunktion: damit nicht, nach ἵνα, daß nicht
καλῶς	Adv.: gut
μήποτε	damit nicht (irgendwann)
νέος, -α, -ον	neu, jung (Neophyt)
ἄνω	Adv.: oben, über
μόνος, -η, -ον	Adv.: allein, nur
πλείων, -ον	mehr, Komparativ von πολύς (vgl. 298)
σός, σή, σόν	Poss. Adjektiv: dir gehörig, dein
ὑμέτερος, -α, -ον	Poss. Adjektiv: euch gehörig, euer
κρείσσων, -ον	besser, Komparativ von ἀγαθός; die Form κρείττων begegnet häufiger im Neuen Testament (vgl. 298)
μᾶλλον	Adv.: mehr, eher
ἰσχυρός, -ά, -όν	stark, gesund
ἰσχυρότερος, -α, -ον	stärker

μείζων, -ον	größer, Komparativ von μέγας (s. 298)
πλησίον	Adv.: nahe, πλησίον, ὁ, Nachbar, Nächster
παλαιός, -ά, -ον	alt (Paläontologie)
σοφός, -ή, -ον	weise
κράβαττος, ὁ	Bett, Trage

296. Steigerung der Adjektive

Es gibt drei Grade der *Steigerung*, die ein Adjektiv (oder Adverb) annehmen kann, um einen bestimmten Grad anzuzeigen. Man nennt diese drei Steigerungsgrade den Positiv, den Komparativ und den Superlativ, z.B. groß (Positiv), größer (Komparativ) und am größten (Superlativ). Im Griechischen wird der *Komparativ* eines Adjektivs gewöhnlich durch Anfügung der Endung -τερος, -α, -ον an den maskulinen Stamm des Adjektivs (im Positiv) gebildet; die daraus entstehende Adjektivform wird wie ein regelmäßiges Adjektiv der zweiten Deklination (Maskulinum und Neutrum) und ersten Deklination (Femininum) dekliniert.

Eine kleinere Gruppe von Adjektiven bildet den Komparativ auf die Endung -ιων (Maskulinum und Femininum) und -ιον (Neutrum). Der *Superlativ* wird gewöhnlich gebildet, indem man die Endung -τατος, --η, -ον, oder auch -ιστος, -η, -ον an den Stamm der positiven Form des Adjektivs anfügt. Der echte Superlativ ist im Neuen Testament selten. Es gibt tatsächlich nur drei Superlativformen auf -τατος im Neuen Testament, und in der Form auf -ιστος nur wenig mehr. Wenn der Superlativ im Neuen Testament vorkommt, so hat er sehr häufig nicht den eigentlichen Sinn des Superlativs, sondern den sogenannten *elativen,* d.h. *hervorhebenden* Sinn; er wird dann meist mit »außerordentlich« oder »sehr« wiedergegeben, z.B.: δι' ὧν τὰ τίμια καὶ μέγιστα ἡμῖν ἐπαγγέλματα δεδώρηται, durch sie sind uns die teuren und allergrößten Verheißungen geschenkt (2. Petr. 1,4a).

Im Neuen Testament fungiert der *Komperativ mit Artikel* auch als *Superlativ,* z.B.: ὁ δὲ μικρότερος ἐν τῇ βασιλείᾳ τῶν οὐρανῶν, der aber der Kleinste ist im Himmelreich (Matth. 11,11).

Die folgenden Beispiele verdeutlichen die Bildung des Komparativs und Superlativs bei einigen gebräuchlichen Adjektiven:

Positiv	Komparativ	Superlativ
μικρός, -ά, -όν	μικρότερος	(μικρότατος)

	ἐλάσσων[2], geringer	ἐλάχιστος[3], geringster
ἰσχυρός, -ά, -όν	ἰσχυρότερος, -α, -ον	(ἰσχυρότατος, -η, -ον)
νέος, -α, -ον[1]	νεώτερος, -α, -ον	(νεώτατος, -η, -ον)
σοφός, -ή, -όν[1]	σοφώτερος, -α, -ον	(σοφώτατος, -η, -ον)
ἀσθενής, -ές	ἀσθενέστερος, -α, -ον	(ἀσθενέστατος, -η, -ον)
μέγας	μείζων	μέγιστος, -η, -ον

Man beachte, daß alle Komparative und Superlative einen rezessiven Akzent aufweisen. Die in Klammern stehenden Formen kommen im Neuen Testament nicht vor.

297. Steigerung der Adverben

Der Komparativ des Adverbs entspricht in der Form dem Akkusativ Singular Neutrum im Komparativ des Adjektivs, und der Superlativ dem Akkusativ Plural Neutrum im Superlativ des Adjektivs. Die folgenden Beispiele zeigen die Steigerung einiger gebräuchlicher Adverben:

Positiv	Komparativ	Superlativ
ἐγγύς	ἐγγύτερον	ἔγγιστα
(μάλα)	μᾶλλον mehr, in höherem Maß	μάλιστα am meisten, besonders
ἄνω	ἀνώτερον höher	– – – – –
ἔξω	ἐξώτερος als Superlativ: am weitesten, äußersten (Matth. 8,12)	– – – – –

298. Adjektive zweier Endungen

Die Deklination der Komparativform zweier Endungen μείζων, -ον, größer, der Komparativform von μέγας lautet:

	Singular		Plural	
	Mask. u. Fem.	Neutr.	Mask. u. Fem.	Neutr.
N	μείζων	μεῖζον	μείζονες oder μείζους	μείζονα oder μείζω
GA	μείζονος	μείζονος	μειζόνων	μειζόνων
DLI	μείζονι	μείζονι	μείζοσι(ν)	μείζοσι(ν)
A	μείζονα oder μείζω	μεῖζον	μείζονας oder μείζους	μείζονα oder μείζω

299. Verschiedene Ausdrücke der Steigerung

1. Da die Steigerung den Gedanken einer graduellen Unterscheidung enthält, wird der Ablativ gebraucht, um den Grad des Vergleiches auszudrükken, z.B.:

μικρότερον πάντων τῶν σπερμάτων, es ist das kleinste (Komparativ für den Superlativ) unter allen Samen (Mark. 4,31).

μείζων τοῦ κυρίου αὐτοῦ, ... größer als sein Herr (Joh. 13,16).

σοφώτερον τῶν ἀνθρώπων, weiser als die Menschen (1. Kor. 1,25).

2. Der Vergleich kann auch durch ἤ ausgedrückt werden, dem das zweite Glied des Vergleiches *im gleichen Kasus* wie das erste Glied folgt, z.B.:

ἠγάπησαν οἱ ἄνθρωποι μᾶλλον τὸ σκότος ἢ τὸ φῶς, die Menschen liebten die Finsternis mehr als das Licht (Joh. 3,19).

ὅτι Σοδόμοις ἐν τῇ ἡμέρᾳ ἐκείνῃ ἀνεκτότερον ἔσται ἢ τῇ πόλει ἐκείνῃ, es wird Sodom erträglicher gehen an jenem Tage als solcher Stadt (Luk. 10,12).

300. Instrumental der Art

Der Instrumental, der Kasus des Mittels oder Werkzeugs (31.6), wird häufig zum Ausdruck der *Art* gebraucht. So gibt er Antwort auf die Frage »wie?«, »auf welche Weise?«. Die folgenden Beispiele verdeutlichen den Gebrauch des Instrumentals in diesem Sinn:

Κύπριος τῷ γένει, aus Zypern gebürtig, d.h. »der Rasse nach« ein Zyprer (Apg. 4,36).

ὀνόματι Ἀκύλαν, Ποντικὸν τῷ γένει, mit Namen Aquila, von Geburt aus Pontus, d.h. »dem Namen nach« Aquila, »der Rasse nach« aus Pontus (Apg. 18,2).

ὅτι παντὶ τρόπῳ, εἴτε προφάσει εἴτε ἀληθείᾳ, Χριστὸς καταγγέλλεται, wenn nur Christus verkündigt wird auf alle Weise, es geschehe zum Vorwand oder in Wahrheit (Phil. 1,18).

Der Instrumental kann auch in einem Wort Ausdruck finden, das aus der gleichen Wurzel wie das Verb gebildet ist, darum nennt man ihn den *sinnverwandten* oder *inneren Instrumental der Art und Weise,* z.B.:

χαρᾷ χαίρει, er freut sich hoch (wörtl.: mit Freude) (Joh. 3,29).

301. Bildung des Adverbs

Viele Adverben werden gebildet, indem man einfach die Endung -ων des Genitiv/Ablativ Plural in -ως umwandelt und den Akzent bei dem neugebildeten Wort auf derselben Silbe wie beim Adjektiv beläßt, z.B.:

	Adjektiv	Adverb
G.A.Pl.	καλῶν	καλῶς
	κακῶν	κακῶς
	δικαίων	δικαίως

302. Weiterer Gebrauch des Akkusativs

1. Einige Verben wie »bitten«, »lehren« haben zwei Akkusative, einen der *Person* und einen der *Sache*, z.B.:
ἐκεῖνος ὑμᾶς διδάξει πάντα, der wird euch alles lehren (Joh. 14,26).
2. Die Handlung des Verbs kann durch ein Wort derselben Wurzel verstärkt zum Ausdruck gebracht werden, man nennt dies den *inneren* Akkusativ, z.B.:
καὶ ἐφοβήθησαν φόβον μέγαν, und sie fürchteten sich sehr (wörtl. »mit einer großen Furcht« (Mark. 4,41).
φυλάσσοντες φυλακάς, die hüteten, wörtl.: die hielten Wache in den Wachen (Luk. 2,8).
3. Der Akkusativ als Kasus der *Ausdehnung* oder *Begrenzung* kann die Aussage des Verbs indirekt modifizieren; man nennt dies den *adverbialen Akkusativ* oder den *Akkusativ der allgemeinen Beziehung*, z.B.:
πιστὸς ἀρχιερεὺς τὰ πρὸς τὸν θεόν, ein treuer Hoherpriester vor Gott, wörtl.: in den Dingen, die Gott betreffen (Hebr. 2,17).
ἀνέπεσαν οὖν οἱ ἄνδρες τὸν ἀριθμὸν ὡς πεντακισχίλιοι, da lagerten sich bei fünftausend Mann, wörtl.: in bezug auf die Zahl etwa fünftausend Mann (Joh. 6,10).

303. Possessive Adjektive (Possessivpronomen)

Bei *besonderer Betonung* wird zum Ausdruck des Besitzes nicht der (nachgestellte) Genitiv des Personalpronomens, sondern das possessive Adjektiv oder Possessivpronomen (ἐμός, mein; σός, dein; ἡμέτερος, unser; ὑμετερος, euer) verwendet, z.B.:
ἡ κρίσις ἡ ἐμὴ ἀληθινή ἐστιν, so ist mein Gericht recht (Joh. 8,16).
μείνατε ἐν τῇ ἀγάπῃ τῇ ἐμῇ, bleibet in meiner Liebe (Joh. 15,9).
οὐ τῷ σῷ ὀνόματι ἐπροφητεύσαμεν;, haben wir nicht in deinem Namen geweissagt? (Matth. 7,22).
οὐ περὶ τῶν ἡμετέρων δὲ μόνον, nicht allein aber für die unseren (1. Joh. 2,2).
ὁ δὲ καιρὸς ὁ ὑμέτερος πάντοτέ ἐστιν ἕτοιμος, eure Zeit aber ist allewege (Joh. 7,6).

304. Negative Finalsätze und der Gebrauch von ἵνα μή

1. Nach Ausdrücken der Befürchtung kann oft μή mit dem Konjunktiv gebraucht werden, das aber im Deutschen mit »daß« übersetzt wird:

φοβοῦμαι γὰρ μή πως ἐλθὼν οὐχ οἵους θέλω εὕρω ὑμᾶς, ich fürchte, wenn ich komme, daß ich euch nicht finde, wie ich will (2. Kor. 12,20; vgl. Apg. 23,10; 27,17.29; 2. Kor. 11,3; Gal. 4,11; Hebr. 4,1).

2. Die negative Absicht kann durch ἵνα μή oder μή ausgedrückt werden, z.B.:

μὴ κρίνετε ἵνα μὴ κριθῆτε, richtet nicht, auf daß ihr nicht gerichtet werdet (Matth. 7,1).

μὴ . . . εὕρῃ ὑμᾶς καθεύδοντας, auf daß er euch nicht schlafend finde (Mark. 13,36).

305. Übung

1. περὶ δὲ τῆς ἡμέρας ἐκείνης ἢ τῆς ὥρας οὐδεὶς οἶδεν, οὐδὲ οἱ ἄγγελοι ἐν οὐρανῷ οὐδὲ ὁ υἱός, εἰ μὴ ὁ πατὴρ μόνος. 2. καὶ ἀποκριθεὶς ὁ Ἰησοῦς ἔλεγεν διδάσκων ἐν τῷ ἱερῷ, πῶς λέγουσιν οἱ γραμματεῖς ὅτι ὁ Χριστὸς υἱὸς Δαυίδ ἐστιν; 3. ἀγαπήσεις τὸν πλησίον σου ὡς σεαυτόν. μείζων τούτων ἄλλη ἐντολὴ οὐκ ἔστιν. 4. τὸ γεγεννημένον ἐκ τῆς σαρκὸς σάρξ ἐστιν, καὶ τὸ γεγεννημένον ἐκ τοῦ πνεύματος πνεῦμά ἐστιν. 5. οὐ γὰρ ἀπέστειλεν ὁ θεὸς τὸν υἱὸν εἰς τὸν κόσμον ἵνα κρίνῃ τὸν κόσμον, ἀλλ' ἵνα σωθῇ ὁ κόσμος δι' αὐτοῦ. 6. ὁ ὢν ἐκ τῆς γῆς ἐκ τῆς γῆς ἐστιν καὶ ἐκ τῆς γῆς λαλεῖ. 7. μὴ γράφε, Ὁ βασιλεὺς τῶν Ἰουδαίων, ἀλλ' ὅτι ἐκεῖνος εἶπεν, Βασιλεύς εἰμι τῶν Ἰουδαίων. ἀπεκρίθη ὁ Πιλᾶτος, Ὃ γέγραφα, γέγραφα. 8. καὶ οὐκ ἔστιν ἐν ἄλλῳ οὐδενὶ ἡ σωτηρία, οὐδὲ γὰρ ὄνομά ἐστιν ἕτερον ὑπὸ τὸν οὐρανὸν ᾧ δεῖ σωθῆναι ἡμᾶς.

Merke: εἰ δίκαιόν ἐστιν ἐνώπιον τοῦ θεοῦ ὑμῶν ἀκούειν μᾶλλον ἢ τοῦ θεοῦ, κρίνατε, οὐ δυνάμεθα γὰρ ἡμεῖς ἃ εἴδαμεν καὶ ἠκούσαμεν μὴ λαλεῖν.

1 Ist die vorletzte Silbe (Paenultima) des Adjektivs im Nominativ Singular Maskulinum auf -ος kurz, so wird das ο des Stammes im Komparativ und Superlativ gewöhnlich zu ω gedehnt.

2 Diese Komparativform begegnet viermal im Neuen Testament (einschließlich zweier Formen auf ττ anstatt σσ: Joh. 2,10; Röm. 9,12; 1. Tim. 5,9; Hebr. 7,7).

3 Der Superlativ in dieser Form begegnet 13mal im Neuen Testament.

Lektion 31

Verben der Konjugation auf -μι
Konjugation von δίδωμι
Aorist II von γινώσκω
Bedeutung von γάρ
Gebrauch von ὅτι
Grammatische Definition

306. Wortschatz

δίδωμι	ich gebe
ἀποδίδωμι	ich gebe zurück, zahle zurück (Schulden)
ἀντί	Präp. mit Gen.: anstatt
αἰώνιος, -ον	Adj. zweier Endung (Mask. und Fem. gleich), ewig
γυνή, γυναικός, ἡ	Frau, Ehefrau (siehe 363)
ἰδού	Demonstrativpartikel: siehe!
παραδίδωμι	ich übergebe, liefere aus
πειράζω	ich versuche, stelle auf die Probe
μυστήριον, τό	Geheimnis, Mysterium
ποῖος, -α, -ον	Interrogativpronomen: wie beschaffen?
ἐπιγινώσκω	ich erkenne genau, erkenne an
ἀναγινώσκω	ich lese
ἀληθῶς	Adverb: wahrlich
ἀληθινός, -ή, -όν	Adjektiv: wahr
δύναμις, δυνάμεως, ἡ	Kraft, Macht
χείρ, χειρός, ἡ	Hand
ὅμοιος, ὁμοία, ὅμοιον	gleich, ähnlich (mit Instrumental für das, dem etwas ähnlich ist)
χρεία, ἡ	Not
δεξιός, -ά, -όν	rechts (Gegenteil von links)
κράζω	ich rufe laut, schreie
ἔγνων	Aorist II von γινώσκω
ἔσχον	Aorist II von ἔχω
ὑπάγω	ich gehe hin, gehe weg
ἀνοίγω	ich öffne

307. Verschiedene Verbklassen

Wie schon zu Beginn dargestellt (22), gibt es im Griechischen zwei Konjugationen, die Konjugation auf -ω und die auf -μι. Diese Bezeichnung geht zurück auf die Endung der 1. Person Singular Aktiv im Präsens Indikativ. Zur -ω-Konjugation zählen, wie wir bereits gesehen haben, alle Verben, die hier auf -ω enden, dazu die auf -έω, -άω und -όω (die kontrahierten Verben, 220—226) und die, die einen liquiden Konsonanten im Stammende haben (231—235). Man nennt diese Verben auch Stamm- oder Thema-Verben, weil sie einen bestimmten (thematischen) variablen Vokal zwischen Stamm und Personalendung haben. Dieser typische Vokal (auch Bindevokal) lautet im Indikativ ο/ε und im Konjunktiv ω/η.

Bei der Konjugation auf -μι, die nur eine kleine Gruppe von Verben umfaßt, gibt es keinen thematischen oder Bindevokal, sondern die Endungen werden direkt an den Stamm angefügt. Darum heißen diese Verben auch *athematische* Verben, oder Verben ohne Bindevokal. Die Konjugation der μι-Verben weicht gegenüber derjenigen der Verben auf -ω *nur* ab im Präsens, Imperfekt, Aorist II Aktiv und Medium und nur einige Male im Perfekt II.

308. Stammformen und Konjugation von δίδωμι

Die Stammformen des μι-Verbs δίδωμι, ich gebe, lauten wie folgt:
δίδωμι, δώσω, ἔδωκα, δέδωκα, δέδομαι, ἐδόθην.

309. Der Stamm von δίδωμι lautet δο, δω und hat im Präsenssystem (Präsens- und Imperfekt) eine reduplizierten Stamm, nämlich διδο-, διδω-.

310. Das Futur δώσω ist ganz regelmäßig und wird genau wie die entsprechenden Formen von λύω im Futur Aktiv und Medium konjugiert.

311. *Der Aorist I* lautet ἔδωκα und wird wie der Aorist I von λύω konjugiert, mit Ausnahme des κ, das anstelle des σ den Endungen vorausgeht. Man bezeichnet dies als das κ des Aorist I. Das *Perfekt Aktiv* lautet δέδωκα und wird regelmäßig konjugiert. Das *Medium/Passiv des Perfekts* lautet δέδομαι und ist regelmäßig, nur daß der letzte Vokal des Stammes ο vor Anfügung der Endungen nicht gedehnt wird. Das *Passiv des Aorists* lautet ἐδόθην und wird regelmäßig gebildet, außer daß auch hier der Schlußvokal des Stammes vor Anfügung der Personalendungen nicht gedehnt wird. Das *Futur Passiv* wird regelmäßig aus dem Stamm des Aorist Passiv gebildet, also δοθήσομαι.

312. Präsenssystem von δίδωμι

Wie schon oben erwähnt (309), lautet der Stamm von δίδωμι δο-, δω-, und ist im Präsenssystem durch eine Reduplikation gekennzeichnet, die sich aber von derjenigen des Perfekts deutlich unterscheidet; diese wird dem Stamm vorangestellt.

313. Das Präsens Aktiv Indikativ von δίδωμι lautet:

Singular	Plural
δίδωμι, ich gebe	δίδομεν, wir geben
δίδως, du gibst	δίδοτε, ihr gebt
δίδωσι(ν), er gibt	διδόασι(ν), sie geben

Man wird bemerken, daß die Personalendungen -μι, -ς, -τι (-σι[ν]), -μεν, -τε, -ασι(ν) direkt an den Stamm ohne Bindevokal angefügt werden (307).

314. Das Präsens Aktiv im Konjunktiv von δίδωμι lautet:

Singular	Plural
διδῶ	διδῶμεν
διδῷς	διδῶτε
διδῷ	διδῶσι(ν)

Man beachte hier, daß die Personalendungen die gleichen sind wie bei den Verben auf -ω, aber daß dabei eine Kontraktion stattgefunden hat, wie aus den Akzenten zu ersehen ist (220).

315. Der Imperativ des Präsens Aktiv von δίδωμι lautet:

Singular	Plural
2. δίδου, gib!	δίδοτε, gebt!
3. διδότω, er soll geben	διδότωσαν, sie sollen geben

316. Der Infinitiv des Präsens Aktiv lautet διδόναι, geben. Man beachte den unregelmäßigen Akzent.

317. Partizip Präsens Aktiv von δίδωμι

Das Partizip Präsens Aktiv lautet διδούς, διδοῦσα, διδόν, gebend, einer, der gibt. Der Genitiv Singular dazu διδόντος, διδούσης, διδόντος; das Maskulinum und Neutrum werden nach der dritten Deklination, das Femininum nach der ersten Deklination dekliniert. Die dritte Deklinationsform im Plural bei Maskulinum und Neutrum, διδοῦσι, kann auch das bewegliche ν haben. Man sollte hier beachten, daß der Akzent im *Nominativ* nicht rezessiv ist und in der gesamten Deklination der Akzentregel für die Nomen folgt, außer in der zweiten Deklinationsform Plural im Femininum, wo διδουσῶν der Akzentregel für die Nomen der ersten Deklination folgt (41).

318. Das Imperfekt Aktiv Indikativ von δίδωμι lautet:

Singular	Plural
ἐδίδουν, ich gab	ἐδίδομεν, wir gaben
ἐδίδους, du gabst	ἐδίδοτε, ihr gabt
ἐδίδου, er gab	ἐδίδοσαν, sie gaben

Da das Imperfekt aus dem Präsensstamm gebildet wird, erscheint auch hier die Reduplikation (δι-) im Stamm. Das Augment ist das syllabische ε wie bei anderen Verben, die mit einem Konsonanten beginnen. Der Schlußvokal des Stammes ο wird im Imperfekt in den Singularformen zu ου gedehnt. Die Endungen sind die gleichen wie bei den Verben auf -ω in den Sekundär- oder Nebentempora, mit Ausnahme der 3. Person Plural, wo -σαν anstelle von -ν (132) erscheint.

319. Für die Formen des Medium und Passiv im Präsens und Imperfekt von δίδωμι, die nur sehr selten im Neuen Testament vorkommen, siehe 393.

320. Wie schon zuvor (307) erwähnt, unterscheidet sich die Konjugation der μι-Verben gegenüber den Verben auf -ω *nur* im Präsenssystem und im Aorist II (mit Ausnahme nur weniger Formen im Perfekt II). Der Aorist Aktiv Indikativ ist der Aorist I im Indikativ, aber der Aorist II in den übrigen Modus. Der Aorist I wird genauso wie der Aorist I von λύω konjugiert, nur daß anstelle des σ das κ erscheint, z.B.:
ἔδωκα, ἔδωκας, ἔδωκε, ἐδώκαμεν, ἐδώκατε, ἔδωκαν (vgl. 130–133).

321. Der Aorist (II) Aktiv Konjunktiv von δίδωμι lautet:

Singular	Plural
δῶ	δῶμεν
δῷς	δῶτε
δῷ	δῶσι(ν)

Man beachte, daß der Aorist Aktiv Konjunktiv den Verbstamm δο- (ohne die Reduplikationssilbe δι-) hat.

322. Der Imperativ Aktiv des Aorists (II) von δίδωμι lautet:

Singular	Plural
2. δός, gib!	δότε, gebt!
3. δότω, er soll geben	δότωσαν, sie sollen geben!

Außer δός in der 2. Person Singular, lauten die Formen wie die des Präsens, nur ohne reduplizierte Stammsilbe (δι-).

323. Der Infinitiv Aktiv Aorist (II) lautet δοῦναι, geben. Das Partizip Aktiv des Aorists (II) δούς,δοῦσα, δόν, gegeben habend; es wird genauso wie das Partizip Aktiv Präsens dekliniert, nur ohne die reduplizierte Stammsilbe (διδούς, διδοῦσα, διδόν).

324. Der Aorist II von γινώσκω hat den Stamm γνο- und wird regelmäßig gedehnt zu γνω-. Die Beispiele von 399 sollte man sich einprägen, da etwa 86 Formen im Neuen Testament begegnen, die von der dritten Stammform abgeleitet sind.

325. Zusätzliche Bedeutung von γάρ

Die nachgestellte Konjugation γάρ wird sehr häufig mit »denn« wiedergegeben, aber darüber hinaus kann sie, entsprechend dem Textzusammenhang, auch mit »warum«, »zum Beispiel«, »ja«, »sicher« übersetzt werden, wie wir an den folgenden Beispielen sehen können. Letztere Varianten der Übersetzung treffen fast ausschließlich auf den englischen Sprachgebrauch zu; wir bringen die angeführten Beispiele mit der Übersetzung nach Luther, die nur geringe Abweichungen von der üblichen Übersetzung »denn« aufweisen.

(1) τί γὰρ κακὸν ἐποίησεν;, was hat er denn Übles getan? (Matth. 27,23).
(2) δι' ἡμᾶς γὰρ ἐγράφη, denn es ist ja um unseretwillen geschrieben (1. Kor. 9,10).
(3) τί γὰρ εὐκοπώτερον;, was ist leichter? (Matth. 9,6). (Hier blieb im Deutschen das γάρ unübersetzt.)

326. Gebrauch von ὅτι

1. Der *deklarative* Gebrauch von ὅτι und dessen Bedeutung zur Einführung der indirekten Rede ist bereits dargelegt worden (84, 197); in diesem Fall wird es mit »daß« übersetzt, z.B. μεμαρτύρηκα ὅτι οὗτός ἐστιν ὁ υἱὸς τοῦ θεοῦ, und ich bezeugte, daß dieser ist Gottes Sohn (Joh. 1,34; vgl. Matth. 2,16; Mark. 11,32; Luk. 7,43; Joh. 3,33; 1. Kor. 12,3).

2. Der *kausale* Gebrauch von ὅτι ist an den folgenden Beispielen erkennbar:
ἐπαινῶ δὲ ὑμᾶς ὅτι πάντα μου μέμνησθε, ich lobe euch, daß ihr an mich gedenket in allen Stücken (1. Kor. 11,2; vgl. Matth. 11,21; Luk. 6,20; 2. Kor. 4,6; 7,8.14; Matth. 6,5).

3. ὅτι kann auch zur Einleitung einer *direkten Rede* gebraucht werden, wobei es als Doppelpunkt fungiert. Man nennt es das *rezitative* ὅτι, z.B. in Matth. 4,6:
γέγραπται γὰρ ὅτι τοῖς ἀγγέλοις αὐτοῦ ἐντελεῖται περὶ σοῦ, denn es steht geschrieben: »Er wird seinen Engeln über dir Befehl tun« (vgl. Matth. 9,18; 26,74; 27,43).

4. ὅτι kann auch am Anfang einer Frage stehen, z.B.
ὅτι μετὰ τῶν τελωνῶν καὶ ἁμαρτωλῶν ἐσθίει;, isset er mit den Zöllnern und Sündern? (Mark. 2,16).

5. ὅτι kann auch den Gedanken einer Folge oder eines Ergebnisses aussagen; so spricht man manchmal vom *konsekutiven* Gebrauch von ὅτι, z.B.:
ποταπός ἐστιν οὗτος ὅτι καὶ ἄνεμοι καὶ ἡ θάλασσα αὐτῷ ὑπακούουσιν;, was ist das für ein Mann, daß ihm Wind und Meer gehorsam sind? (Matth. 8,27; vgl. Luk. 8,25).

6. ὅτι kann auch gebraucht werden, um das vorangehende Wort (Worte) zu erklären oder deutlicher zu beschreiben; hier spricht man vom *epexegetischen* Gebrauch von ὅτι, z.B.:
οἴδατε τὴν οἰκίαν Στεφανᾶ, ὅτι ἐστὶν ἀπαρχὴ τῆς Ἀχαΐας, ihr kennet das Haus des Stephanas, daß sie sind die Erstlinge in Achaja (1. Kor. 16,15; vgl. Apg. 9,20).

327. Grammatische Definition

Da die Übersetzung auf einer genauen Analyse der Formen im Text beruht, sollte der Schüler die genaue grammatische Definition zu einer regelmäßigen und systematischen Übung machen, bis diese ohne langes Überlegen oder Mühe durchgeführt werden kann.
Ein *finites* Verb wird nach folgenden sechs Kategorien analysiert:

	Tempus	Genus	Modus	Person	Zahl	Vokabelform
ἐγράφησαν	Aor. II	Passiv	Indikativ	3.	Plural	γράφω

Ein *Partizip* hat folgende sieben Kategorien:

	Tempus	Genus	Modus	Geschl.	Zahl	Fall	Vokabelform
γραφέντες	Aor. II	Passiv	(Part.)	Mask.	Pl.	Nom.	γράφω

Ein *Infinitiv* hat folgende vier Kategorien:

	Tempus	Genus	Modus	Vokabelform
γραφῆναι	Aor. II	Passiv	(Infin.)	γράφω

Man beachte, daß weder Partizip noch Infinitiv Modi sind, so sollte man die genauen Bezeichnungen an dieser Stelle in Klammern setzen, wenn man die üblichen Kategorien benutzt. Partizip und Infinitiv sind beides *infinite* Formen, weil sie nicht durch eine Person begrenzt sind.

328. Übung

1. αἰτεῖτε, καὶ δοθήσεται ὑμῖν. ζητεῖτε, καὶ εὑρήσετε. 2. αὐτοῖς ὁ Ἰησοῦς εἶπεν, Μηδενὶ εἴπητε τὸ ἰδὸν ἕως[1] οὗ ὁ υἱὸς τοῦ ἀνθρώπου ἐκ νεκρῶν ἐγερθῇ. 3. ποῦ θέλεις ἀπελθόντες ἑτοιμάσωμεν ἵνα φάγῃς τὸ πάσχα[2]; 4. Εἶπεν δὲ ὁ Πέτρος, κύριε, πρὸς ἡμᾶς τὴν παραβολὴν ταύτην λέγεις ἢ καὶ πρὸς πάντας; 5. καὶ προσελθὼν ὁ Ἰησοῦς ἐλάλησεν αὐτοῖς λέγων, Ἐδόθη μοι πᾶσα ἐξουσία ἐν οὐρανῷ καὶ ἐπὶ γῆς. 6. εἶπεν ὁ βασιλεὺς τῷ κορασίῳ[3], Αἴτησόν με ὃ ἐὰν θέλῃς, καὶ δώσω σοι. 7. εἶπεν, Τί θέλετέ μοι δοῦναι κἀγὼ[4] ὑμῖν παραδώσω αὐτον; 8. εἰ ἀγαπᾶτε τοὺς ἀγαπῶντας ὑμᾶς, ποία ὑμῖν χάρις ἐστίν; καὶ γὰρ οἱ ἁμαρτωλοὶ τοὺς ἀγαπῶντας αὐτοὺς ἀγαπῶσιν. 9. τὸ μυστήριον τοῦτο μέγα ἐστίν, ἐγὼ δὲ λέγω εἰς Χριστὸν καὶ εἰς τὴν ἐκκλησίαν. 10. Εἶπεν

αὐτοῖς ὁ Ἰησοῦς, Μέλλει ὁ υἱὸς τοῦ ἀνθρώπου παραδίδοσθαι εἰς χεῖρας ἀνθρώπων.

Merke: ὁ Ἰησοῦς ἶπεν, Ἰδοὺ δέδωκα ἐνώπιόν σου θύραν[5] ἠνεῳγμένην.[6]

1 ἕως, bis.

2 πάσχα, τό, das Passah.

3 κοράσιον, τό, kleines Mädchen.

4 Krasis für καὶ ἐγώ. Unter Krasis versteht man die Kontraktion eines Vokals oder Diphthongs am Ende eines Wortes mit einem Vokal oder Diphthong am Anfang des darauffolgenden Wortes. Eine Coronis, wörtlich: »Haken« (') wird über die Silbe gesetzt, die aus der Kontraktion entstanden ist, z.B. τὸ ὄνομα hat die Krasisform τοὔνομα, καὶ ἐγώ die Krasisform κἀγώ. Krasis kommt häufiger im klassischen Griechisch als im Neuen Testament vor.

5 θύρα, ἡ, Tür.

6 Von ἀνοίγω, ich öffne (Part. Perf. Pass. Akk. Fem. Sing.).

Lektion 32

Konjugation der Verben auf - μι τίθημι, ἀφίημι.
Gebrauch des Artikels

329. Wortschatz

τίθημι	ich setze, ich stelle
τίθημι τὴν ψυχήν	ich setze mein Leben ein, gebe mein Leben (Joh. 10,11)
ἐπιτίθημι	ich lege auf, erlege auf (mit Akkusativ der Sache, die auferlegt wird und Dativ der Person oder Sache, der auferlegt wird).
παρατίθημι	ich setze vor, übergebe
προστίθημι	ich füge hinzu
μνημεῖον, τό	Grabmal
ἀπόλλυμι, ἀπολλύω	ich vernichte, richte zugrunde, Medium: ich gehe unter, gehe zugrunde
μόνον	Adverb: nur
ἀφίημι	ich verlasse, erlasse, lasse (zu)
δείκνυμι, δεικνύω	ich lege dar, zeige
ἕως	Konjunktion: während, bis daß Adverb: bis
ὧδε	Adverb: hier, von hier
προφητεύω	ich weissage
νηστεύω	ich faste
πλούσιος, – α, – ον	Adj.: reich
τέλειος, – α, – ον	vollkommen, erwachsen, reif /sogleich
ταχέως	Adverb von ταχύς: schnell, bald,
τολμάω	ich wage
πλανάω	ich führe in die Irre, verleite
ὥσπερ	Adverb: so wie (siehe 264 Fußnote)

330. Die Stammformen von τίθημι lauten: τίθημι, θήσω, ἔθηκα, τέθεικα, τέθειμαι, ἐτέθην.

331. Man beachte, daß der Verbstamm θε- lautet (im Präsens, Futur und Aorist wird dieser zu θη-, im Perfekt Aktiv und Medium/Passiv zu θει-

gedehnt). Im Aorist Passiv wird der Stamm θε- aus laut- und klangtechnischen Gründen in τε- abgewandelt, um die Schwierigkeit der Aussprache zweier θ in zwei aufeinanderfolgenden Silben zu vermeiden. Der Präsensstamm ist wieder der mit dem Vokal ι reduplizierte Verbstamm ähnlich wie bei δίδωμι. (309). Das Futur ist ganz regelmäßig und wird wie die entsprechenden Formen von λύω konjugiert, und zwar im Aktiv und Medium. Der Aorist I ist wieder ein Aorist mit κ (κ statt σ), hat aber die Endungen des regelmäßigen Aorists I. Die Formen des Präsens- und Aorist-Systems im Aktiv und Medium sollte man sich anhand von 395 und 396 einprägen. Ein Vergleich dieser Formen mit denen von δίδωμι wird die starke Ähnlichkeit der Stämme und der Endungen erkennen lassen. τίθημι ist auch darin dem Verb δίδωμι parallel, daß es im Indikativ Aktiv den Aorist I, aber in den anderen Modi (einschließlich des Partizips θείς und des Infinitivs θεῖναι) den Aorist II hat.

332. Bestimmung der Formen von τίθημι

Der Präsensstamm τιθε- und der Stamm des zweiten Aorist θε- (der einfache Verbstamm) lassen die Verbformen leicht erkennen und bestimmen. So wird leicht erkannt werden, daß die Form προσέθετο (Luk. 20,11) von προστίθημι abgeleitet ist, und die mit Augment versehene Form ἔθετο als Aorist II Indikativ Medium 3. Person Singular bestimmt wird. Ähnlich leicht erkennt man, daß die Form ἐπιτιθέασιν (Matth. 23,4) von ἐπιτίθημι abgeleitet ist, und τιθέασιν mit der dem Stamm θε- angefügten Reduplikationssilbe τι- als Präsens Aktiv Indikativ 3. Person Plural erkennbar ist. Die Form ἐτίθουν (Apg. 3,2) ist aus dem Präsensstamm gebildet und mit dem Augment als Imperfekt Aktiv Indikativ 3. Person Plural zu erkennen.

333. Im Neuen Testament haben ἀπόλλυμι und δείκνυμι einige Formen auf -μι im Präsenssystem, wo die Endungen direkt an den Präsensstamm angefügt werden. Jedoch kommen auch im Präsenssystem beide Verben mit Formen vor, die auf die Konjugation auf -ω zurückgehen.

334. Bestimmung der Formen von ἀφίημι

Das Verb ἀφίημι, ich lasse, erlasse, verlasse ist zusammengesetzt aus der Präposition ἀπό (die vor dem rauhen Hauch zu ἀφ wird) und dem μι-Verb ἵημι, welches für sich nicht im Neuen Testament vorkommt. Der Stamm von ἵημι lautet ἑ-, und die Formen des Präsens und Aorist II können gewöhnlich dadurch voneinander unterschieden werden, daß im Präsenssystem vor den Stamm ἑ- ein ι- tritt. So ist ἀφίησιν (Matth. 4,11) Präsens Aktiv Indikativ 3. Person Singular (das ε des Stammes wird zu η gedehnt); ἄφες (Matth. 5,24) ist Aorist II Aktiv Imperativ 2. Person Singular (alle Kurzformen mit ε sind Aorist II). Die Futurformen sind leicht zu erkennen, z.B. ἀφήσει (Matth. 6,14), wie auch die Formen des Aorists I mit κ, z.B. ἀφήκατε (Matth. 23,23). Für unregelmäßige Formen sollte man Lexika und einschlägige Grammatiken zu Rate ziehen.

335. Gebrauch des Artikels

1. Wie bereits dargelegt (27), gibt es im Griechischen keinen *unbestimmten Artikel,* obgleich die Pronomen τις, τι, ein gewisser, ein gewisses, und εἷς, einer, manchmal wie ein unbestimmter Artikel gebraucht werden, z.B.: ἄνθρωπός τις εἶχεν δύο υἱούς, ein Mensch hatte zwei Söhne (Luk. 15,11; vgl. Luk. 10,25).
προσελθὼν εἷς γραμματεὺς εἶπεν αὐτῷ, und es trat zu ihm ein Schriftgelehrter, der sprach zu ihm (Matth. 8,19).
2. Der Artikel ist ein unverwechselbares Kennzeichen für das Geschlecht eines Nomens (grammatisches Geschlecht): ὁ für das Maskulinum, ἡ für das Femininum, τό für das Neutrum (28).
3. Der griechische Artikel bezeichnet auch die persönliche Identität, was man auch an seinem Gebrauch in der Verbindung mit dem Demonstrativpronomen οὗτος und ἐκεῖνος erkennen kann, z.B.: οὗτός ἐστιν ὁ παρὰ τὴν ὁδὸν σπαρείς, das ist der, bei dem an den Weg gesät ist (Matth. 13,19). ἐν ἐκείναις ταῖς ἡμέραις πάλιν πολλοῦ ὄχλου ὄντος, zu der Zeit, als wieder viel Volks da war (Mark. 8,1).
4. Der Artikel hebt auch ein besonderes Objekt hervor, z.B.: κηρύσσων τὸ εὐαγγέλιον τῆς βασιλείας, und predigte das Evangelium von dem Reich (Matth. 4,23; vgl. Luk. 18,13 τῷ ἁμαρτωλῷ, mir, dem Sünder.)
5. Der Artikel wird gebraucht, um auf einen zuvor genannten Begriff zurückzuweisen, z.B. Joh. 4,10 ὕδωρ ζῶν, und Joh. 4,11 τὸ ὕδωρ τὸ ζῶν . . . lebendiges Wasser, d.h. das Wasser, von dem Jesus der Frau zuvor gesagt hatte.
6. Der Artikel wird verwendet in Verbindung mit abstrakten Nomen, um den abstrakten Begriff besonders hervorzuheben und zu kennzeichnen, z.B. καὶ πάντες οἱ ἐγνωκότες τὴν ἀλήθειαν, auch alle die *die* Wahrheit erkannt haben (2.Joh. 1,1).
7. Der Artikel wird gebraucht, um eine bestimmte Gruppe von Personen

von einer anderen zu unterscheiden, z.B. οἱ ἀλώπεκες φωλεοὺς ἔχουσιν καὶ τὰ πετεινὰ τοῦ οὐρανοῦ κατασκηνώσεις, die Füchse haben Gruben und die Vögel unter dem Himmel haben Nester (Matth. 8,20; vgl. Matth. 5,3–10).

8. Der Artikel wird auch gebraucht, um eine Eigenschaft oder Wesensart von einer anderen zu unterscheiden, z.B.: λαβεῖν τὴν δόξαν καὶ τὴν δύναμιν, ... zu nehmen Preis und Ehre und Kraft (Offb. 4,11).

9. Die ursprünglich demonstrative (hinweisende) Aussage des Artikels erkennt man an seinem Gebrauch in Verbindung mit μέν ... δέ, wie in Phil. 1,16–17: οἱ μὲν ἐξ ἀγάπης ... οἱ δὲ ἐξ ἐριθείας, diese aus Liebe, ... jene aus Streitsucht. Hier läßt der Textzusammenhang deutlich erkennen, daß mit οἱ μέν die zuletzt Genannten und mit οἱ δέ die früher Erwähnten gemeint sind. ὁ μέν ... ὁ δέ kann auch einen Gegensatz bezeichnen, »der eine, ... aber der andere« (vgl. Luk, 10,2) und der Plural οἱ μέν ... οἱ δέ kann oft auch wiedergegeben werden: einige... aber andere (Apg. 17,32 im Deutschen etliche ... etliche).

Wie man an all diesen Beispielen erkennen kann, gebraucht der Schreiber oder Sprecher den Artikel immer, wenn er die Identität einer Sache oder Person betonen will. Es ist darum angemessen, nach der Wirkung des *fehlenden* Artikels zu fragen. Es ist nicht richtig, vom *Wegfall* oder Fehlen des Artikels zu sprechen, was heißen würde, daß er eigentlich vorhanden sein sollte. Wenn der Artikel *nicht dasteht*, wird die *Beschaffenheit* oder *Art* des Nomens betont, wie die folgenden Beispiele zeigen sollen: θεὸς ἦν ὁ λόγος, und Gott war das Wort (Joh. 1,1), d.h. die zweite Person der göttlichen Trinität war von göttlichem Wesen und Natur.

ἐλάλησεν ἡμῖν ἐν υἱῷ, er hat ... zu uns geredet durch den Sohn (Heb. 1,2a); wie der Textzusammenhang zeigt, war Gottes abschließende Offenbarung in Christus eine »Sohn-Offenbarung« im Gegensatz zu den wiederholten Teiloffenbarungen in früheren Zeiten, die im Textzusammenhang erwähnt sind.

τὸ γεννώμενον ἅγιον κληθήσεται υἱὸς θεοῦ, das Heilige, das von dir geboren wird, wird Gottes Sohn genannt werden (Luk. 1,35), d.h. das Kind soll Sohn Gottes (von göttlichem Wesen und Natur) genannt werden.

336. Gebrauch von ἕως

Wird das Adverb ἕως als Konjunktion mit der Bedeutung »während« gebraucht, regiert es den Indikativ, z.B.: ἕως αὐτὸς ἀπολύει τὸν ὄχλον, bis daß er das Volk von sich ließe (Mark. 6,45).

ἕως ἄν wird gebraucht, um ein Ereignis zu bezeichnen, das ***noch nicht stattgefunden hat;*** darum steht hier der Konjunktiv, z.B.: ἴσθι ἐκεῖ, ἕως ἂν εἴπω σοί, bleib allda, bis ich dir's sage (Matth. 2,13).
Wenn von einem tatsächlichen Ereignis in der Vergangenheit die Rede ist, steht ἕως mit dem Indikativ und bedeutet »bis«, z.B.:
οὐκ ἔγνωσαν ἕως ἦλθεν ὁ κατακλυσμός, und sie achteten's nicht, bis die Sintflut kam (Matth. 24,39).
ἕως οὗ mit dem Indikativ bedeutet »bis«, »bis zu der Zeit, da«, z.B.:
ἕως οὗ ἐζυμώθη ὅλον, bis daß es ganz durchsäuert ward (Matth. 13,33).

337. Übung

1. Ἐγὼ γὰρ παρέλαβον ἀπὸ τοῦ κυρίου ὃ καὶ παρέδωκα ὑμῖν, ὅτι ὁ κύριος Ἰησοῦς ἐν τῇ νυκτὶ ᾗ παρεδίδοτο ἔλαβεν ἄρτον καὶ εὐχαριστήσας ἔκλασεν[1] καὶ εἶπεν · τοῦτό μού ἐστιν τὸ σῶμα τὸ ὑπὲρ ὑμων. 2. ἐξ αὐτοῦ καὶ δι' αὐτοῦ καὶ εἰς αὐτὸν τὰ πάντα · αὐτῷ ἡ δόξα εἰς τοὺς αἰῶνας. 3. δικαιωθέντες οὖν ἐκ πίστεως εἰρήνην ἔχομεν πρὸς τὸν θὲον διὰ τοῦ κυρίου ἡμῶν Ἰησοῦ Χριστοῦ. 4. νυνὶ[2] δὲ χωρὶς[3] νόμου δικαιοσύνη θεοῦ πεφανέρωται, μαρτυρουμένη ὑπὸ τοῦ νόμου καὶ τῶν προφητῶν. 5. νῦν οἴδαμεν ὅτι οἶδας πάντα καὶ οὐ χρείαν ἔχεις, ἵνα τίς σε ἐρωτᾷ · ἐν τούτῳ πιστεύομεν ὅτι ἀπὸ θεοῦ ἐξῆλθες. 6. μικρὸν καὶ οὐκέτι θεωρεῖτέ με καὶ πάλιν μικρὸν καὶ ὄψεσθέ με. εἶπαν οὖν ἐκ τῶν μαθητῶν αὐτοῦ πρὸς ἀλλήλους · τί ἐστιν τοῦτο ὃ λέγει ἡμῖν · μικρὸν καὶ οὐ θεωρεῖτέ με, καὶ πάλιν μικρὸν καὶ ὄψεσθέ με, καὶ ὅτι ὑπάγω πρὸς τὸν πατέρα; 7. ταῦτα λελάληκα ὑμῖν ἵνα ἡ χαρὰ ἡ ἐμὴ ἐν ὑμῖν ᾖ καὶ ἡ χαρὰ ὑμῶν πληρωθῇ · αὕτη ἐστὶν ἡ ἐντολὴ ἡ ἐμή, ἵνα ἀγαπᾶτε ἀλλήλους καθὼς ἠγάπησα ὑμᾶς. μείζονα ταύτης ἀγάπην οὐδεὶς ἔχει, ἵνα τις τὴν ψυχὴν αὐτοῦ θῇ ὑπὲρ τῶν φίλων[4] αὐτοῦ. 8. πορεύομαι ἑτοιμάσαι τόπον ὑμῖν καὶ ἐὰν πορευθῶ καὶ ἑτοιμάσω τόπον ὑμῖν, πάλιν ἔρχομαι καὶ παραλήμψομαι ὑμᾶς πρὸς ἐμαυτόν, ἵνα ὅπου εἰμὶ καὶ ὑμεῖς ἦτε. 9. καὶ εἶπεν, Ποῦ τεθείκατε αὐτόν; λέγουσιν αὐτῷ, Κύριε ἔρχου καὶ ἴδε. 10. εἰ οὐ ποιῶ τὰ ἔργα τοῦ πατρὸς μου, μὴ πιστεύετέ μοι. εἰ δὲ ποιῶ κἂν[5] ἐμοὶ μὴ πιστεύητε, τοῖς ἔργοις πιστεύετε, ἵνα γνῶτε καὶ γινώσκητε ὅτι ἐν ἐμοὶ ὁ πατὴρ κἀγὼ[6] ἐν τῷ πατρί.

Merke: ὁ Ἰησοῦς εἶπεν αὐτοῖς, Ἐγώ εἰμι ὁ ἄρτος τῆς ζωῆς. ὁ ἐρχόμενος πρός με οὐ μὴ πεινάσῃ, καὶ ὁ πιστεύων εἰς ἐμὲ οὐ μὴ διψήσει πώποτε[7]

1 κλάω ich breche (Aor. Akt. Indik.)
2 νυνί Adverb: jetzt
3 χωρίς ohne
4 φίλος ὁ, Freund
5 Krasis für καὶ ἐάν, selbst wenn
6 Krasis für καὶ ἐγώ
7 πώποτε Adverb: jemals, zu irgendeiner Zeit

Lektion 33

Konjugation der Verben auf —μι
ἵστημι, φημί
Aorist II von βαίνω
Übersicht Konditionalsätze
Gegenteil von tatsächlicher Bedingung
Gebrauch von γίνομαι und μὴ γένοιτο
Der Optativ

338. Wortschatz

ἵστημι	transitiv: ich setze, stelle, lasse aufstehen (Präsens, Futur, AoristI) intransitiv: ich stehe fest (AoristII Aktiv und Passiv, Perfekt, Plusquamperf)
ἐμβαίνω	ich gehe hinein, steige ein
φημί	ich sage[1] (Stamm φα-)
κάθημαι	Dep.: ich sitze
λογίζομαι	ich denke, ich meine, rechne
ἐργάζομαι	ich arbeite
θύρα, ἡ	Tür
φωνέω	ich rufe
θλῖψις. - εως, ἡ	Bedrängnis, Trübsal
διάβολος, - ον	Adjektiv: teuflisch ὁ διάβολος, der Teufel
ἐξίστημι	ich bin erstaunt, bin außer mir
ἀνίστημι	trans.: ich lasse aufstehen, erhebe, intransit.: ich stehe auf (Aorist II und alle Mediumformen)
καθίστημι	ich ernenne, bestimme, setze ein
σοφία ἡ	Weisheit
ἐπιθυμία, ἡ	Begierde, Verlangen; im schlechten Sinne: Lust, Begierde (nach Verbotenem)
μέρος, ους, τό	Teil
τιμή, ἡ	Ehre, Ehrenpreis
διό	weshalb (aus δι, ὅ), wörtl.: um welcher Sache willen
ἄρτι	Adverb: jetzt, eben
παραγίνομαι	ich komme, komme an, bin da

339. Die Stammformen von ἵστημι lauten: ἵστημι, στήσω, ἔστησα (Aorist II ἔστην), ἕστηκα, ἕσταμαι, ἐστάθην.
Die Perfektform des Medium/Passiv kommt im Neuen Testament nicht vor. Der Stamm lautet στα- und wird im Präsenssystem durch Voranstellung von ἱ- redupliziert; dabei wird der Stamm zu στη- gedehnt, wie auch im Futur und Aorist, die sonst völlig regelmäßig konjugiert werden. Auch das Perfekt ist regelmäßig bis auf den rauhen Hauch auf der Reduplikation, also ἑ-. Die Medium/Passiv-Form des Perfekts, die man im Neuen Testament nicht findet, behält den Stamm στα- unverändert wie der Aorist Passiv.

340. Lernen Sie das Präsens- und Aoristsystem von ἵστημι (397–398) und beachten Sie dabei die Ähnlichkeit bei Verbstamm und Endungen gegenüber δίδωμι (393–394) und τίθημι (395–396). Das Partizip Präsens Aktiv ἱστάς wird wie das Partizip Aktiv Aorist I von λύω, λύσας dekliniert, nur daß der Akzent abweicht. Das Partizip des Aorist II, στάς wird genauso wie das Partizip Aktiv Präsens ἱστάς dekliniert. Man beachte die Ähnlichkeit des Aorist I zum Aorist Passiv von λύω bei den Endungen. Die Mediumformen des Aorist II finden sich nicht im Neuen Testament.

341. Das Verb ἵστημι hat sowohl ein Partizip Perfekt I, ἑστηκώς, als auch ein Partizip Aktiv Perfekt II, ἑστώς, ἑστῶσα, ἑστός, das etwa 23 mal im Neuen Testament vorkommt. Das Plusquamperfekt begegnet zehnmal.

342. Der Aorist II von βαίνω (der nur in Verbindung mit Präpositionen im Neuen Testament vorkommt) lautet ἔβην, ἔβης, ἔβη etc.

343. Übersicht über die Konditionalsätze

Die Konditionalsätze der ersten Art (bei der die Bedingung als wirklich angenommen oder als erfüllt gedacht wird), wurden bereits verhandelt (216.1), wie auch die Bedingung der dritten Art (unbestimmt und offen, aber mit Aussicht auf Erfüllung, 216.2). Man sollte sich diese Konditionalsätze noch einmal vor Augen führen und darauf achten, wie sie formuliert werden.

344. Die Bedingung der zweiten Art (entgegen der Wirklichkeit)

Wenn die Voraussetzung eines Konditionalsatzes als der Wirklichkeit entgegengesetzt angenommen wird, so wird die Bedingung (Protasis) in den

Zeitformen der **Vergangenheit** im Indikativ ausgesagt. Die Bedingung hat es hier mit der **Annahme** oder **Behauptung** einer Sache als **irreal** oder **unwahr** zu tun, obgleich die Sache selbst in Wirklichkeit wahr sein könnte. Der Nachsatz oder die Folgerung steht auch in einer Zeitform der **Vergangenheit** im Indikativ, meist verbunden mit der Partikel ἄν (die Ungewißheit oder Unsicherheit beinhaltet, wo sie vorkommt). Es gibt im Neuen Testament auch einige Bedingungssätze der zweiten Art, wo das ἄν ausgefallen ist, aber dennoch ist es typisch für diese Art der Bedingung. Die folgenden Beispiele zeigen die Formulierung und den Gebrauch der Bedingungssätze der zweiten Art:

εἰ ἐκ τοῦ κόσμου ἦτε, ὁ κόσμος ἂν τὸ ἴδιον ἐφίλει wäret ihr von der Welt, (aber ihr seid es in Wirklichkeit nicht), so hätte die Welt das Ihre lieb (Joh. 15,19a).

οὗτος εἰ ἦν ὁ προφήτης ἐγίνωσκεν ἄν wenn dieser (verächtlicher Gebrauch des Demonstrativpronomens) ein Prophet wäre (der er wohl nicht ist), so wußte er (er weiß es offensichtlich nicht) (Luk. 7,39). Man muß den Textzusammenhang betrachten, um diese Bedingung in ihrer ganzen Aussage zu erkennen.

So wird der Konditionalsatz der Bedingung der zweiten Art wie folgt formuliert:

Konjunktion	Protasis	Apodosis
εἰ	(Bedingung) Zeitform der Vergangenheit im Indikativ	(Schlußfolgerung) Zeitform der Vergangenheit im Indikativ plus ἄν

Die Bedingung der vierten Art (unbestimmt, aber mit einer geringen Aussicht auf Erfüllung) kommt im Neuen Testament nicht vor. Manchmal begegnet eine Protasis (1.Petr. 3,14.17) und manchmal auch eine Apodosis (Apg. 8,31; 17,18) einer Bedingung der vierten Art, jedoch nie ein vollständiger Satz dieser Art. Er wird wie folgt formuliert:

Konjunktion	Protasis	Apodosis
εἰ	Optativ	Optativ plus ἄν

345. Gebrauch von γίνομαι

1. γίνομαι kann als einfache Kopula oder aequatives (gleichsetzendes) Verb dienen und wie εἰμί das Prädikatsnomen bei sich haben, z.B.:
ἐγένετο ἄνθρωπος ἀπεσταλμένος παρὰ θεοῦ, es war ein Mensch, von Gott gesandt (Joh. 1,6; vgl. Luk. 2,1).

2. γίνομαι kann auch ohne Prädikatsnomen begegnen und hat dann die Bedeutung »geschehen«, »entstehen«, »erscheinen«, »stattfinden«, z.B.: πάντα δί αὐτοῦ ἐγένετο, alle Dinge sind durch dasselbe gemacht (Joh. 1,3; vgl. Mark. 4,4; Luk. 6,1).

3. Die Konstruktion καὶ ἐγένετο oder ἐγένετο δέ wird gebraucht, um »eine Handlung, über die berichtet werden soll, mit zusätzlicher Bestimmtheit einzuführen«[2]. Diese ist fast ausschließlich auf das Lukasevangelium beschränkt (da sie nur sechsmal bei Matthäus, viermal bei Markus, und bei Johannes überhaupt nicht begegnet); hier kommt dieser Ausdruck 42 mal vor. Man glaubt, hier semitisch-hebräischen Einfluß wiederzufinden. Man übersetzt diese Wendung mit *»und es geschah,* daß ...«.

346. Der Optativ

Wie schon oben erwähnt (19,3), ist der Optativ der Modus äußerst zögernder Behauptung. Der Optativ wird nur 67mal im Neuen Testament gebraucht, wobei 15mal der Ausdruck vorkommt, den man mit »überhaupt nicht«, »auf keinen Fall« übersetzen kann. Bis auf ein einziges Beispiel findet sich der Ausdruck μὴ γένοιτο nur bei Paulus in seinen Briefen.[3] Die einzige Ausnahme ist Luk. 20,16. In den häufigsten Fällen drückt der Optativ im Neuen Testament einen *Wunsch* aus, z.B. αὐτὸς δὲ ὁ θεὸς τῆς εἰρήνης ἁγιάσαι (Aorist I Aktiv Optativ 3. Person Singular von ἁγιάζω) ὑμᾶς ὁλοτελεῖς er aber, der Gott des Friedens, heilige euch durch und durch (1.Th. 5,23; vgl. Luk. 1,38; Apg. 8,20).

Eine andere typische Stelle für den Gebrauch des Optativs finden wir in Luk. 1,62, wo der Satz eine *versteckte Bedingung* enthält:

ἐνένευον δὲ τῷ πατρὶ αὐτοῦ τὸ τί ἂν θέλοι (Präsens Aktiv Optativ 3. Person Singular) καλεῖσθαι αὐτό, und sie winkten seinem Vater, wie er ihn wollte heißen lassen, d.h. wenn er etwas sagen könnte (Luk. 1,62; vgl. Apg. 8,31; 17,18). Man beachte die Partikel ἄν, die die Möglichkeit oder den Zufall andeutet. Der Optativ steht auch für indirekte rhetorische Fragen und zum Ausdruck einer *zweifelnden Haltung,* z.B.:

διελογίζετο ποταπὸς εἴη (Optativ Präsens 3. Person Singular von εἰμί) ὁ ἀσπασμὸς οὗτος, sie dachte bei sich selbst: Welch ein Gruß ist das (Luk. 1,29; vgl. Luk. 22,23; Apg. 17,11).

347. Der Optativ Präsens von εἰμί lautet:

Singular	Plural
εἴην	εἴημεν

εἴης	εἴητε
εἴη	εἴησαν

348. Der Optativ Präsens Aktiv von λύω lautet:

Singular	Plural
λύοιμι	λύοιμεν
λύοις	λύοιτε
λύοι	λύοιεν

349. Der Optativ Aorist I Aktiv von λύω lautet:

Singular	Plural		
λύσαιμι	λύσαιμεν		
λύσαις	λύσαιτε		
λύσαι	λύσαιεν	oder	λύσειαν

Man beachte, daß bei den regelmäßigen Verben auf - ω der Optativ den charakteristischen Diphthong οι im Präsens und αι im Aorist hat, wobei auch hier die Formen aus dem betreffenden Verbstamm gebildet sind.

350. Übung

1. εἶπεν οὖν ἡ Μάρθα πρὸς τόν Ἰησοῦν, κύριε, εἰ ἦς ὧδε, οὐκ ἂν ἀπέθανεν ὁ ἀδελφός μου. καὶ νῦν οἶδα ὅτι ὅσα ἂν αἰτήσῃ τὸν θεὸν δώσει σοι ὁ θεός. 2. εἶπεν αὐτῇ ὁ Ἰησοῦς, Ἐγὼ εἰμι ἡ ἀνάστασις καὶ ἡ ζωή, ὁ πιστεύων εἰς ἐμὲ κἂν[4] ἀποθάνῃ ζήσεται καὶ πᾶς ὁ ζῶν καὶ πιστεύων εἰς ἐμὲ οὐ μὴ ἀποθάνῃ εἰς τὸν αἰῶνα 3. ὁ ὢν ἐκ τοῦ θεοῦ τὰ ῥήματα τοῦ θεοῦ ἀκούει. διὰ τοῦτο ὑμεῖς οὐκ ἀκούετε ὅτι ἐκ τοῦ θεοῦ οὐκ ἐστέ. 4. εἶπον οὖν πρὸς αὐτόν. Τί ποιῶμεν, ἵνα ἐργαζώμεθα τὰ ἔργα τοῦ θεοῦ; ἀπεκρίθη ὁ Ἰησοῦς καὶ εἶπεν αὐτοῖς. Τοῦτό ἐστιν τὸ ἔργον τοῦ θεοῦ, ἵνα πιστεύητε εἰς ὃν ἀπέστειλεν ἐκεῖνος. εἶπον οὖν αὐτῷ, Τί οὖν ποιεῖς σὺ σημεῖον ἵνα ἴδωμεν καὶ πιστεύσωμέν σοι; τί ἐργάζῃ; 5. ὁ γὰρ πατὴρ φιλεῖ τὸν υἱὸν καὶ πάντα δείκνυσιν αὐτῷ, ἃ αὐτὸς ποιεῖ, καὶ μείζονα τούτων δείξει αὐτῷ ἔργα, ἵνα ὑμεῖς θαυμάζητε. 6. πολλὰ μὲν οὖν καὶ ἄλλα σημεῖα ἐποίησεν ὁ Ἰησοῦς ἐνώπιον τῶν μαθητῶν αὐτοῦ, ἃ οὐκ ἔστιν γεγραμμένα ἐν τῷ βιβλίῳ τούτῳ. ταῦτα δὲ γέγραπται ἵνα πιστεύσητε, ὅτι Ἰησοῦς ἐστιν ὁ χριστὸς ὁ υἱὸς θεοῦ, καὶ ἵνα πιστεύοντες ζωὴν ἔχητε ἐν τῷ ὀνόματι αὐτοῦ. 7. λέγει αὐτῷ ὁ Ἰησοῦς, Ἐὰν αὐτὸν θέλω μένειν ἕως ἔρχομαι, τί πρὸς σε;

σύ μοι ἀκολούθει. ἐξῆλθεν οὖν οὗτος ὁ λόγος εἰς τοὺς ἀδελφοὺς ὅτι ὁ μαθητὴς ἐκεῖνος οὐκ ἀποθνῄσκει. οὐκ εἶπεν δὲ αὐτῷ ὁ Ἰησοῦς ὅτι οὐκ ἀποθνῄσκει ἀλλ', Ἐὰν αὐτὸν θέλω μένειν ἕως ἔρχομαι, τί πρὸς σέ; 8. οὐ πιστεύεις ὅτι ἐγὼ ἐν τῷ πατρὶ καὶ ὁ πατὴρ ἐν ἐμοί ἐστιν; τὰ ῥήματα, ἃ ἐγὼ λαλῶ ὑμῖν, ἀπ' ἐμαυτοῦ οὐ λαλῶ. ὁ δὲ πατὴρ ἐν ἐμοὶ μένων ποιεῖ τὰ ἔργα αὐτοῦ.

Merke: ὁ πιστὸς ἐν ἐλαχίστῳ καὶ ἐν πολλῷ πιστός ἐστιν.

1 Die einzigen Formen im Neuen Testament sind: ἔφη (Imperfekt und Aorist II Aktiv, Indikativ, 3. Person Singular), kommt etwa 45 mal im Neuen Testament vor; das Präsens Aktiv, Indikativ 3. Person Singular φησί(ν) kommt 17mal vor, Präsens Aktiv Indikativ 3. Person Plural: φασί nur einmal (Rö. 8,3).

2 Gustav Dalman: Die Worte Jesu, S. 32.

3 Rö. 3,4.6.31; 6,2.15; 7,7.13; 9,14; 11,1.11; 1.Kor. 6,15; Gal. 2,17; 3,21; 6,14;

4 Krasis für καὶ εάν

Lektion 34

Stammformen einiger wichtiger Verben.

Wie wichtig es ist, die Stammformen der Verben zu kennen, haben wir immer wieder betont. da alle Verbformen von diesen Formen abgeleitet werden. Hat sich der Schüler erst einmal mit den Stammformen vertraut gemacht und weiß, wie die Formen abgeleitet werden, wird die Analyse der meisten Verbformen, die im Neuen Testament begegnen, relativ leicht fallen. Die Stammformen eines Verbs stehen jeweils in der ersten Person Singular Indikativ der betreffenden Zeitformsysteme.
Ein regelmäßiges Verb, d.h. ein nicht **defektives** Verb, hat sechs Stammformen, nämlich Präsens Aktiv Indikativ, Futur Aktiv Indikativ, Aorist Aktiv Indikativ, Perfekt Aktiv Indikativ, Perfekt Medium/Passiv Indikativ und Aorist Passiv Indikativ. Von einem **defektiven** Verb spricht man, wenn es nicht in allen Genera konjungiert wird. Ein **Deponens** ist ein Verb, welches aktive Bedeutung hat, aber nur im Medium (oder Medium und Passiv) die **Formen** bildet. Manche Verben sind im Futur Deponentia, z.B. ὁράω, ich sehe (ὄψομαι); γινώσκω (γνώσομαι), ich weiß, erkenne. Einige Verben haben sowohl einen Aorist I als auch Aorist II, z.B. φέρω, ich trage (ἤνεγκα und ἤνεγκον); ἁμαρτάνω, ich sündige (ἡμάρτησα und ἥμαρτον).
Für ein regelmäßiges Verb gibt es sechs Verb-Systeme, welche hier mit den Zeitformen aufgeführt werden, die von jedem System abgeleitet werden.
1. **Präsens;** hiervon werden alle **Präsens**-formen in allen Modi und Genera einschließlich des Infinitivs und Partizips Präsens und der Indikativ des **Imperfekts** in allen Genera abgeleitet.
2. **Futur;** hiervon werden alle Formen des **Futur** Aktiv und Medium, sowie der Infinitiv und das Partizip Futur abgeleitet.
3. **Aorist I;** hiervon werden alle Formen des Aorist I im Aktiv und Medium, einschließlich der entsprechenden Infinitive und Partizipien abgeleitet.
4. **Perfekt I** (gekennzeichnet durch das κ vor den Endungen); hiervon werden alle **Aktiv**-formen des Perfekts, Plusquamperfekts und futurischen Perfekts abgeleitet.
5. **Perfekt Medium/Passiv;** hiervon werden alle Medium/Passiv-Formen des Perfekts, Plusquamperfekts und futurischen Perfekts abgeleitet.
6. **Aorist I Passiv** (gekennzeichnet durch das ϑ vor den Endungen); von hier werden alle Passivformen des Aorist I und des Futurs abgeleitet.
Verben, die einen Aorist II, ein Perfekt II (fehlendes κ vor den Endungen)

und einen Aorist Passiv II (fehlendes ϑ vor den Endungen) aufweisen, leiten ihre entsprechenden Formen von dieser Stammform ab. Verben, die nicht alle sechs Systeme eines regelmäßigen Verbs aufweisen, sind, wie schon erwähnt, **defektive** Verben. Die im Folgenden aufgeführte Liste enthält in alphabetischer Folge die am häufigsten im Neuen Testament vorkommenden Verben. In Klammern gesetzte Stammformen kommen (mit den daraus abgeleiteten Formen) nicht im Neuen Testament vor.

Präsens	Deutsch	Futur	Aorist	Perfekt Aktiv	Perfekt Med./Pass.	Aorist Pass.
ἀγαπάω	lieben	ἀγαπήσω	ἠγάπησα	ἠγάπηκα	ἠγάπημαι	ἠγαπήθην
ἁγιάζω	heiligen	(ἁγιάσω)	ἡγίασα	(ἡγίακα)	ἡγίασμαι	ἡγιάσθην
ἄγω	führen	ἄξω	ἤγαγον	(ἦχα)	ἦγμαι	ἤχθην
αἴρω	aufnehmen wegnehmen	ἀρῶ	ἦρα	ἦρκα	ἦρμαι	ἤρθην
αἰτέω	bitten	αἰτήσω	ᾔτησα	ᾔτηκα	(ᾔτημαι)	ᾐτήθην
ἀκολουθέω	folgen	ἀκολουθήσω	ἠκολούθησα	ἠκολούθηκα	—	—
ἀκούω	hören	ἀκούσομαι	ἤκουσα	ἀκήκοα	(ἤκουσμαι)	ἠκούσθην
ἁμαρτάνω	sündigen	ἁμαρτήσω	ἡμάρτησα ἥμαρτον	ἡμάρτηκα	(ἡμάρτημαι)	(ἡμαρτήθην)
ἀνοίγω	öffnen	ἀνοίξω	ἀνέῳξα ἠνέῳξα ἤνοιχα	ἀνέῳγα	ἀνέῳγμαι ἠνέῳγμαι ἤνοιγμαι	ἀνεῴχθην ἠνεῴχθην ἠνοίχθην
ἀποκρίνομαι	antworten	(ἀποκρινοῦμαι)	ἀπίκρινάμην	—	(ἀποκέκριμαι)	ἀπεκρίθην
ἀπόλλυμι	zerstören	ἀπολέσω ἀπολῶ	ἀπώλεσα	ἀπόλωλα		
ἀποστέλλω	senden (mit Auftrag)	ἀποστελῶ	ἀπέστειλα	ἀπέσταλκα	ἀπέσταλμαι	ἀπεστάλην
ἀφίημι	entlassen vergeben	ἀφήσω	ἀφῆκα	ἀφεῖκα	ἀφεῖμαι oder ἀφέωμαι	ἀφείθην oder ἀφέθην
βάλλω	werfen	βαλῶ	ἔβαλον	βέβληκα	βέβλημαι	ἐβλήθην

Präsens	Deutsch	Futur	Aorist	Perfekt Aktiv	Perfekt Med./Pass.	Aorist Pass.
γεννάω	zeugen gebären	γεννήσω	ἐγέννησα	γεγέννηκα	γεγέννημαι	ἐγεννήθην
γίνομαι	werden entstehen	γενήσομαι	ἐγενόμην	γέγονα	γεγένημαι	ἐγενήθην
γινώσκω	erkennen	γνώσομαι	ἔγνων	ἔγνωκα	ἔγνωσμαι	ἐγνώσθην
γράφω	schreiben	γράψω	ἔγραψα	γέγραφα	γέγραμμαι	ἐγράφην
δέχομαι	empfangen	δέξομαι	ἐδεξάμην	–	δέδεγμαι	ἐδέχθην
διδάσκω	lehren	διδάξω	ἐδίδαξα	(δεδίδαχα)	(δεδίδαγμαι)	ἐδιδάχθην
δίδωμι	geben	δώσω	ἔδωκα	δέδωκα	δέδομαι	ἐδόθην
διώκω	verfolgen	διώξω	ἐδίωξα	δεδίωκα	δεδίωγμαι	ἐδιώχθην
δοξάζω	verherrlichen	δοξάσω	ἐδόξασα	(δεδόξακα)	δεδόξασμαι	ἐδοξάσθην
δύναμαι	können	δυνήσομαι	–	–	(δεδύνημαι)	ἠδυνήθην ἠδυνάσθην
ἐγείρω	aufwecken	ἐγερῶ	ἤγειρα	–	ἐγήγερμαι	ἠγέρθην
ἐλπίζω	hoffen	ἐλπιῶ	ἤλπισα	ἤλπικα	–	–
ἔρχομαι	kommen	ἐλεύσομαι	ἦλθον	ἐλήλυθα	–	–
ἐσθίω	essen	φάγομαι	ἔφαγον	–	–	–
ἑτοιμάζω	bereiten	ἑτοιμάσω	ἡτοίμασα	ἡτοίμακα	ἡτοίμασμαι	ἡτοιμάσθην
εὐλογέω	segnen	εὐλογήσω	εὐλόγησα	εὐλόγηκα	εὐλόγημαι	εὐλογήθην
εὑρίσκω	finden	εὑρήσω	εὗρον	εὕρηκα	(εὕρημαι)	εὑρέθην
ἔχω	haben	ἕξω	ἔσχον	ἔσχηκα	–	–

Präsens	Deutsch	Futur	Aorist	Perfekt Aktiv	Perfekt Med.Pass.	Aorist Pass.
ζάω	leben	ζήσω ζήσομαι	ἔζησα	—	—	—
θαυμάζω	sich wundern	θαυμάσομαι	ἐθαύμασα	(τεθαύμακα)	—	ἐθαυμάσθην
θέλω	wollen	θελήσω	ἠθέλησα	—	—	—
θεραπεύω	heilen	θεραπεύσω	ἐθεράπευσα	(τεθεράπευκα)	τεθεράπευμαι	ἐθεραπεύθην
ἵστημι	stehen	στήσω	ἔστησα ἔστην	ἕστηκα	(ἕσταμαι)	ἐστάθην
καλέω	rufen	καλέσω	ἐκάλεσα	κέκληκα	κέκλημαι	ἐκλήθην
κηρύσσω	verkünden	κηρύξω	ἐκήρυξα	(κεκήρυχα)	(κεκήρυγμαι)	ἐκηρύχθην
κλείω	schließen	κλείσω	ἔκλεισα	—	κέκλεισμαι	ἐκλείσθην
κρίνω	richten	κρινῶ	ἔκρινα	κέκρικα	κέκριμαι	ἐκρίθην
λαλέω	sprechen	λαλήσω	ἐλάλησα	λελάληκα	λελάλημαι	ἐλαλήθν
λαμβάνω	nehmen empfangen	λήμψομαι	ἔλαβον	εἴληφα	εἴλημμαι	ἐλήμφθην
λέγω	sagen	ἐρῶ	εἶπον	εἴρηκα	εἴρημαι	ἐρρέθην ἐρρήθην
λείπω	verlassen	λείψω	ἔλιπον	(λέλοιπα)	λέλειμμαι	ἐλείφθην
λύω	lösen zerstören	λύσω	ἔλυσα	λέλυκα	λέλυμαι	ἐλύθην
μαρτυρέω	bezeugen	μαρτυρήσω	ἐμαρτύρησα	μεμαρτύρηκα	μεμαρτύρημαι	ἐμαρτυρήθην

Präsens	Deutsch	Futur	Aorist	Perfekt Aktiv	Perfekt Med./Pass.	Aorist Pass.
μένω	bleiben	μενῶ	ἔμεινα	μεμένηκα	—	—
ὁράω	sehen	ὄψομαι	εἶδον	ἑώρακα ἑόρακα	(ὤμμαι)	ὤφθην
πάσχω	leiden	(πείσομαι)	ἔπαθον	πέπονθα	—	—
πείθω	überreden	πείσω	ἔπεισα	πέποιθα	πέπεισμαι	ἐπείσθην
πέμπω	senden	πέμψω	ἔπεμψα	(πέπομφα)	(πέπεμμαι)	ἐπέμφθην
πίνω	trinken	πίομαι	ἔπιον	πέπωκα	(πέπομαι)	(ἐπόθην)
πίπτω	fallen	πεσοῦμαι	ἔπεσον ἔπεσα	πέπτωκα	—	—
πιστεύω	glauben	πιστεύσω	ἐπίστευσα	πεπίστευκα	πεπίστευμαι	ἐπιστεύθην
πληρόω	füllen erfüllen	πληρώσω	ἐπλήρωσα	πεπλήρωκα	πεπλήρωμαι	ἐπληρώθην
ποιέω	tun machen	ποιήσω	ἐποίησα	πεποίηκα	πεποίημαι	(ἐποιήθην)
πράσσω	tun ausführen	πράξω	ἔπραξα	πέπραξα	πέπραγμαι	—
προσεύχομαι	beten	προσεύξομαι	προσηυξάμην			
σπείρω	säen	(σπερῶ)	ἔσπειρα	—	ἔσπαρμαι	ἐσπάρην
σταυρόω	kreuzigen	σταυρώσω	ἐσταύρωσα	(ἐσταύρωκα)	ἐσταύρωμαι	ἐσταυρώθην
σῴζω	retten	σώσω	ἔσωσα	σέσωκα	σέσω(σ)μαι	ἐσώθην
τελέω	vollenden	(τελέσω)	ἐτέλεσα	τετέλεκα	τετέλεσμαι	ἐτελέσθην

Präsens	Deutsch	Futur	Aorist	Perfekt Aktiv	Perfekt Med./Pass.	Aorist Pass.
τίθημι	setzen stellen	θήσω	ἔθηκα	τέθεικα	τέθειμαι	ἐτέθην
τίκτω	hervorbringen gebären	τέξομαι	ἔτεκον	—	—	ἐτέχθην
φανερόω	offenbaren	φανερώσω	ἐφανέρωσα	(πεφανέρωκα)	πεφανέρωμαι	ἐφανερώθην
φέρω	tragen bringen	οἴσω	ἤνεγκα ἤνεγκον	ἐνήνοχα	(ἐνήνεγμαι)	ἠνέχθην
φεύγω	fliehen	φεύξομαι	ἔφυγον	(πέφευγα)		
φιλέω	lieben	φιλήσω	ἐφίλησα	πεφίληκα	(πεφίλημαι)	ἐφιλήθην
χαίρω	sich freuen	χαρήσομαι	—	—	—	ἐχάρην

Die Beherrschung der Stammformen dieser wichtigen Verben wird das Lesen und die Freude am griechischen Neuen Testament wesentlich erleichtern.
Die folgenden Übersichtstafeln zeigen die von jeder Stammform des Beispielverbs λύω abgeleiteten Formen. (351–356)

351. Präsenssystem

1.

		PRÄSENS		IMPERFEKT	
	Modus	Singular	Plural	Singular	Plural
AKTIV		λύω	λύομεν	ἔλυον	ἐλύομεν
	IND.	λύεις	λύετε	ἔλυες	ἐλύετε
		λύει	λύουσι	ἔλυε	ἔλυον
		λύω	λύωμεν		
	KONJ.	λύῃς	λύητε		
		λύῃ	λύωσι		
		λύοιμι	λύοιμεν		
	OPT.	λύοις	λύοιτε		
		λύοι	λύοιεν		
	IMP.	λῦε	λύετε		
		λυέτω	λυέτωσαν		
	INF.	λύειν			
	PTZP.	λύων – λύουσα – λῦον			
MEDIUM-PASSIV		λύομαι	λυόμεθα	ἐλυόμην	ἐλυόμεθα
	IND.	λύῃ	λύεσθε	ἐλύου	ἐλύεσθε
		λύεται	λύονται	ἐλύετο	ἐλύοντο
		λύωμαι	λυώμεθα		
	KONJ.	λύῃ	λύησθε		
		λύηται	λύωνται		
		λυοίμην	λυοίμεθα		
	OPT.	λύοιο	λύοισθε		
		λύοιτο	λύοιντο		
	IMP.	λύου	λύεσθε		
		λυέσθω	λυέσθωσαν		
	INF.	λύεσθαι			
	PTZP.	λυόμενος – λυομένη – λυόμενον			

352. Futur-System

2.

	Modus	Singular	Plural
AKTIV		λύσω	λύσομεν
	IND.	λύσεις	λύσετε
		λύσει	λύσουσι(ν)
	KONJ.		
	OPT.	λύσοιμι	λύσοιμεν
		λύσοις	λύσοιτε
		λύσοι	λύσοιεν
	IMP.		
	INF.	λύσειν	
	PTZP.	λύσων — λύσουσα — λῦσον	
MEDIUM		λύσομαι	λυσόμεθα
	IND.	λύσῃ	λύσεσθε
		λύσεται	λύσονται
	KONJ		
		λυσοίμην	λυσοίμεθα
	OPT.	λύσοιο	λύσοισθε
		λύσοιτο	λύσοιντο
	IMP.		
	INF.	λύσεσθαι	
	PTZP	λυσόμενος — λυσομένη — λυσόμενον	

353. Aorist-System

3.

		AORIST I -	λύω	AORIST II -	λαμβάνω
		Singular	Plural	Singular	Plural
AKTIV		ἔλυσα	ἐλύσαμεν	ἔλαβον	ἐλάβομεν
	IND.	ἔλυσας	ἐλύσατε	ἔλαβες	ἐλάβετε
		ἔλυσε	ἔλυσαν	ἔλαβε	ἔλαβον
		λύσω	λύσωμεν	λάβω	λάβωμεν
	KONJ.	λύσῃς	λύσητε	λάβῃς	λάβητε
		λύσῃ	λύσωσι	λάβῃ	λάβωσι
		λύσαιμι	λύσαιμεν	λάβοιμι	λάβοιμεν
	OPT.	λύσαις	λύσαιτε	λάβοις	λάβοιτε
		λύσαι	λύσαιεν- ειαν	λάβοι	λάβοιεν

	Singular	Plural	Singular	Plural
	λῦσον	λύσατε	λάβε	λάβετε
IMP.	λυσάτω	λυσάτωσαν -άντων	λαβέτω	λαβέτωσαν- όντων
INF.		λῦσαι		λαβεῖν
PTZP.	λύσας-λύσασα-λῦσαν		λαβών-λαβοῦσα-λαβόν	

MEDIUM

	ἐλυσάμην	ἐλυσάμεθα	ἐλαβόμην	ἐλαβόμεθα
IND.	ἐλύσω	ἐλύσασθε	ἐλάβου	ἐλάβεσθε
	ἐλύσατο	ἐλύσαντο	ἐλάβετο	ἐλάβοντο
	λύσωμαι	λυσώμεθα	λάβωμαι	λαβώμεθα
KONJ.	λύσῃ	λύσησθε	λάβῃ	λάβησθε
	λύσηται	λύσωνται	λάβηται	λάβωνται
	λυσαίμην	λυσαίμεθα	λαβοίμην	λαβοίμεθα
OPT.	λύσαιο	λύσαισθε	λάβοιο	λάβοισθε
	λύσαιτο	λύσαιντο	λάβοιτο	λάβοιντο
	λῦσαι	λύσασθε	λαβοῦ	λάβεσθε
IMP.	λυσάσθω	λυσάσθωσαν	λαβέσθω	λαβέσθωσαν
INF.	λύσασθαι	-άσθων	λαβέσθαι	-έσθων
PTZ	λυσάμενος-λυσαμένη-λυσάμενον		λαβόμενος-λαβομένη-λαβόμενον	

354. Perfekt-Aktiv-System

4.

	PERFEKT I		PLUSQUAMPERFEKT (AKTIV)	
MODUS	Singular	Plural	Singular	Plural
	λέλυκα	λελύκαμεν	ἐλελύκειν	ἐλελύκειμεν
IND.	λέλυκας	λελύκατε	ἐλελύκεις	ἐλελύκειτε
	λέλυκε	λελύκασι-αν	ἐλελύκει	ἐλελύκεισαν
	λελύκω	λελύκωμεν		
KONJ.	λελύκῃς	λελύκητε		
	λελύκῃ	λελύκωσι		
	λελύκοιμι	λελύκοιμεν		
OPT.	λελύκοις	λελύκοιτε		
	λελύκοι	λελύκοιεν		
	λέλυκε	λελύκετε		
IMP.	λελυκέτω	λελυκέτωσαν (-όντων)		

INF.	λελυκέναι			
PTZP.	λελυκώς-λελυκυῖα-λελυκός			
	PERFEKT II		PLUSQUAMPERFEKT II (AKTIV)	
	Singular	Plural	Singular	Plural
	λέλοιπα	λελοίπαμεν	ἐλελοίπειν	ἐλελοίπειμεν
IND.	λέλοιπας	λελοίπατε	ἐλελοίπεις	ἐλελοίπειτε
	λέλοιπε	λελοίπασι	ἐλελοίπει	ἐλελοίπεισαν
	λελοίπω	λελοίπωμεν		
KONJ.	λελοίπῃς	λελοίπητε		
	λελοίπῃ	λελοίπωσι		
	λελοίποιμι	λελοίποιμεν		
OPT.	λελοίποις	λελοίποιτε		
	λελοίποι	λελοίποιεν		
	λέλοιπε	λελοίπετε		
IMP.	λελοιπέτω	λελοιπέτωσαν (-όντων)		
INF.	λελοιπέναι			
PTZP	λελοιπώς-λελοιπυῖα-λελοιπός			

355. Perfekt-Medium-Passiv-System

MEDIUM—PASSIV

5.

MODUS	PERFEKT		PLUSQUAMPERFEKT	
	Singular	Plural	Singular	Plural
	λέλυμαι	λελύμεθα	ἐλελύμην	ἐλελύμεθα
IND.	λέλυσαι	λέλυσθε	ἐλέλυσο	ἐλέλυσθε
	λέλυται	λέλυνται	ἐλέλυτο	ἐλέλυντο
	λελυμένος ὦ	λελυμένοι ὦμεν		
KONJ.	λελυμένος ᾖς	λελυμένοι ἦτε		
	λελυμένος ᾖ	λελυμένοι ὦσι		
	λελυμένος εἴην	λελυμένοι εἴημεν		
OPT.	λελυμένος εἴης	λελυμένοι εἴητε		
	λελυμένος εἴη	λελυμένοι εἴησαν		
IMP.	λέλυσο	λέλυσθε		
	λελύσθω	λελύσθωσαν — ύσθων		

INF.	λελύσθαι
PTZP.	λελυμένος — λελυμένη — λελυμένον

FUTURISCHES PERFEKT (PERIPHRASTISCH)
ἔσται δεδεμένον (Matth. 16,19)
ἔσται λελυμένον (Matth. 16,19)
ἔσται λελυμένα (Matth. 18,18)
ἔσονται διαμεμερισμένοι (Luk. 12,52)

356. Aorist-Passiv-System

6.

	AORIST PASSIV I		AORIST PASSIV II	
MODUS	Singular	Plural	Singular	Plural
	ἐλύθην	ἐλύθημεν	ἐφάνην	ἐφάνημεν
IND.	ἐλύθης	ἐλύθητε	ἐφάνης	ἐφάνητε
	ἐλύθη	ἐλύθησαν	ἐφάνη	ἐφάνησαν
	λυθῶ	λυθῶμεν	φανῶ	φανῶμεν
KONJ.	λυθῇς	λυθῆτε	φανῇς	φανῆτε
	λυθῇ	λυθῶσι(ν)	φανῇ	φανῶσι
	λυθείην	λυθείημεν	φανείην	φανείημεν
OPT.	λυθείης	λυθείητε	φανείης	φανείητε
	λυθείη	λυθείησαν	φανείη	φανείησαν
	λύθητι	λύθητε	φάνητι	φάνητε
IMP.	λυθήτω	λυθήτωσαν	φανήτω	φανήτωσαν
INF.	λυθῆναι		φανῆναι	
PTZP.	λυθείς — λυθεῖσα — λυθέν		φανείς — φανεῖσα — φανέν	

	FUTUR PASSIV I		FUTUR PASSIV II	
	λυθήσομαι	λυθησόμεθα	φανήσομαι	φανησόμεθα
IND.	λυθήσῃ, -ει	λυθήσεσθε	φανήσῃ, -ει	φανήσεσθε
	λυθήσεται	λυθήσονται	φανήσεται	φανήσονται
	λυθησοίμην	λυθησοίμεθα	φανησοίμην	φανησοίμεθα
OPT.	λυθήσοιο	λυθήσοισθε	φανήσοιο	φανήσοισθε
	λυθήσοιτο	λυθήσοιντο	φανήσοιτο	φανήσοιντο
INF.	λυθήσεσθαι		φανήσεσθαι	
PTZP.	λυθησόμενος — λυθησομένη — λυθησόμενον		φανησόμενος — φανησομένη — φανησόμενον	

BEISPIELE

Einige Formen, die nicht im Neuen Testament vorkommen, sind der Vollständigkeit wegen aufgeführt und in Klammern ( ) gesetzt. Die in Klammern gesetzten Nummern verweisen jeweils auf den Abschnitt, in dem die Form im fortlaufenden Text behandelt wird.

NOMEN

Erste Deklination

357. Die folgenden Nomen der ersten Deklination sind Feminina (ἡ):

	Singular			
	(40)	(43)	(44)	(45; 13.4)
N	ὥρα	ἀλήθεια	δόξα	γραφή
GA	ὥρας	ἀληθείας	δόξης	γραφῆς
DLI	ὥρᾳ	ἀληθείᾳ	δόξῃ	γραφῇ
A	ὥραν	ἀλήθειαν	δόξαν	γραφήν
V	ὥρα	ἀλήθεια	δόξα	γραφή
	Plural			
N	ὧραι	ἀλήθειαι	δόξαι	γραφαί
GA	ὡρῶν	ἀληθειῶν	δοξῶν	γραφῶν
DLI	ὥραις	ἀληθείαις	δόξαις	γραφαῖς
A	ὥρας	ἀληθείας	δόξας	γραφάς
V	ὧραι	ἀλήθειαι	δόξαι	γραφαί

358. Die folgenden Nomen der ersten Deklination sind Maskulina (ὁ):

	Singular		Plural	
	(58)	(58)	(58)	(58)
N	μαθητής	προφήτης	μαθηταί	προφῆται
GA	μαθητοῦ	προφήτου	μαθητῶν	προφητῶν
DLI	μαθητῇ	προφήτῃ	μαθηταῖς	προφήταις
A	μαθητήν	προφήτην	μαθητάς	προφήτας
V	μαθητά	προφῆτα	μαθηταί	προφῆται

Zweite Deklination

359. Die folgenden Nomen der zweiten Deklination sind Maskulina (ὁ):

	Singular			
	(vgl. 33; 13.1)	(vgl. 13.2)	(13.3)	(vgl. 13.3)
N	ἄνθρωπος	δοῦλος	ἀδελφός	υἱός
GA	ἀνθρώπου	δούλου	ἀδελφοῦ	υἱοῦ
DLI	ἀνθρώπῳ	δούλῳ	ἀδελφῷ	υἱῷ
A	ἄνθρωπον	δοῦλον	ἀδελφόν	υἱόν
V	ἄνθρωπε	δοῦλε	ἀδελφέ	υἱέ
	Plural			
N	ἄνθρωποι	δοῦλοι	ἀδελφοί	υἱοί
GA	ἀνθρώπων	δούλων	ἀδελφῶν	υἱῶν
DLI	ἀνθρώποις	δούλοις	ἀδελφοῖς	υἱοῖς
A	ἀνθρώπους	δούλους	ἀδελφούς	υἱούς
V	ἄνθρωποι	δοῦλοι	ἀδελφοί	υἱοί

360. Die Deklination von δῶρον, einem neutrischen (τό) Nomen der zweiten Deklination,lautet (vgl. 36):

	Singular	Plural
N	δῶρον	δῶρα
GA	δώρου	δώρων
DLI	δώρῳ	δώροις
A	δῶρον	δῶρα
V	δῶρον	δῶρα

Dritte Deklination

361. Nomen der dritten Deklination gehören allen drei Genera an. Das Genus (Geschlecht) eines jeden Nomens wird beim Nominativ Singular durch den Artikel mit angegeben.

	Singular				
	(156.1)	(227.1)		(156.3)	(156.2)
N	ἐλπίς, ἡ	χάρις, ἡ	νύξ, ἡ	σάρξ, ἡ	ἄρχων, ὁ

GA	ἐλπίδος	χάριτος	νυκτός	σαρκός	ἄρχοντος
DLI	ἐλπίδι	χάριτι	νυκτί	σαρκί	ἄρχοντι
A	ἐλπίδα	χάριν	νύκτα	σάρκα	ἄρχοντα
V	ἐλπί	χάρις	νύξ	σάρξ	ἄρχων
	Plural				
N	ἐλπίδες	χάριτες	νύκτες	σάρκες	ἄρχοντες
GA	ἐλπίδων	χαρίτων	νυκτῶν	σαρκῶν	ἀρχόντων
DLI	ἐλπίσι(ν)	χάρισι(ν)	νυξί(ν)	σαρξί(ν)	ἄρχουσι(ν)
A	ἐλπίδας	χάριτας	νύκτας	σάρκας	ἄρχοντας
V	ἐλπίδες	χάριτες	νύκτες	σάρκες	ἄρχοντες

362. Synkopierte Nomen (227.3)

	Singular		
N	μήτηρ, ἡ	πατήρ, ὁ	ἀνήρ, ὁ
GA	μητρός	πατρός	ἀνδρός
DLI	μητρί	πατρί	ἀνδρί
A	μητέρα	πατέρα	ἄνδρα
V	μῆτερ	πάτερ	ἄνερ
	Plural		
N	μητέρες	πατέρες	ἄνδρες
GA	μητέρων	πατέρων	ἀνδρῶν
DLI	μητράσι(ν)	πατράσι(ν)	ἀνδράσι(ν)
A	μητέρας	πατέρας	ἄνδρας
V	μητέρες	πατέρες	ἄνδρες

363.

	Singular			
	(vgl. 227.4)	(vgl. 227.1)		
N	βασιλεύς, ὁ	πόλις, ἡ	χείρ, ἡ	γυνή, ἡ
GA	βασιλέως	πόλεως	χειρός	γυναικός
DLI	βασιλεῖ	πόλει	χειρί	γυναικί
A	βασιλέα	πόλιν	χεῖρα	γυναῖκα
V	βασιλεῦ	πόλι	χείρ	γύναι

	Plural			
N	βασιλεῖς	πόλεις	χεῖρες	γυναῖκες
GA	βασιλέων	πόλεων	χειρῶν	γυναικῶν
DLI	βασιλεῦσι(ν)	πόλεσι(ν)	χερσί(ν)	γυναιξί(ν)
A	βασιλεῖς	πόλεις	χεῖρας	γυναῖκας
V	βασιλεῖς	πόλεις	χεῖρες	γυναῖκες

364.

	Singular	
	(vgl. 227.4)	(vgl. 156.4)
N	γένος, τό	ὄνομα, τό
GA	γένους	ὀνόματος
DLI	γένει	ὀνόματι
A	γένος	ὄνομα
V	γένος	ὄνομα

	Plural	
N	γένη	ὀνόματα
GA	γενῶν	ὀνομάτων
DLI	γένεσι(ν)	ὀνόμασι(ν)
A	γένη	ὀνόματα
V	γένη	ὀνόματα

DER ARTIKEL

365. (50)

	Singular			Plural		
	M	F	N	M	F	N
N	ὁ	ἡ	τό	οἱ	αἱ	τά
G	τοῦ	τῆς	τοῦ	τῶν	τῶν	τῶν
D	τῷ	τῇ	τῷ	τοῖς	ταῖς	τοῖς
A	τόν	τήν	τό	τούς	τάς	τά

366. (49.1), ἀγαθός, —ή, —όν gut

	Singular			Plural		
	M	F	N	M	F	N
N	ἀγαθός	ἀγαθή	ἀγαθόν	ἀγαθοί	ἀγαθαί	ἀγαθά
GA	ἀγαθοῦ	ἀγαθῆς	ἀγαθοῦ	ἀγαθῶν	ἀγαθῶν	ἀγαθῶν
DLI	ἀγαθῷ	ἀγαθῇ	ἀγαθῷ	ἀγαθοῖς	ἀγαθαῖς	ἀγαθοῖς
A	ἀγαθόν	ἀγαθήν	ἀγαθόν	ἀγαθούς	ἀγαθάς	ἀγαθά
V	ἀγαθέ	ἀγαθή	ἀγαθόν	ἀγαθοί	ἀγαθαί	ἀγαθά

367. δίκαιος, α, ον (49.2), gerecht

	Singular			Plural		
	M	F	N	M	F	N
N	δίκαιος	δικαία	δίκαιον	δίκαιοι	δίκαιαι	δίκαια
GA	δικαίου	δικαίας	δικαίου	δικαίων	δικαίων	δικαίων
DLI	δικαίῳ	δικαίᾳ	δικαίῳ	δικαίοις	δικαίαις	δικαίοις
A	δίκαιον	δικαίαν	δίκαιον	δικαίους	δικαίας	δίκαια
V	δίκαιε	δικαία	δίκαιον	δίκαιοι	δίκαιαι	δίκαια

368. μικρός, ά, όν (49.3), klein

	Singular			Plural		
	M	F	N	M	F	N
N	μικρός	μικρά	μικρόν	μικροί	μικραί	μικρά
GA	μικροῦ	μικρᾶς	μικροῦ	μικρῶν	μικρῶν	μικρῶν
DLI	μικρῷ	μικρᾷ	μικρῷ	μικροῖς	μικραῖς	μικροῖς
A	μικρόν	μικράν	μικρόν	μικρούς	μικράς	μικρά
V	μικρέ	μικρά	μικρόν	μικροί	μικραί	μικρά

369. μέγας, μεγάλη, μέγα, groß

	Singular			Plural		
	M	F	N	M	F	N
N	μέγας	μεγάλη	μέγα	μεγάλοι	μεγάλαι	μεγάλα
GA	μεγάλου	μεγάλης	μεγάλου	μεγάλων	μεγάλων	μεγάλων

DLI	μεγάλῳ	μεγάλῃ	μεγάλῳ	μεγάλοις	μεγάλαις	μεγάλοις
A	μέγαν	μεγάλην	μέγα	μεγάλους	μεγάλας	μεγάλα
V	μεγάλε	μεγάλη	μέγα	μεγάλοι	μεγάλαι	μεγάλα

370. πολύς, πολλή, πολύ, viel

	Singular			Plural		
	M	F	N	M	F	N
N	πολύς	πολλή	πολύ	πολλοί	πολλαί	πολλά
GA	πολλοῦ	πολλῆς	πολλοῦ	πολλῶν	πολλῶν	πολλῶν
DLI	πολλῷ	πολλῇ	πολλῷ	πολλοῖς	πολλαῖς	πολλοῖς
A	πολύν	πολλήν	πολύ	πολλούς	πολλάς	πολλά

371. πᾶς, πᾶσα, πᾶν (260), jeder, alle

	Singular			Plural		
	M	F	N	M	F	N
N	πᾶς	πᾶσα	πᾶν	πάντες	πᾶσαι	πάντα
GA	παντός	πάσης	παντός	πάντων	πασῶν	πάντων
DLI	παντί	πάσῃ	παντί	πᾶσι(ν)	πάσαις	πᾶσι(ν)
A	πάντα	πᾶσαν	πᾶν	πάντας	πάσας	πάντα

372. ἀληθής, ἀληθές (Adjektiv zweier Endungen, 228), wahr

	Singular		Plural	
	M und F	N	M und F	N
N	ἀληθής	ἀληθές	ἀληθεῖς	ἀληθῆ
GA	ἀληθοῦς	ἀληθοῦς	ἀληθῶν	ἀληθῶν
DLI	ἀληθεῖ	ἀληθεῖ	ἀληθέσι(ν)	ἀληθέσι(ν)
A	ἀληθῆ	ἀληθές	ἀληθεῖς	ἀληθῆ
V	ἀληθές	ἀληθές	ἀληθεῖς	ἀληθῆ

373. μείζων, μεῖζον — Adjektiv zweier Endungen, alternative Formen sind in Klammern gesetzt (298), größer

	Singular		Plural	
	M und F	N	M und F	N
N	μείζων	μεῖζον	μείζονες	μείζονα

			(μείζους)	(μείζω)
GA	μείζονος	μείζονος	μειζόνων	μειζόνων
DLI	μείζονι	μείζονι	μείζοσι(ν)	μείζοσι(ν)
A	μείζονα			
	(μείζω)	μεῖζον	μείζονας	μείζονα
			(μείζους)	(μείζω)

PARTIZIPIEN

374. Partizip Präsens Aktiv (161)

	Singular			Plural		
	M	F	N	M	F	N
N	λύων	λύουσα	λῦον	λύοντες	λύουσαι	λύοντα
GA	λύοντος	λυούσης	λύοντος	λυόντων	λυουσῶν	λυόντων
DLI	λύοντι	λυούσῃ	λύοντι	λύουσι(ν)	λυούσαις	λύουσι(ν)
A	λύοντα	λύουσαν	λῦον	λύοντας	λυούσας	λύοντα

375. Partizip Aorist Aktiv (171)

	Singular			Plural		
	M	F	N	M	F	N
N	λύσας	λύσασα	λῦσαν	λύσαντες	λύσασαι	λύσαντα
GA	λύσαντος	λυσάσης	λύσαντος	λυσάντων	λυσασῶν	λυσάντων
DLI	λύσαντι	λυσάσῃ	λύσαντι	λύσασι(ν)	λυσάσαις	λύσασι(ν)
A	λύσαντα	λύσασαν	λῦσαν	λύσαντας	λυσάσας	λύσαντα

376. Partizip Aorist Passiv (183)

	Singular			Plural		
	M	F	N	M	F	N
N	λυθείς	λυθεῖσα	λυθέν	λυθέντες	λυθεῖσαι	λυθέντα
GA	λυθέντος	λυθείσης	λυθέντος	λυθέντων	λυθεισῶν	λυθέντων
DLI	λυθέντι	λυθείσῃ	λυθέντι	λυθεῖσι(ν)	λυθείσαις	λυθεῖσι(ν)
A	λυθέντα	λυθεῖσαν	λυθέν	λυθέντας	λυθείσας	λυθέντα

377. Partizip Perfekt Aktiv (288)

	Singular			Plural		
	M	F	N	M	F	N
N	λελυκώς	λελυκυῖα	λελυκός	λελυκότες	λελυκυῖαι	λελυκότα
GA	λελυκότος	λελυκυίας	λελυκότος	λελυκότων	λελυκυιῶν	λελυκότων
DLI	λελυκότι	λελυκυίᾳ	λελυκότι	λελυκόσι(ν)	λελυκυίαις	λελυκόσι(ν)
A	λελυκότα	λελυκυῖαν	λελυκός	λελυκότας	λελυκυίας	λελυκότα

378. Partizip Präsens von εἰμί, ὤν, οὖσα, ὄν (164)

	Singular			Plural		
	M	F	N	M	F	N
N	ὤν	οὖσα	ὄν	ὄντες	οὖσαι	ὄντα
GA	ὄντος	οὔσης	ὄντος	ὄντων	οὐσῶν	ὄντων
DLI	ὄντι	οὔσῃ	ὄντι	οὖσι(ν)	οὔσαις	οὖσι(ν)
A	ὄντα	οὖσαν	ὄν	ὄντας	οὔσας	ὄντα

PRONOMEN

Personalpronomen

379.1 Erste Person, ich (70)

	Singular	Plural
N	ἐγώ	ἡμεῖς
GA	ἐμοῦ (μου)	ἡμῶν
DLI	ἐμοί (μοι)	ἡμῖν
A	ἐμέ (με)	ἡμᾶς

379.2 Zweite Person, du (71)

	Singular	Plural
N	σύ	ὑμεῖς
GA	σοῦ (σου)	ὑμῶν
DLI	σοί (σοι)	ὑμῖν
A	σέ (σε)	ὑμᾶς

379.3 Dritte Person, er, sie, es (72)

	Singular			Plural		
	M	F	N	M	F	N
N	αὐτός	αὐτή	αὐτό	αὐτοί	αὐταί	αὐτά
GA	αὐτοῦ	αὐτῆς	αὐτοῦ	αὐτῶν	αὐτῶν	αὐτῶν
DLI	αὐτῷ	αὐτῇ	αὐτῷ	αὐτοῖς	αὐταῖς	αὐτοῖς
A	αὐτόν	αὐτήν	αὐτό	αὐτούς	αὐτάς	αὐτά

Demonstrativpronomen

380. οὗτος, αὕτη, τοῦτο (79), dieser, diese, dieses

	Singular			Plural		
	M	F	N	M	F	N
N	οὗτος	αὕτη	τοῦτο	οὗτοι	αὗται	ταῦτα
GA	τούτου	ταύτης	τούτου	τούτων	τούτων	τούτων
DLI	τούτῳ	ταύτῃ	τούτῳ	τούτοις	ταύταις	τούτοις
A	τοῦτον	ταύτην	τοῦτο	τούτους	ταύτας	ταῦτα

ἐκεῖνος, η, ο (80), jener, jene, jenes

	Singular			Plural		
	M	F	N	M	F	N
N	ἐκεῖνος	ἐκείνη	ἐκεῖνο	ἐκεῖνοι	ἐκεῖναι	ἐκεῖνα
GA	ἐκείνου	ἐκείνης	ἐκείνου	ἐκείνων	ἐκείνων	ἐκείνων
DLI	ἐκείνῳ	ἐκείνῃ	ἐκείνῳ	ἐκείνοις	ἐκείναις	ἐκείνοις
A	ἐκεῖνον	ἐκείνην	ἐκεῖνο	ἐκείνους	ἐκείνας	ἐκεῖνα

381. **Relativpronomen** (279), welcher, welches

	Singular			Plural		
	M	F	N	M	F	N
N	ὅς	ἥ	ὅ	οἵ	αἵ	ἅ
GA	οὗ	ἧς	οὗ	ὧν	ὧν	ὧν
DLI	ᾧ	ᾗ	ᾧ	οἷς	αἷς	οἷς
A	ὅν	ἥν	ὅ	οὕς	ἅς	ἅ

382. Das unbestimmte Relativpronomen (oder qualitative Relativ) findet sich im Neuen Testament nur im Nominativ. Es stellt eine Mischform zwischen dem Relativpronomen (ὅς, ἥ, ὅ) und dem unbestimmten Pronomen (τις, τι) dar. Beide Teile dieser kombinierten Form werden für sich nebeneinander in allen Kasus dekliniert.

	Singular			Plural		
	M	F	N	M	F	N
N	ὅστις	ἥτις	ὅτι	οἵτινες	αἵτινες	ἅτινα
GA	(οὗτινος)	(ἧστινος)	(οὗτινος)	(ὧντινων)	(ὧντινων)	(ὧντινων)
		etc.			etc.	

383. Interrogativpronomen (274)

	Singular		Plural	
	M und F	N	M und F	N
N	τίς	τί	τίνες	τίνα
GA	τίνος	τίνος	τίνων	τίνων
DLI	τίνι	τίνι	τίσι(ν)	τίσι(ν)
A	τίνα	τί	τίνας	τίνα

384. Indefinites (unbestimmtes) Pronomen (276)

	Singular		Plural	
	M und F	N	M und F	N
N	τις	τι	τινές	τινά
GA	τινός	τινός	τινῶν	τινῶν
DLI	τινί	τινί	τισί(ν)	τισί(ν)
A	τινά	τι	τινάς	τινά

385. Reflexivpronomen
ἐμαυτοῦ, ῆς, von mir selbst (240)

	Singular		Plural	
	M	F	M	F
GA	ἐμαυτοῦ	ἐμαυτῆς	ἑαυτῶν	ἑαυτῶν
DLI	ἐμαυτῷ	ἐμαυτῇ	ἑαυτοῖς	ἑαυταῖς

A	ἐμαυτόν	ἐμαυτήν	ἑαυτούς	ἑαυτάς

σεαυτοῦ, ῆς, von dir selbst (241)

	Singular		Plural	
	M	F	M	F
GA	σεαυτοῦ	σεαυτῆς	ἑαυτῶν	ἑαυτῶν
DLI	σεαυτῷ	σεαυτῇ	ἑαυτοῖς	ἑαυταῖς
A	σεαυτόν	σεαυτήν	ἑαυτούς	ἑαυτάς

ἑαυτου, ῆς, οῦ, von ihm selbst etc. (242)

	Singular			Plural		
	M	F	N	M	F	N
GA	ἑαυτοῦ	ἑαυτῆς	ἑαυτοῦ	ἑαυτῶν	ἑαυτῶν	ἑαυτῶν
DLI	ἑαυτῷ	ἑαυτῇ	ἑαυτῷ	ἑαυτοῖς	ἑαυταῖς	ἑαυτοῖς
A	ἑαυτόν	ἑαυτήν	ἑαυτό	ἑαυτούς	ἑαυτάς	ἑαυτά

ZAHLWÖRTER

386.

	εἷς, μία, ἕν, eins (266)			τρεῖς, τρία, drei (266)	
	M	F	N	M und F	N
N	εἷς	μία	ἕν	τρεῖς	τρία
GA	ἑνός	μιᾶς	ἑνός	τριῶν	τριῶν
DLI	ἑνί	μιᾷ	ἑνί	τρισί(ν)	τρισί(ν)
A	ἕνα	μίαν	ἕν	τρεῖς	τρία

VERBEN

Das regelmäßige Verb (Konjugation von λύω)

			Stammformen		λύω
			Präs.Akt.	Imp.Akt.	Präs.M.P.
Ind.	S.	1.	λύω	ἔλυον	λύομαι
		2.	λύεις	ἔλυες	λύῃ
		3.	λύει	ἔλυε	λύεται
	P.	1.	λύομεν	ἐλύομεν	λυόμεθα
		2.	λύετε	ἐλύετε	λύεσθε
		3.	λύουσι(ν)	ἔλυον	λύονται
Konj.	S.	1.	λύω		λύωμαι
		2.	λύῃς		λύῃ
		3.	λύῃ		λύηται
	P.	1.	λύωμεν		λυώμεθα
		2.	λύητε		λύησθε
		3.	λύωσι(ν)		λύωνται
Opt.	S.	1.	λύοιμι		λυοίμην
		2.	λύοις		λύοιο
		3.	λύοι		λύοιτο
	P.	1.	λύοιμεν		λυοίμεθα
		2.	λύοιτε		λύοισθε
		3.	λύοιεν		λύοιντο
Imp.	S.	2.	λῦε		λύου
		3.	λυέτω		λυέσθω
	P.	2.	λύετε		λύεσθε
		3.	λυέτωσαν		λυέσθωσαν
Inf.			λύειν		λύεσθαι
Ptz.			λύων		λυόμενος
			λύουσα		λυομένη
			λῦον		λυόμενον

	λύσω		ἔλυσα	
Imp.M.P.	Fut.Akt.	Fut.M.	Aor.Akt.	Aor.M.
ἐλυόμην	λύσω	λύσομαι	ἔλυσα	ἐλυσάμην
ἐλύου	λύσεις	λύσῃ	ἔλυσας	ἐλύσω
ἐλύετο	λύσει	λύσεται	ἔλυσε(ν)	ἐλύσατο
ἐλυόμεθα	λύσομεν	λυσόμεθα	ἐλύσαμεν	ἐλυσάμεθα
ἐλύεσθε	λύσετε	λύσεσθε	ἐλύσατε	ἐλύσασθε
ἐλύοντο	λύσουσι(ν)	λύσονται	ἔλυσαν	ἐλύσαντο
			λύσω	λύσωμαι
			λύσῃς	λύσῃ
			λύσῃ	λύσηται
			λύσωμεν	λυσώμεθα
			λύσητε	λύσησθε
			λύσωσι(ν)	λύσωνται
	λύσοιμι	λυσοίμην	λύσαιμι	λυσαίμην
	λύσοις	λύσοιο	λύσαις	λύσαιο
	λύσοι	λύσοιτο	λύσαι	λύσαιτο
	λύσοιμεν	λυσοίμεθα	λύσαιμεν	λυσαίμεθα
	λύσοιτε	λύσοισθε	λύσαιτε	λύσαισθε
	λύσοιεν	λύσοιντο	λύσαιεν	λύσαιντο
			λῦσον	λῦσαι
			λυσάτω	λυσάσθω
			λύσατε	λύσασθε
			λυσάτωσαν	λυσάσθωσαν
			λῦσαι	λύσασθαι
			λύσας	λυσάμενος
			λύσασα	λυσαμένη
			λῦσαν	λυσάμενον

Stammformen			λέλυκα	λέλυμαι	λέλυμαι	ἐλύθην
		Perf.Akt.	Plusqu.Akt.	Perf.M.P.	Aor.Pass.	Fut.Pass.
Ind.	S.	1. λέλυκα	(ἐ)λελύκειν	λέλυμαι	ἐλύθην	λυθήσομαι
		2. λέλυκας	(ἐ)λελύκεις	λέλυσαι	ἐλύθης	λυθήσῃ
		3. λέλυκε(ν)	(ἐ)λελύκει	λέλυται	ἐλύθη	λυθήσεται
	P.	1. λελύκαμεν	(ἐ)λελύκειμεν	λελύμεθα	ἐλύθημεν	λυθησόμεθα
		2. λελύκατε	(ἐ)λελύκειτε	λέλυσθε	ἐλύθητε	λυθήσεσθε
		3. λελύκασι(ν)	(ἐ)λελύκεισαν	λέλυνται	ἐλύθησαν	λυθήσονται
Konj.	S.	1. (λέλυκαν)			λυθῶ	
		2.			λυθῇς	
		3.			λυθῇ	
	P.	1.			λυθῶμεν	
		2.			λυθῆτε	
		3.			λυθῶσι(ν)	
Opt.	S.	1.			λυθείην	
		2.			λυθείης	
		3.			λυθείη	
	P.	1.			λυθείημεν	
		2.			λυθείητε	
		3.			λυθείησαν	
Imp.	S.	2.			λύθητι	
		3.			λυθήτω	
	P.	2.			λύθητε	
		3.			λυθήτωσαν	
Inf.		λελυκέναι		λελύσθαι	λυθῆναι	
Ptz.		λελυκώς		λελυμένος	λυθείς	
		λελυκυῖα		λελυμένη	λυθεῖσα	
		λελυκός		λελυμένον	λυθέν	

388. KONTRAHIERTE VERBEN

Das Präsenssystem von τιμάω, ich ehre, lautet wie folgt:

			Präs. Akt.		Imperf. Akt.	
Ind.	S.	1.	(τιμάω)	τιμῶ	(ἐτίμαον)	ἐτίμων
		2.	(τιμάεις)	τιμᾷς	(ἐτίμαες)	ἐτίμας
		3.	(τιμάει)	τιμᾷ	(ἐτίμαε)	ἐτίμα
	P.	1.	(τιμάομεν)	τιμῶμεν	(ἐτιμάομεν)	ἐτιμῶμεν
		2.	(τιμάετε)	τιμᾶτε	(ἐτιμάετε)	ἐτιμᾶτε
		3.	(τιμάουσι)	τιμῶσι(ν)	(ἐτίμαον)	ἐτίμων
Konj.	S.	1.	(τιμάω)	τιμῶ		
		2.	(τιμάῃς)	τιμᾷς		
		3.	(τιμάῃ)	τιμᾷ		
	P.	1.	(τιμάωμεν)	τιμῶμεν		
		2.	(τιμάητε)	τιμᾶτε		
		3.	(τιμάωσι(ν))	τιμῶσι(ν)		
Opt.	S.	1.	(τιμάοιμι)	τιμῷμι		
		2.	(τιμάοις)	τιμῷς		
		3.	(τιμάοι)	τιμῷ		
	P.	1.	(τιμάοιμεν)	τιμῷμεν		
		2.	(τιμάοιτε)	τιμῷτε		
		3.	(τιμάοιεν)	τιμῷεν		
Imp.	S.	2.	(τίμαε)	τίμα		
		3.	(τιμαέτω)	τιμάτω		
	P.	2.	(τιμάετε)	τιμᾶτε		
		3.	(τιμαέτωσαν)	τιμάτωσαν		
Inf.			(τιμάειν)	τιμᾶν		
Ptz.			(τιμάων)	τιμῶν		
			(τιμάουσα)	τιμῶσα		
			(τιμάον)	τιμῶν		

Präs. Med. u. Pass.	
(τιμάομαι)	τιμῶμαι
(τιμάῃ)	τιμᾷ
(τιμάεται)	τιμᾶται
(τιμαόμεθα)	τιμώμεθα
(τιμάεσθε)	τιμᾶσθε
(τιμάονται)	τιμῶνται
(τιμάωμαι)	τιμῶμαι
(τιμάῃ)	τιμᾷ
(τιμάηται)	τιμᾶται
(τιμαώμεθα)	τιμώμεθα
(τιμάησθε)	τιμᾶσθε
(τιμάωνται)	τιμῶνται
(τιμαοίμην)	τιμῴμην
(τιμάοιο)	τιμῷο
(τιμάοιτο)	τιμῷτο
(τιμαοίμεθα)	τιμῴμεθα
(τιμάοισθε)	τιμῷσθε
(τιμάοιντο)	τιμῷντο
(τιμάου)	τιμῶ
(τιμαέσθω)	τιμάσθω
(τιμάεσθε)	τιμᾶσθε
(τιμαέσθωσαν)	τιμάσθωσαν
(τιμάεσθαι)	τιμᾶσθαι
(τιμαόμενος)	τιμώμενος
(τιμαομένη)	τιμωμένη
(τιμαόμενον)	τιμώμενον

Imperf. Med. u. Pass.	
(ἐτιμαόμην)	ἐτιμώμην
(ἐτιμάου)	ἐτιμῶ
(ἐτιμάετο)	ἐτιμᾶτο
(ἐτιμαόμεθα)	ἐτιμώμεθα
(ἐτιμάεσθε)	ἐτιμᾶσθε
(ἐτιμάοντο)	ἐτιμῶντο

389. Das Präsens-System von φιλέω, ich liebe, lautet:

			Präs. Akt.		Imperf. Akt.	
Ind.	S.	1.	(φιλέω)	φιλῶ	(ἐφίλεον)	ἐφίλουν
		2.	(φιλέεις)	φιλεῖς	(ἐφίλεες)	ἐφίλεις
		3.	(φιλέει)	φιλεῖ	(ἐφίλεε)	ἐφίλει
	P.	1.	(φιλέομεν)	φιλοῦμεν	(ἐφιλέομεν)	ἐφιλοῦμεν
		2.	(φιλέετε)	φιλεῖτε	(ἐφιλέετε)	ἐφιλεῖτε
		3.	(φιλέου-σι(ν))	φιλοῦσι(ν)	(ἐφίλεον)	ἐφίλουν
Konj.	S.	1.	(φιλέω)	φιλῶ		
		2.	(φιλέῃς)	φιλῇς		
		3.	(φιλέῃ)	φιλῇ		
	P.	1.	(φιλέωμεν)	φιλῶμεν		
		2.	(φιλέητε)	φιλῆτε		
		3.	(φιλέωσι(ν)	φιλῶσι(ν)		
Opt.	S.	1.	(φιλέοιμι)	φιλοῖμι		
		2.	(φιλέοις)	φιλοῖς		
		3.	(φιλέοι)	φιλοῖ		
	P.	1.	(φιλέοιμεν)	φιλοῖμεν		
		2.	(φιλέοιτε)	φιλοῖτε		
		3.	(φιλέοιεν)	φιλοῖεν		
Imp.	S.	2.	(φίλεε)	φίλει		
		3.	(φιλεέτω)	φιλείτω		
	P.	2.	(φιλέετε)	φιλεῖτε		
		3.	(φιλεέτωσαν)	φιλείτωσαν		
Inf.			(φιλέειν)	φιλεῖν		
Ptz.			(φιλέων)	φιλῶν		
			(φιλέουσα)	φιλοῦσα		
			(φιλέον)	φιλοῦν		

Präs. Med. u. Pass.		Imperf. Med. u. Pass.	
(φιλέομαι)	φιλοῦμαι	(ἐφιλεόμην)	ἐφιλούμην
(φιλέῃ)	φιλῇ	(ἐφιλέου)	ἐφιλοῦ
(φιλέεται)	φιλεῖται	(ἐφιλέετο)	ἐφιλεῖτο
(φιλεόμεθα)	φιλούμεθα	(ἐφιλεόμεθα)	ἐφιλούμεθα
(φιλέεσθε)	φιλεῖσθε	(ἐφιλέεσθε)	ἐφιλεῖσθε
(φιλέονται)	φιλοῦνται	(ἐφιλέοντο)	ἐφιλοῦντο
(φιλέωμαι)	φιλῶμαι		
(φιλέῃ)	φιλῇ		
(φιλέηται)	φιλῆται		
(φιλεώμεθα)	φιλώμεθα		
(φιλέησθε)	φιλῆσθε		
(φιλέωνται)	φιλῶνται		
(φιλεοίμην)	φιλοίμην		
(φιλέοιο)	φιλοῖο		
(φιλέοιτο)	φιλοῖτο		
(φιλεοίμεθα)	φιλοίμεθα		
(φιλέοισθε)	φιλοῖσθε		
(φιλέοιντο)	φιλοῖντο		
(φιλέου)	φιλοῦ		
(φιλεέσθω)	φιλείσθω		
(φιλέεσθε)	φιλεῖσθε		
(φιλεέσθωσαν)	φιλείσθωσαν		
(φιλέεσθαι)	φιλεῖσθαι		
(φιλεόμενος)	φιλούμενος		
(φιλεομένη)	φιλουμένη		
(φιλεόμενον)	φιλούμενον		

390. Das Präsens-System von δηλόω, ich offenbare, lautet:

			Präs. Akt.		Imperf. Akt.	
Ind.	S.	1.	(δηλόω)	δηλῶ	(ἐδήλοον)	ἐδήλουν
		2.	(δηλόεις)	δηλοῖς	(ἐδήλοες)	ἐδήλους
		3.	(δηλόει)	δηλοῖ	(ἐδήλοε)	ἐδήλου
	P.	1.	(δηλόομεν)	δηλοῦμεν	(ἐδηλόομεν)	ἐδηλοῦμεν
		2.	(δηλόετε)	δηλοῦτε	(ἐδηλόετε)	ἐδηλοῦτε
		3.	(δηλόουσι(ν)	δηλοῦσι(ν)	(ἐδήλοον)	ἐδήλουν
Konj.	S.	1.	(δηλόω)	δηλῶ		
		2.	(δηλόῃς)	δηλοῖς		
		3.	(δηλόῃ)	δηλοῖ		
	P.	1.	(δηλόωμεν)	δηλῶμεν		
		2.	(δηλόητε)	δηλῶτε		
		3.	(δηλόωσι(ν))	δηλῶσι(ν)		
Opt.	S.	1.	(δηλόοιμι)	δηλοῖμι		
		2.	(δηλόοις)	δηλοῖς		
		3.	(δηλόοι)	δηλοῖ		
	P.	1.	(δηλόοιμεν)	δηλοῖμεν		
		2.	(δηλόοιτε)	δηλοῖτε		
		3.	(δηλόοιεν)	δηλοῖεν		
Imp.	S.	2.	(δήλοε)	δήλου		
		3.	(δηλοέτω)	δηλούτω		
	P.	2.	(δηλόετε)	δηλοῦτε		
		3.	(δηλοέτωσαν)	δηλούτωσαν		
Inf.			(δηλόειν)	δηλοῦν		
Ptz.			(δηλόων)	δηλῶν		
			(δηλόουσα)	δηλοῦσα		
			(δηλόον)	δηλοῦν		

Präs. Med. u. Pass.		Imperf. Med. u. Pass.	
(δηλόομαι)	δηλοῦμαι	(ἐδηλοόμην)	ἐδηλούμην
(δηλόῃ)	δηλοῖ	(ἐδηλόου)	ἐδηλοῦ
(δηλόεται)	δηλοῦται	(ἐδηλόετο)	ἐδηλοῦτο
(δηλοόμεθα)	δηλούμεθα	(ἐδηλοόμεθα)	ἐδηλούμεθα
(δηλόεσθε)	δηλοῦσθε	(ἐδηλόεσθε)	ἐδηλοῦσθε
(δηλόονται)	δηλοῦνται	(ἐδηλόοντο)	ἐδηλοῦντο
(δηλόωμαι)	δηλῶμαι		
(δηλόῃ)	δηλοῖ		
(δηλόηται)	δηλῶται		
(δηλοώμεθα)	δηλώμεθα		
(δηλόησθε)	δηλῶσθε		
(δηλόωνται)	δηλῶνται		
(δηλοοίμην)	δηλοίμην		
(δηλόοιο)	δηλοῖο		
(δηλόοιτο)	δηλοῖτο		
(δηλοοίμεθα)	δηλοίμεθα		
(δηλόοισθε)	δηλοῖσθε		
(δηλόοιντο)	δηλοῖντο		
(δηλόου)	δηλοῦ		
(δηλοέσθω)	δηλούσθω		
(δηλόεσθε)	δηλοῦσθε		
(δηλοέσθωσαν)	δηλούσθωσαν		
(δηλόεσθαι)	δηλοῦσθαι		
(δηλοόμενος)	δηλούμενος		
(δηλοομένη)	δηλουμένη		
(δηλοόμενον)	δηλούμενον		

391. Aorist II Aktiv und Medium

		Aorist II Aktiv	Aorist II Medium
		Indikativ	Indikativ
Sing.	1.	ἔλιπον	ἐλιπόμην
	2.	ἔλιπες	ἐλίπου
	3.	ἔλιπε(ν)	ἐλίπετο
Plur.	1.	ἐλίπομεν	ἐλιπόμεθα
	2.	ἐλίπετε	ἐλίπεσθε
	3.	ἔλιπον	ἐλίποντο
		Konjunktiv	Konjunktiv
Sing.	1.	λίπω	λίπωμαι
	2.	λίπῃς	λίπῃ
	3.	λίπῃ	λίπηται
Plur.	1.	λίπωμεν	λιπώμεθα
	2.	λίπητε	λίπησθε
	3.	λίπωσι(ν)	λίπωνται
		Imperativ	Imperativ
Sing.	2.	λίπε	λιποῦ
	3.	λιπέτω	λιπέσθω
Plur.	2.	λίπετε	λίπεσθε
	3.	λιπέτωσαν	λιπέσθωσαν
		Infinitiv	Infinitiv
		λιπεῖν	λιπέσθαι
		Partizip	Partizip
		λιπών, λιποῦσα, λιπόν	λιπόμενος, η, ον

392. Futur und Aorist der Verba liquida (233—236)

		Futur Aktiv Indikativ
Sing.	1.	κρινῶ
	2.	κρινεῖς
	3.	κρινεῖ
Plur.	1.	κρινοῦμεν
	2.	κρινεῖτε
	3.	κρινοῦσι(ν)

		Futur Medium Indikativ
Sing.	1.	κρινοῦμαι
	2.	κρινῇ
	3.	κρινεῖται
Plur.	1.	κρινούμεθα
	2.	κρινεῖσθε
	3.	κρινοῦνται

		Aorist I Aktiv	Aorist I Medium
		Indikativ	Indikativ
S.	1.	ἔκρινα	ἐκρινάμην
	2.	ἔκρινας	ἐκρίνω
	3.	ἔκρινε(ν)	ἐκρίνατο
P.	1.	ἐκρίναμεν	ἐκρινάμεθα
	2.	ἐκρίνατε	ἐκρίνασθε
	3.	ἔκριναν	ἐκρίναντο
		Konjunktiv	Konjunktiv
S.	1.	κρίνω	κρίνωμαι
	2.	κρίνῃς	κρίνῃ
	3.	κρίνῃ	κρίνηται
P.	1.	κρίνωμεν	κρινώμεθα
	2.	κρίνητε	κρίνησθε
	3.	κρίνωσι(ν)	κρίνωνται
		Imperativ	Imperativ
S.	2.	κρῖνον	κρῖναι
	3.	κρινάτω	κρινάσθω
P.	2.	κρίνατε	κρίνασθε
	3.	κρινάτωσαν	κρινάσθωσαν
		Infinitiv	Infinitiv
		κρῖναι	κρίνασθαι
		Partizip	Partizip
		κρίνας, κρίνασα, κρῖναν	κρινάμενος, η, ον

393. Präsens-System von δίδωμι (312—318)

		Präsens Aktiv	Imperfekt Aktiv	Präs. M.P.	Imperf. M.P.
		Indikativ	Indikativ	Indikativ	Indikativ
Sing.	1.	δίδωμι	ἐδίδουν	δίδομαι	ἐδιδόμην
	2.	δίδως	ἐδίδους	δίδοσαι	ἐδίδοσο
	3.	δίδωσι(ν)	ἐδίδου	δίδοται	ἐδίδοτο
Plur.	1.	δίδομεν	ἐδίδομεν	διδόμεθα	ἐδιδόμεθα
	2.	δίδοτε	ἐδίδοτε	δίδοσθε	ἐδίδοσθε
	3.	διδόασι(ν)	ἐδίδοσαν	δίδονται	ἐδίδοντο
		Konjunktiv		Konjunktiv	
Sing.	1.	διδῶ		(διδῶμαι	
	2.	διδῷς		διδῷ	
	3.	διδῷ		διδῶται	
Plur.	1.	διδῶμεν		διδώμεθα	
	2.	διδῶτε		διδῶσθε	
	3.	διδῶσι(ν)		διδῶνται)	
		Imperativ		Imperativ	
Sing.	2.	δίδου		(δίδοσο	
	3.	διδότω		διδόσθω	
Plur.	2.	δίδοτε		δίδοσθε	
	3.	διδότωσαν		διδόσθωσαν)	
		Infinitiv		Infinitiv	
		διδόναι		δίδοσθαι	
		Partizip		Partizip	
		διδούς, διδοῦσα, διδόν		διδόμενος, η, ον	

394. Aorist-System von δίδωμι (320—323)

		Aorist Aktiv		Aorist Medium
		Indikativ		Indikativ
Sing.	1.	ἔδωκα		ἐδόμην
	2.	ἔδωκας		ἔδου
	3.	ἔδωκε(ν)		ἔδοτο
Plur.	1.	ἐδώκαμεν	oder ἔδομεν	ἐδόμεθα
	2.	ἐδώκατε	oder ἔδοτε	ἔδοσθε
	3.	ἔδωκαν	oder ἔδοσαν	ἔδοντο
		Konjunktiv		Konjunktiv
Sing.	1.	δῶ		(δῶμαι
	2.	δῷς		δῷ
	3.	δῷ		δῶται
Plur.	1.	δῶμεν		δώμεθα
	2.	δῶτε		δῶσθε
	3.	δῶσι(ν)		δῶνται)
		Imperativ		Imperativ
Sing.	2.	δός		(δοῦ
	3.	δότω		δόσθω
Plur.	2.	δότε		δόσθε
	3.	δότωσαν		δόσθωσαν)
		Infinitiv		Infinitiv
		δοῦναι		(δόσθαι)
		Partizip		Partizip
		δούς, δοῦσα, δόν		(δόμενος, η, ον)

395. Präsens-System von τίθημι (330—332)

		Präs. Akt. Indikativ	Imperf. Akt. Indikativ	Präs. M. u. P. Indikativ	Imp. M. u. P. Indikativ
Sing.	1.	τίθημι	ἐτίθην	τίθεμαι	ἐτιθέμην
	2.	τίθης	ἐτίθεις	τίθεσαι	ἐτίθεσο
	3.	τίθησι(ν)	ἐτίθει	τίθεται	ἐτίθετο
Plur.	1.	τίθεμεν	ἐτίθεμεν	τιθέμεθα	ἐτιθέμεθα
	2.	τίθετε	ἐτίθετε	τίθεσθε	ἐτίθεσθε
	3.	τιθέασι(ν)	ἐτίθεσαν	τίθενται	ἐτίθεντο

		Konjunktiv	Konjunktiv
Sing.	1.	τιθῶ	(τιθῶμαι
	2.	τιθῇς	τιθῇ
	3.	τιθῇ	τιθῆται
Plur.	1.	τιθῶμεν	τιθώμεθα
	2.	τιθῆτε	τιθῆσθε
	3.	τιθῶσι(ν)	τιθῶνται)

		Imperativ	Imperativ
Sing.	2.	τίθει	τίθεσο
	3.	τιθέτω	τιθέσθω
Plur.	2.	τίθετε	τίθεσθε
	3.	τιθέτωσαν	τιθέσθωσαν

Infinitiv	Infinitiv
τιθέναι	τίθεσθαι

Partizip	Partizip
τιθείς, τιθεῖσα, τιθέν	τιθέμενος, η, ον

396. Aorist-System von τίθημι (330—332)

		Aorist Aktiv	Aorist Medium
		Indikativ	Indikativ
Sing.	1.	ἔθηκα	ἐθέμην
	2.	ἔθηκας	ἔθου
	3.	ἔθηκε(ν)	ἔθετο
Plur.	1.	ἐθήκαμεν oder ἔθεμεν	ἐθέμεθα
	2.	ἐθήκατε oder ἔθετε	ἔθεσθε
	3.	ἔθηκαν oder ἔθεσαν	ἔθεντο
		Konjunktiv	Konjunktiv
Sing.	1.	θῶ	θῶμαι
	2.	θῇς	θῇ
	3.	θῇ	θῆται
Plur.	1.	θῶμεν	θώμεθα
	2.	θῆτε	θῆσθε
	3.	θῶσι(ν)	θῶνται
		Imperativ	Imperativ
Sing.	2.	θές	θοῦ
	3.	θέτω	θέσθω
Plur.	2.	θέτε	θέσθε
	3.	θέτωσαν	θέσθωσαν
		Infinitiv	Infinitiv
		θεῖναι	θέσθαι
		Partizip	Partizip
		θείς, θεῖσα, θέν	θέμενος, η, ον

397. Präsens-System von ἵστημι (339—340)

		Präs. Akt.	Imperf. Akt.	Präs. M. u. P.	Imperf. M. u. P.
		Indikativ	Indikativ	Indikativ	Indikativ
Sing.	1.	ἵστημι	ἵστην	ἵσταμαι	ἱστάμην
	2.	ἵστης	ἵστης	ἵστασαι	ἵστασο
	3.	ἵστησι(ν)	ἵστη	ἵσταται	ἵστατο
Plur.	1.	ἵσταμεν	ἵσταμεν	ἱστάμεθα	ἱστάμεθα
	2.	ἵστατε	ἵστατε	ἵστασθε	ἵστασθε
	3.	ἱστᾶσι(ν)	ἵστασαν	ἵστανται	ἵσταντο

		Konjunktiv	Konjunktiv
Sing.	1.	ἱστῶ	(ἱστῶμαι
	2.	ἱστῇς	ἱστῇ
	3.	ἱστῇ	ἱστῆται
Plur.	1.	ἱστῶμεν	ἱστώμεθα
	2.	ἱστῆτε	ἱστῆσθε
	3.	ἱστῶσι(ν)	ἱστῶνται)
		Imperativ	Imperativ
Sing.	2.	ἵστη	ἵστασο
	3.	ἱστάτω	ἱστάσθω
Plur.	2.	ἵστατε	ἵστασθε
	3.	ἱστάτωσαν	ἱστάσθωσαν
		Infinitiv	Infinitiv
		ἱστάναι	ἵστασθαι
		Partizip	Partizip
		ἱστάς, ἱστᾶσα, ἱστάν	ἱστάμενος, η, ον

398. Aorist II von ἵστημι

Indikativ

Sing.	1.	ἔστην
	2.	ἔστης
	3.	ἔστη
Plur.	1.	ἔστημεν
	2.	ἔστητε
	3.	ἔστησαν

Konjunktiv

Sing.	1.	στῶ
	2.	στῇς
	3.	στῇ
Plur.	1.	στῶμεν
	2.	στῆτε
	3.	στῶσι(ν)

Imperativ

Sing.	2.	στῆθι
	3.	στήτω
Plur.	2.	στῆτε
	3.	στήτωσαν

Infinitiv

στῆναι

Partizip

στάς, στᾶσα, στάν

399. Aorist II von γινώσκω

Indikativ

Sing.	1.	ἔγνων
	2.	ἔγνως
	3.	ἔγνω
Plur.	1.	ἔγνωμεν
	2.	ἔγνωτε
	3.	ἔγνωσαν

Konjunktiv

Sing.	1.	γνῶ
	2.	γνῷς
	3.	γνῷ
Plur.	1.	γνῶμεν
	2.	γνῶτε
	3.	γνῶσι(ν)

Imperativ

Sing.	2.	γνῶθι
	3.	γνώτω
Plur.	2.	γνῶτε
	3.	γνώτωσαν

Infinitiv

γνῶναι

Partizip

γνούς, γνοῦσα, γνόν

400. Konjugation von εἰμί

		Präsens Indikativ	Imperfekt Indikativ	Futur Indikativ
Sing.	1.	εἰμί	ἤμην	ἔσομαι
	2.	εἶ	ἦς	ἔσῃ
	3.	ἐστί(ν)	ἦν	ἔσται
Plur.	1.	ἐσμέν	ἦμεν	ἐσόμεθα
	2.	ἐστέ	ἦτε	ἔσεσθε
	3.	εἰσί(ν)	ἦσαν	ἔσονται

		Konjunktiv
Sing.	1.	ὦ
	2.	ᾖς
	3.	ᾖ
Plur.	1.	ὦμεν
	2.	ἦτε
	3.	ὦσι(ν)

		Optativ
Sing.	1.	εἴην
	2.	εἴης
	3.	εἴη
Plur.	1.	εἶμεν oder εἴημεν
	2.	εἶτε oder εἴητε
	3.	εἶεν oder εἴησαν

		Imperativ
Sing.	2.	ἴσθι
	3.	ἔστω
Plur.	2.	ἔστε
	3.	ἔστωσαν

Infinitiv
εἶναι

Partizip
ὤν, οὖσα, ὄν

401. Konjugation von οἶδα

		Perfekt	Plusquamperfekt
		Indikativ	Indikativ
Sing.	1.	οἶδα	ᾔδειν
	2.	οἶδας	ᾔδεις
	3.	οἶδε(ν)	ᾔδει
Plur.	1.	οἴδαμεν	ᾔδειμεν
	2.	οἴδατε	ᾔδειτε
	3.	οἴδασι(ν)	ᾔδεισαν
		Konjunktiv	
Sing.	1.	εἰδῶ	
	2.	εἰδῇς	
	3.	εἰδῇ	
Plur.	1.	εἰδῶμεν	
	2.	εἰδῆτε	
	3.	εἰδῶσι(ν)	
		Imperativ	
Sing.	2.	ἴσθι	
	3.	ἴστω	
Plur.	2.	ἴστε	
	3.	ἴστωσαν	
		Infinitiv	
		εἰδέναι	
		Partizip	
		εἰδώς, εἰδυῖα, εἰδός	

I. Griechisch-Deutsches Vokabelverzeichnis

Verbformen in Klammern ( ) zeigen an, daß dieses Zeit-System im Neuen Testament nicht vorkommt. Stammformen von Verben mit einem * sind in Lektion 34 zu finden. Um die Stammformen der zusammengesetzten Verben zu erhalten, sollte der Schüler auf die einfache Form des Verbs zurückgehen. Stammformen, die unregelmäßiger sind, erscheinen in der alphabetischen Auflistung. Zahlen beziehen sich auf die Einzelabschnitte im fortlaufenden Textteil, wo man jeweils nachschlagen kann.

ἀγαθός, -ή, -όν, Adj., 49, 366, gut
ἀγαπάω, * ich liebe
ἀγάπη, ἡ, Liebe
ἀγαπητός, -ή, -όν, Adj., geliebt
ἄγγελος, ὁ, Bote, Engel
ἁγιάζω, (ἁγιάσω), ἡγίασα, (ἡγίακα), ἡγίασμαι, ἡγιάσθην, ich heilige
ἅγιος, -α, -ον, Adj., heilig (vgl. 154)
ἀγρός, ὁ, Feld, Acker
ἄγω, * ich führe
ἀδελφός, ὁ, 359, Bruder
αἷμα, αἵματος, τό, Blut
αἴρω, * ich nehme auf, nehme weg
αἰτέω, * ich bitte, ich verlange
αἰών, αἰῶνος, ὁ, Zeitalter, Welt (vgl. 154)
αἰώνιος, -ον, Adj., 306, ewig
ἀκήκοα, Perfekt II von ἀκούω
ἀκολουθέω, * ich folge (mit Dativ)
ἀκούω, * ich höre (mit Genitiv oder Akkusativ)
ἀλήθεια, ἡ, 43, 357, Wahrheit
ἀληθής, -ές, Adj., 228, 372, wahr
ἀληθινός, -ή, -όν, Adj., wahrhaftig, wahr
ἀληθῶς, Adv., wahrlich
ἀλλά, Konjunktion, aber (stärker adversativ als δέ)
ἀλλήλων, -οις, -ους, Rezipr. Pron., 239, voneinander etc.
ἄλλος, -η, -ον, Adj., ein anderer
ἁμαρτάνω, * ich sündige
ἁμαρτία, ἡ, Sünde
ἁμαρτωλός, ὁ, Sünder

ἄν, eine Partikel, die kein entsprechendes Wort im Deutschen hat; sie verleiht der Aussage eine gewisse Unsicherheit, Ungewißheit (vgl. 280)

ἀναβαίνω, ich steige hinauf (vgl. βαίνω)

ἀναβλέπω, ich blicke auf, werde sehend

ἀναγινώσκω, ich lese

ἀνάστασις, ἀναστάσεως, ἡ, Auferstehung

ἀνεῳχθῆναι, Inf. Aor. Pass. von ἀνοίγω

ἀνήρ, ἀνδρός, ὁ, 362, Mann, Ehemann

ἄνθρωπος, ὁ, 359, Mensch

ἀνίστημι, trans., ich lasse aufstehen, richte auf; Aor. II und alle Med.Formen, ich stehe auf, erhebe mich (vgl. ἵστημι)

ἀνοίγω, * ich öffne

ἀντί, Präp. m. Gen., anstelle von

ἄνω, Adv., hinauf, oben

ἄξιος, -α, -ον, Adj., würdig, wert

ἀπαγγέλλω, ἀπαγγελῶ, ἀπήγγειλα, ich kündige an, berichte

ἀπέθανον, Aor. II von ἀποθνῄσκω

ἀπέρχομαι, Dep., ich gehe weg (vgl. ἔρχομαι)

ἀπέστειλα, Aor. von ἀποστέλλω

ἀπό, Präp. m. Abl., von — weg, von — her

ἀποδίδωμι, ich gebe zurück, zahle zurück (vgl. δίδωμι)

ἀποθνῄσκω, ἀποθανοῦμαι, ἀπέθανον, ich sterbe

ἀποκρίνομαι, (ἀποκρινοῦμαι), ἀπεκρινάμην, (ἀποκέκριμαι), ἀπεκρίθην, Dep., gewöhnlich mit Pass.-Formen, ich antworte (m. Dativ)

ἀποκτείνω, ἀποκτενῶ, ἀπέκτεινα, ,Aor. P. ἀπεκτάνθην, ich töte

ἀπόλλυμι, ἀπολλύω, ich zerstöre, verderbe; Med.: ich gehe zugrunde

ἀπολύω, ich befreie, ich entlasse (vgl. λύω)

ἀποστέλλω, * ich sende (mit einem Auftrag)

ἀπόστολος, ὁ, 33, Apostel

ἀρνέομαι, ἀρνήσομαι, ἠρνησάμην, ἤρνημαι, Dep., ich leugne

ἄρτι, Adv., jetzt, eben

ἄρτος, ὁ, Brotlaib, Brot, Stück Brot

ἀρχή, ἡ, Anfang

ἀρχιερεύς, ἀρχιερέως, ὁ, Hoherpriester

ἄρχω, ἄρξω, ἦρξα, ich herrsche (mit Gewalt)

ἄρχομαι, Med., ich fange an

ἄρχων, ἄρχοντος, ὁ, 156.2, 361, Herrscher

ἀρῶ, Futur von αἴρω
ἀσθενής, -ές, Adj., schwach, krank
ἀσπάζομαι, ἠσπασάμην, Dep., ich grüße
αὐτός, αὐτή, αὐτό, Personalpron. 3. Pers., 72, 73, 78, 379.3, er, sie, es (er selbst, sie selbst, es selbst), derselbe, dieselbe, dasselbe
ἀφίημι, * ich entlasse, ich verlasse, ich lasse zu, ich vergebe (vergeben: Dativ der Person, Akkusativ der Sache: Sünde oder Schuld)

βαίνω, βήσομαι, ἔβην, βέβηκα, ich gehe (kommt nur in zusammengesetzten Verben vor
βάλλω, * ich werfe, schleudere
βαπτίζω, βαπτίσω, ἐβάπτισα, (βεβάπτικα) βεβάπτισμαι, ἐβαπτίσθην, ich taufe
βασιλεία, ἡ, Königreich
βασιλεύς, βασιλέως, ὁ, 363, König
βήσομαι, Futur von βαίνω
βιβλίον, τό, Buch, kleines Buch
βλασφημέω, βλασφημήσω, ἐβλασφήμησα, βεβλασφήμηκα, ἐβλασφημήθην, ich lästere
βλέπω, βλέψω, ἔβλεψα, ich sehe, ich schaue
βούλομαι, ἐβουλήθην, ich will, ich wünsche

Γαλιλαία, ἡ, Galiläa
γάρ, Konjunktion, nachgest., denn
γέγονα, Perfekt II von γίνομαι
γενήσομαι, Futur von γίνομαι
γεννάω, * ich zeuge, ich gebäre
γένος, γένους, τό, 227.4, 364, Geschlecht, Art
γῆ, ἡ, Erde, Land
γίνομαι, * Dep., 84, 93.2, 345, ich werde, es geschieht, ich bin (mit Prädikatsnomen)
γινώσκω, * 324, 399, ich kenne, ich erkenne
γνώσομαι, Futur von γινώσκω
γλῶσσα, ἡ, Zunge, Sprache
γράμμα, γράμματος, τό, Buchstabe
γραφή, ἡ, 13.4, 45, 357, Schrift, Schriftstück
γράφω, * 145, ich schreibe
γυνή, γυναικός, ἡ, 363, Frau

δαιμόνιον, τό, Dämon
δέ, Konjunktion, nachgest., aber, und
δεῖ, unpers. Verb, 188, es ist nötig, man muß (mit Akk. m. Infin.)
δείκνυμι, oder δεικνύω, δείξω, ἔδειξα, (δέδειχα), δέδειγμαι, ἐδείχθην, ich zeige
δεξιός, -ά, -όν, Adj., rechts
δέχομαι, * Dep., ich empfange, erhalte
δηλόω, δηλώσω, ἐδήλωσα, (δεδήλωκα), (δεδήλωμαι), ἐδηλώθην, 224, 226, 390, ich mache offenbar, ich zeige
διά, Präp. m. Gen., durch; Präp. m. Akk., wegen
διάβολος, -ον, Adj., teuflisch, ὁ διάβολος, der Teufel
διδάσκαλος, ὁ, Lehrer, Meister
διδάσκω, * ich lehre
δίδωμι, * 306—323, 393—394, ich gebe
διέρχομαι, Dep., ich gehe hindurch (vgl. ἔρχομαι)
δίκαιος, -α, -ον, Adj., 49.2, 52—55, 367, gerecht, rechtschaffen
δικαιοσύνη, ἡ, Gerechtigkeit
δικαιόω, δικαιώσω, ἐδικαίωσα, δεδικαίωκα, δεδικαίωμαι, ἐδικαιώθην, ich erkläre für gerecht, ich rechtfertige
διό, Konjunktion, weshalb (aus δι' ὅ, um weswillen)
διψάω, διψήσω, ἐδίψησα, δεδίψηκα, δεδίψημαι, ἐδιψήθην, ich dürste
διώκω, * ich jage nach, verfolge
δοκέω, (δόξω), ἔδοξα, ich denke, ich scheine, ich vermute
δόξα, ἡ, 44, 357, Ruhm, Ehre
δοξάζω, * ich verherrliche
δοῦλος, ὁ, 13.2, 359, Sklave, Diener
δύναμαι, * ich bin fähig, ich kann
δύναμις, δυνάμεως, ἡ, Kraft, Macht
δυνατός, -ή, -όν, Adj., mächtig, fähig
δύο, Zahlwort, 266, zwei
δῶρον, τό, 36, 360, Geschenk, Gabe

ἐάν, Konditionalpartikel, mit Konjunktiv, 201, 216.2, wenn; ἐὰν μή wenn nicht, außer daß, als Partikel manchmal wie ἄν
ἑαυτοῦ, -ῆς, -οῦ, Reflexivpronomen, 242, 385, von ihm selbst, von ihr selbst, von ihm selbst
ἔβαλον, Aor. II von βάλλω

ἐβλήθην, Aor. Passiv von βάλλω
ἐγγίζω, ἐγγιῶ ,oder ἐγγίσω, ἤγγισα, ἤγγικα, ich nähere mich
ἐγγύς, Adv., nahe
ἐγείρω, * ich wecke auf; im Passiv manchmal als Dep., ich stehe auf
ἐγενήθην, Aor. Pass. (in der Form) von γίνομαι
ἐγενόμην, Aor. II von γίνομαι
ἔγνωκα, Perf. von γινώσκω
ἔγνων, Aor. II von γινώσκω, 399
ἐγνώσθην, Aor. Pass. von γινώσκω
ἐγώ, ἐμοῦ ,oder μου, Personalpronomen, 70, 379,I
ἐδιδάχθην, Aor. Pass. von διδάσκω
ἔθνος, ἔθνους, τό, Volk; Plural: Nationen, Heiden
εἰ, Konditionalpartikel, 201, 216.1, 273, wenn, ob; εἰ μή, wenn nicht, außer daß
εἶδον, Aor. II von ὁράω
εἰμί, ἔσομαι, 74, Imperf. 100, Fut. 123, Part. Präs. 164, 378, Konjunktiv 212, Opt. 347, 400, ich bin
εἶπον, Aor. II von λέγω, (manchmal auch als Aor. II von φημί gedeutet)
εἰρήνη, ἡ, Frieden
εἰς, Präp. m*Akk., hinein in
εἷς, μία, ἕν, Zahlwort, 266, 386, eins
εἰσέρχομαι, Dep., ich gehe hinein, betrete (vgl. ἔρχομαι)
ἐκ, (vor Vokalen ἐξ,), Präp. m. Abl., heraus aus
ἕκαστος, -η, -ον, jeder
ἐκβάλλω, ich werfe hinaus
ἐκεῖ, Adv., dort
ἐκεῖνος, -η, -ο, Demonstrativpronomen, 80, 81, 380, jener
ἐκηρύχθην, Aor. Pass. von κηρύσσω
ἐκκλησία, ἡ, Kirche, Gemeinde
ἐκπορεύομαι, Dep., ich gehe hinaus (vgl. πορεύομαι)
ἐκτείνω, ἐκτενῶ, ἐξέτεινα, ich strecke aus
ἔλαβον, Aor. II von λαμβάνω
ἐλεέω, ἐλεήσω, ἠλέησα, (ἠλέηκα), ἠλέημαι, ἠλεήθην, ich habe Erbarmen, habe Mitleid
ἐλεύσομαι, Fut. von ἔρχομαι
ἐλήλυθα, Perf. II von ἔρχομαι
ἐλήμφθην, Aor. Pass. von λαμβάνω
ἐλπίζω, * ich hoffe

ἐλπίς, ἐλπίδος, ἡ, 156, 361, Hoffnung

ἐμαυτοῦ, ῆς, Reflex.Pron., 240, 385, von mir selbst

ἐμβαίνω, ich gehe hinein, steige ein (vgl. βαίνω)

ἔμεινα, Aor. von μένω,, 236

ἐμός, -ή, -όν, Poss. Adj., 295, 303, mein, mir gehörig

ἔμπροσθεν, Adv. (Präp. im Neuen Testament m. Gen.), vor, in Gegenwart von, angesichts

ἐν, Präp. m. Lok., in

ἐντολή, ἡ, Gebot

ἐνώπιον, Adv., m. Gen., vor, im Anblick von, in Gegenwart von

ἐξ, Form von ἐκ ,vor Vokalen

ἕξ, undeklinierbar, Zahlwort, sechs

ἐξέρχομαι, Dep., ich gehe hinaus (vgl. ἔρχομαι)

ἔξεστι(ν), unpersönl. Verb, 188, es ist erlaubt

ἐξίστημι, ich bin erstaunt, ich bin außer mir (vgl. ἵστημι)

ἐξουσία, ἡ, Autorität, Vollmacht

ἔξω, Adv., außerhalb; m. Gen., außerhalb von

ἕξω, Fut. von ἔχω

ἑόρακα ,oder ἑώρακα, Perf. von ὁράω

ἐπαγγελία, ἡ, Verheißung, Versprechen

ἔπεσον, Aor. II von πίπτω

ἐπερωτάω ich stelle eine Frage, ich frage (vgl. ἐρωτάω)

ἐπί Präp. m. Gen., auf, über, zur Zeit von; m. Lok., auf, bei; m. Akk., auf, über, zu, gegen

ἐπιγινώσκω, ich erkenne genau, erkenne wieder

ἐπιθυμία, ἡ, Verlangen, Begierde

ἐπιστρέφω, ἐπιστρέψω, ἐπέστρεψα, (ἐπέστροφα) ἐπέστραμμαι, ἐπεστράφην, ich wende, ich kehre zurück, ich kehre zu

ἐπιτίθημι, ich erlege auf, ich lege drauf (m. Akk. der Sache und Dativ der Person oder Sache, der etwas auferlegt wird); vgl. τίθημι

ἐργάζομαι, ἠργασάμην oder εἰργασάμην, εἴργασμαι, Dep., ich arbeite

ἔργον, τό, Werk, Arbeit

ἔρημος, ἡ, Wüste, Einöde

ἐρρέθην oder ἐρρήθην, Aor. Pass. von λέγω ,(oder φημί)

ἔρχομαι, * Dep., ich komme, ich gehe

ἐρῶ, Fut. von λέγω ,(manchmal als Futur von φημί gedeutet)

ἐρωτάω, ἐρωτήσω, ἠρώτησα, (ἠρώτηκα), (ἠρώτημαι),

ἠρωτήθην, ich frage, ich bitte
ἐσθίω, * ich esse
ἔσομαι, Fut. von εἰμί, 123
ἔσχατος, -η, -ον, Adj., der letzte
ἔσχον, Aor. II von ἔχω
ἕτερος, -α, -ον, Adj., ein anderer
ἔτι, Adv., noch
ἑτοιμάζω, * ich bereite
ἔτος, ἔτους, τό, Jahr
εὐ-, manchmal mit Augment ηὐ ,und manchmal ohne Augment (vgl. προσεύχομαι)
εὐαγγελίζω oder εὐαγγελίζομαι (Dep.), (εὐαγγελίσω),
εὐηγγέλισα, oder εὐηγγελισάμην, (εὐηγγέλικα) εὐηγγελισμαι, εὐηγγελίσθην, im Medium oft Dep., ich predige das Evangelium (m. Akk. der Botschaft und Akk. oder Dat. der Person, der gepredigt wird). Die Form auf -ω ,kommt im N.T. nur in Offb. 10,7; 14,6 vor)
εὐαγγέλιον, τό, Evangelium, frohe Botschaft
εὐθύς, Adv., unmittelbar, sofort
εὐλογέω, * ich segne
εὑρίσκω, * ich finde
εὐχαριστέω, εὐχαριστήσω, εὐχαρίστησα, (εὐχαρίστηκα), (εὐχαρίστημαι), εὐχαριστήθην, ich danke
ἔφαγον, Aor. II von ἐσθίω
ἔφη, Imperf. Akt. Ind. 3. Pers. Sing. von φημί, 338, Fußnote
ἐχθρός, ὁ, Feind
ἔχω, * ich habe, ich halte
ἑώρακα oder ἑόρακα, Perf. von ὁράω
ἕως, Adv. m. Gen., bis; Konjunktion, während, bis daß
ζάω, * ich lebe
ζητέω, ζητήσω, ἐζήτησα, ich suche
ζωή, ἡ, Leben

ἤ, Konjunktion, oder, als; 295, 299.2
ἤγαγον, Aor. II von ἄγω
ἠγέρθην, Aor. Pass. von ἐγείρω
ἤδη, Adv., schon
ἤθελον, Imperf. von θέλω (vgl. 188 Fußnote)
ἦλθον, Aor. II von ἔρχομαι

ἥλιος, ὁ, Sonne
ἡμέρα, ἡ, Tag
ἡμέτερος, -α, -ον, Poss. Adj., unser, uns gehörig
ἤνεγκα oder ἤνεγκον, Aor. von φέρω
ἠνέχθην, Aor. Pass. von φέρω

θάλασσα, ἡ, Meer, großer See
θάνατος, ὁ, Tod
θαυμάζω, * ich bin erstaunt, wundere mich,
θέλημα, θελήματος, τό, Wille
θέλω, * ich will (vgl. 188 Fußnote)
θεός, ὁ, Gott
θεραπεύω, θεραπεύσω, ἐθεράπευσα, (τεθεράπευκα), τεθεράπευμαι, ἐθεραπεύθην, ich heile, ich pflege
θεωρέω, θεωρήσω, ἐθεώρησα, ich blicke an, beobachte
θλῖψις, θλίψεως, ἡ, Bedrängnis, Trübsal
θνῄσκω, nur im Perf. gebraucht: τέθνηκα und im Plusquamperf., ich bin tot
θύρα, ἡ, Tür

ἴδιος, -α, -ον, Adj., jemandem gehörig, eigen
ἰδού, Demonstrativpartikel, siehe!
ἰδών, ἰδοῦσα, ἰδόν, Partiz. Aor. II von ὁράω
ἱερόν, τό, Tempel, Heiligtum
Ἰησοῦς, -οῦ, ὁ, 198, Jesus
ἱκανός, -ή, -όν, Adj., ausreichend, fähig, wert
ἱμάτιον, τό, Kleid
ἵνα, Konjunktion, 201, 215, damit, daß (mit Konjunktiv)
Ἰουδαῖος, ὁ, Jude
ἵστημι, * 339—341, 397, 398, trans., ich setze, ich stelle, ich lasse aufstehen (Präs., Fut. Aor. I); intrans., ich stehe, ich stehe fest (Aor. II, Perf., Plusquamperf.)
ἰσχυρός, -ά, -όν, Adj., stark, gesund
ἰσχυρότερος, -α, -ον, Komparat. Adj., stärker, gesünder

κἀγώ, = καὶ ἐγώ
καθαρός, -ά, -όν, Adj., rein
κάθημαι, καθήσομαι, Dep., ich sitze

καθίστημι, ich ernenne, ich setze ein (vgl. ἵστημι)
καθώς, Adv., so wie, entsprechend
καὶ, 110, und, auch, sogar; καί — καί, sowohl — als auch
καιρός, ὁ, festgesetzte, bestimmte Zeit, Zeitpunkt
κακός, -ή, -όν, Adj., böse, schlecht
καλέω, * 218, 222, ich rufe
καλός, -ή, -όν, Adj., gut, schön
καλῶς, Adv., gut
καρδία, ἡ, Herz
καρπός, ὁ, Frucht
κατά, Präp. m. Abl., herab — von; m. Gen., gegen; m. Akk., entlang an, gemäß
καταβαίνω, ich steige herab
κατέρχομαι, Dep., ich komme herab, gehe hinunter
κελεύω, (κελεύσω), ἐκέλευσα, ich gebiete
κεφαλή, ἡ, Haupt
κηρύσσω, * ich verkünde öffentlich, ich predige
κλείω, * ich schließe
κοινωνία, ἡ, Gemeinschaft
κόσμος, ὁ, Welt
κράβαττος, ὁ, Bett, Liege
κράζω, κράξω, ἔκραξα, κέκραγα, ich schreie, ich rufe laut
κρείσσων, -ον, Kompar. Adj., besser (gebraucht als Kompar. zu ἀγαθός)
κρίνω, * ich urteile, ich entscheide, ich richte
κρίσις, κρίσεως, ἡ, Gericht
κύριος, ὁ, Herr, der Herr (Jesus Christus)
κώμη, ἡ, Dorf

λαλέω, * ich rede
λαμβάνω, * ich nehme, ich empfange
λαός, ὁ, Volk
λέγω, * ich sage
λείπω, * 138, 141—143, 391, ich verlasse
λήμψομαι, Fut. von λαμβάνω
λίθος, ὁ, Stein
λόγος, ὁ, Wort
λογίζομαι, ἐλογισάμην, ἐλογίσθην, ich denke, ich meine

λοιπός, -ή, -όν, Adj., übrig; οἱ λοιποί, der Rest
λύω, 351—356, 387, ich löse, ich zerstöre

μαθητής, ὁ, 58, 358, Schüler, Jünger
μακάριος, -α, -ον, Adj., glücklich, gesegnet, glücklich gespriesen
μᾶλλον, Adv., mehr, vielmehr
μαρτυρέω, * ich bezeuge
μαρτυρία, ἡ, Zeugnis
μέγας, μεγάλη, μέγα, Adj., 369, groß, bedeutend
μείζων, -ον, Komparativ, 298, 373, größer (von μέγας)
μέλλω, μελλήσω, Imperf. ἤμελλον oder ἔμελλον, ich bin im Begriff (etwas zu tun)
μέν — δέ, zwar — aber (das μέν bleibt unübersetzt, aber μέν — δέ bezeichnet einen Gegensatz)
μένω, * 231, 236, ich bleibe, ich wohne
μέρος, μέρους, τό, Teil
μετά, Präp. m. Gen., mit; m. Akk., nach (zeitlich)
μετανοεώ, μετανοήσω, μετενόησα, ich bereue, tue Buße
μή, 257.2, 258, 267, negat. Adverb, nicht (in allen Modi außer Indikativ)
μή, 304, Konjunktion, damit nicht; nach ἵνα, damit nicht
μηδέ, und nicht, auch nicht, aber nicht, nicht einmal; μηδέ — μηδέ, weder — noch
μηδείς, μηδεμία, μηδέν, negat. Adj., niemand, nichts
μηκέτι, Adv., nicht mehr (201)
μήποτε, damit nicht, damit nicht zufällig (m. Konj.)
μήτε — μήτε, weder — noch
μήτηρ, μητρός, ἡ, 362, Mutter
μικρός, -ά, -όν, Adj., 49.3, 368, klein, unbedeutend
μνημεῖον, τό, Grab
μονογενής, -ές, Adj., einziggeboren, einzig
μόνον, Adv., nur
μόνος, -η, -ον, Adj., allein, einzig
μυστήριον, τό, Geheimnis, Mysterium

ναός, ὁ, Tempel
νέος, -α, -ον, Adj., neu, jung
νεκρός, -ά, -όν, Adj., tot

νηστεύω, νηστεύσω, ἐνήστευσα, ich faste
νόμος, ὁ, Gesetz
νῦν, Adv., jetzt, nun
νύξ, νυκτός, ἡ, 361, Nacht

ὁ, ἡ, τό, best. Artikel, 50, 335, 365, der, die, das
ὁδός, ἡ, 47, 51.2, Straße, Weg
οἶδα, Perf. II, als Präs. gebraucht, 283, 401, ich weiß
οἰκία, ἡ, Haus
οἰκοδομέω, οἰκοδομήσω, ᾠκοδόμησα, ᾠκοδόμηκα, ᾠκοδόμημαι, ᾠκοδομήθην, ich baue
οἶκος, ὁ, Haus
ὀλίγος, -η, -ον, Adj., wenig, gering
ὅλος, -η, -ον, Adj., ganz, völlig (262)
ὅμοιος, -α, -ον, Adj., ähnlich, gleich (m. Instr. der Sache, der etwas ähnelt oder gleicht)
ὁμολογέω, ὁμολογήσω, ὡμολόγησα, ὡμολόγηκα, ὡμολόγημαι, ὡμολογήθην, ich bekenne, erkenne an
ὄνομα, ὀνόματος, τό, 364, Name
ὅπου, Adv., wo (relativ)
ὅπως, Konjunktion, damit, daß (m. Konj.)
ὁράω, * ich sehe
ὄρος, ὄρους, τό, Berg
ὅς, ἥ, ὅ, Relativpron., 279, 280, 381, der, die, das, welcher, welche, welches
ὅσος, -η, -ον, Relat. Adj., so groß wie, so viel wie
ὅστις, ἥτις, ὅτι, unbest. Relativpron., 273, 382, wer auch immer, welcher auch immer, was auch immer
ὅταν, wann auch immer (m. Konj.)
ὅτε, Adv., als, wenn
ὅτι, Konjunktion, 197.2, 326, daß, weil
οὐ, (οὐκ vor Vokalen, οὐχ vor rauhem Hauch), verneinendes Adv., 84, 94, 267, 268, nicht; proklit.
οὐδέ, Konjunktion, 103, 109, und nicht, auch nicht, aber nicht; οὐδέ — οὐδέ, weder — noch
οὐδείς, οὐδεμία, οὐδέν, 267, negat. Adj., niemand, nichts
οὐκ, Form von οὐ vor Vokalen und Diphthongen mit weichem Hauch
οὐκέτι, Adv., nicht mehr

οὖν, Konjunktion, nachgest., darum, also, nun
οὔπω, Adv., noch nicht
οὐρανός, ὁ, Himmel
οὖς, ὠτός, τό, Ohr
οὔτε, Konjunktion, und nicht; οὔτε – οὔτε weder – noch (vgl. 264, Fußnote)
οὗτος, αὕτη, τοῦτο, Demonstrativpronomen, 79, 81, 380, dieser, diese, dieses
οὕτως, Adv., so, auf diese Weise
οὐχ, Form von οὐ vor Vokalen und Diphthongen mit rauhem Hauch
ὀφείλω, ich schulde, ich sollte eigentlich
ὀφθαλμός, ὁ, Auge
ὄχλος, ὁ, Volksmenge
ὄψομαι, Fut. von ὁράω

παιδίον, τό, kleines Kind
παλαιός, -ά, -όν, Adj., betagt, alt
πάλιν, Adv., wieder
πάντοτε, Adv., allezeit, immer
παρά, Präp. m. Abl., von — her; m. Lok., bei, in Gegenwart von; m. Akk., entlang — an
παραβολή, ἡ, Gleichnis, Parabel
παραγίνομαι, Dep., ich komme, komme an, ich bin da (vgl. γίνομαι)
παραδίδωμι, ich übergebe, ich liefere aus (vgl. δίδωμι)
παρακαλέω, ich ermahne, ich tröste (vgl. καλέω)
παραλαμβάνω, ich empfange, ich nehme auf (vgl. λαμβάνω)
παρατίθημι, ich setze vor, ich übertrage (vgl. τίθημι)
πᾶς, πᾶσα, πᾶν„ Adj., 260, 261, 371, jeder, alle, ganz
πάσχω * ich leide
πατήρ, πατρός, ὁ, 227.3, 362, Vater
πείθω, * ich überrede
πεινάω, πεινάσω, ἐπείνασα, ich bin hungrig
πειράζω, πειράσω, ἐπείρασα, πεπείρασμαι, ἐπειράσθην, ich versuche
πέμπω, * ich schicke
πεντακισχίλιοι, -αι, -α, fünftausend
πέντε, undeklinierbar, fünf
περί, Präp. m. Gen., betreff, über; m. Akk., um — herum

περιπατέω, περιπατήσω, περιεπάτησα, περιπεπάτηκα, ich wandle

πίνω, * ich trinke

πίπτω, * ich falle

πιστεύω, * 93.4, ich glaube (m. Dativ); πιστεύω εἰς m. Akk., ich glaube an

πίστις, πίστεως, ἡ, Glaube

πιστός, -ή, -όν, Adj., treu

πλανάω, πλανήσω, ἐπλάνησα, πεπλάνηκα, πεπλάνημαι, ἐπλανήθην, ich verführe, ich täusche

πλείων, πλεῖον, Adj., mehr (Komperativ von πολύς)

πλῆθος, πλήθους, τό, Menge

πληρόω, * ich erfülle

πλησίον, ὁ, Nachbar, Nächster

πλοῖον, τό, Boot

πλούσιος, -α, -ον, Adj., reich

πνεῦμα, πνεύματος, τό, Geist, der Heilige Geist

ποιέω, * ich tue, ich mache

ποῖος, -α, -ον, Interrogat. Pron., wie beschaffen?

πόλις, πόλεως, ἡ, 363, Stadt

πολύς, πολλή, πολύ, Adj., 370, viel; Plur., viele

πονηρός, -ά, -όν, Adj., böse

πορεύομαι, πορεύσομαι, ἐπορευσάμην, πεπόρευμαι, ἐπορεύθην, Dep., ich gehe, ich marschiere

πότε, Interrogat. Adv., wann?

ποτέ, Partikel, enklit., irgendwann, μήποτε, damit nicht

ποῦ, Adv., wo? wohin?

πούς, ποδός, ὁ, Fuß

πράσσω, * ich tue, ich verrichte

πρό, Präp. m. Abl., vor

πρός, Präp. m. Akk., zu – hin

προσέρχομαι, Dep., ich komme herzu, gehe herzu (m. Dat.)

προσεύχομαι, προσεύξομαι, προσηυξάμην, ich bete

προσκυνέω, προσκυνήσω, προσεκύνησα, ich verehre, ich bete an (m. Dat. oder Akk.)

προσφέρω, ich bringe herzu (m. Akk. der Sache, Dat. der Person)

προστίθημι, ich füge hinzu, lege zu (vgl. τίθημι)

πρόσωπον, τό, Antlitz

προφητεύω, προφητεύσω, ἐπροφήτευσα, ich weissage
προφήτης, ὁ, 58, 358, Prophet
πρῶτος, -η, -ον, Adj., der erste
πῦρ, πυρός, τό, Feuer
πῶς, Interrogat. Adv., wie?

ῥηθείς, ῥηθεῖσα, ῥηθέν, Partiz. Aor. Pass. von λέγω (φημί)
ῥῆμα, ῥήματος, τό, Wort, Sache

σάββατον, τό (Pl. σάββατα, σαββάτων, σάββασι(ν), oft mit sing. Bedeutung), Sabbat
σάρξ, σαρκός, ἡ, 156.3, 361, Fleisch
σεαυτοῦ, -ῆς, Reflex.Pron., 241, 385, deiner selbst
σημεῖον, τό, Zeichen
σκότος, σκότους, τό, Finsternis
σός, -ή, -όν, Poss. Adj., dein, dir gehörig
σοφία, ἡ, Weisheit
σοφός, -ή, -όν, Adj., weise
σπείρω, * ich säe
στάδιον, τό, Stadion (Längenmaß) (auch Mask. στάδιοι)
σταυρόω, * ich kreuzige
στόμα, στόματος, τό, Mund
στρατιώτης, ὁ, Soldat
σύ, σοῦ, Personalpronomen 2. Person, 71, 379, du
σύν, Präp. m. Instr., mit, zusammen mit
συνάγω, ich versammle (vgl. ἄγω)
συναγωγή, ἡ, Synagoge
συνέρχομαι, ich komme zusammen (vgl. ἔρχομαι)
σχῶ, Konj. Aor. II von ἔχω
σῴζω, * ich rette
σῶμα, σώματος, τό, 156.4, Körper, Leib
σωτηρία, ἡ, Heil, Rettung

ταχέως, Adv., schnell, sogleich
τέθνηκα, Perf. Ind. von θνῄσκω, ich bin gestorben, bin tot (in den anderen Zeiten wird ἀποθνῄσκω gebraucht)
τέκνον, τό, Kind
τέλειος, -α, -ον, Adj., vollkommen, erwachsen, reif

τελέω, * ich vollende

τέσσαρες, τέσσαρα, 266, 386, vier

τηρέω, τηρήσω, ἐτήρησα, τετήρηκα, τετήρημαι, ἐτηρήθην, ich halte, ich bewahre

τίθημι, * 330—332, 395, 396, ich setze, ich stelle; τίθημι τὴν ψυχήν, ich gebe mein Leben hin

τίκτω, * ich gebäre, ich bringe hervor

τιμάω, τιμήσω, ἐτίμησα, (τετίμηκα), τετίμημαι, (ἐτιμήθην), 226. 388, ich ehre

τιμή, ἡ, Ehre, Ehrenpreis

τίς, τί, Interrogat. Pron., 274, 275, 278, 383, wer? was?

τις, τι (encl.) unbest. Pron., 276, 277, 384, jemand, etwas, ein gewisser, ein gewisses

τολμάω, τολμήσω, ἐτόλμησα, τετόλμηκα, τετόλμημαι, ἐτολμήθην, ich wage

τόπος, ὁ, Platz, Ort, Stelle

τότε, Adv., damals, da

τρεῖς, τρία, 266, 386, drei

τυφλός, ὁ, ein Blinder

ὕδωρ, ὕδατος, τό, Wasser

υἱός, ὁ, 359, Sohn

ὑμέτερος, -α, -ον, Poss. Adj., euch gehörig, euer

ὑπάγω, ich breche auf, ich gehe weg (vgl. ἄγω)

ὑπέρ, Präp. m. Abl., für, um — willen; m. Akk., über, über — weg

ὑπό, Präp. m. Abl., durch (persönl. Urheberschaft in Verbindung m. Passiv); m. Akk., unter

ὑποστρέφω, ὑποστρέψω, ὑπέστρεψα, ich kehre zurück, kehre um

φανερόω, * ich mache bekannt, ich mache offenbar

Φαρισαῖος, ὁ, Pharisäer

φέρω, * ich trage, ich bringe

φεύγω, φεύξομαι, ἔφυγον, πέφευγα, ich fliehe

φημί, ἐρῶ, εἶπον εἴρηκα, εἴρημαι, ἐρρέθην oder ἐρρήθην, ich sage (die Stammformen können auch λέγω zugeordnet werden. Im Präs. ist λέγω im N.T. häufiger als φημί)

φιλέω, * 221, 222, 389, ich liebe

φοβέομαι, ἐφοβήθην, Dep. m. Pass.-Formen ich fürchte (mich)

φυλακή, ἡ, Wache, Gefängnis
φωνέω, φωνήσω, ἐφώνησα, πεφώνηκα, πεφώνημαι, ἐφωνήθην, ich rufe
φωνή, ἡ, Stimme
φῶς, φωτός, τό, Licht

χαίρω, * ich freue mich
χαρά, ἡ, Freude
χάρις, χάριτος, ἡ, 227, 361, Gnade
χείρ, χειρός, ἡ, Hand
χρεία, ἡ, Mangel, Not, Bedürfnis
Χριστὸς, ὁ, Messias, Christus
χρόνος, ὁ, Zeit, Zeitdauer
χώρα, ἡ, Land

ψεύστης, ὁ, Lügner
ψυχή, ἡ, Seele, Leben

ὧδε, Adv., hier, hierher
ὢν, οὖσα, ὄν, 164, 378, Partiz. Präs. von εἰμί
ὥρα, ἡ, 40, 357, Stunde
ὡς, Adv. und Konjunktion, wie (mit Zahlwörtern etwa)
ὥσπερ, Adv., so wie
ὥστε, so daß (oft gefolgt von Akk. m. Inf.) 196.9

II. Deutsch-Griechisches Wörterverzeichnis
aber ἀλλά, δέ
absenden πέμπω, ἀποστέλλω
ähnlich ὅμοιος
alle πάντες
allein μόνος
allezeit πάντοτε
als ὅτε
also οὖν
alt παλαιός
anderer ἄλλος, ἕτερος

ankündigen ἀπαγγέλλω
ankommen παραγίνομαι
annehmen δέχομαι, λαμβάνω
anrufen καλέω, ἐπικαλέω
anschauen θεωρέω
anstatt ἀντί m. Gen.
antworten ἀποκρίνομαι
Apostel ἀπόστολος
arbeiten ἐργάζομαι
Art γένος
auch καί
auch nicht οὐδέ, οὔτε
auf ἐπί m. Gen. und Akk.
aufbauen οἰκοδομέω
aufbewahren τηρέω
aufblicken ἀναβλέπω
Auferstehung ἀνάστασις
auferwecken ἀνίστημι, ἐγείρω
aufheben αἴρω
auflegen ἐπιτίθημι
auflösen λύω
aufnehmen παραδέχομαι, παραλαμβάνω
aufstehen ἀνίστημι (intrans.)
aufstehen lassen ἵστημι (transit.)
Auge ὀφθαλμός
aus ἐκ (ἐξ) m. Abl.
ausliefern παραδίδωμι
außer daß εἰ μή, ἐὰν μή
außerhalb ἔξω m. Gen.
außer sich sein ἐξίστημι
ausstrecken ἐκτείνω
austreiben ἐκβάλλω
ausziehen ἀπέρχομαι, ὑπάγω

befehlen κελεύω
Begierde ἐπιθυμία
beginnen ἄρχομαι (Med.)
Beginn ἀρχή

im Begriff sein μέλλω
bei ἐπί m. Lok., μετά m. Gen.
bekennen ὁμολογέω
beobachten θεωρέω
bereiten ἑτοιμάζω
bereuen μετανοέω
Berg ὄρος
berufen καλέω, φωνέω
besser κρείσσων, κρείττων
beten προσεύχομαι
Bett κράβαττος
bewundern θαυμάζω
bezeugen μαρτυρέω
bis ἕως m. Gen.
bitten αἰτέω, ἐρωτάω
bleiben μένω
blind, Blinder τυφλός
Blut αἷμα
böse πονηρός, κακός
Boot πλοῖον
Bote ἄγγελος
Botschaft εὐαγγέλιον
bringen φέρω, προσφέρω
Brot ἄρτος
Bruder ἀδελφός
Buch βιβλίον, βίβλος
Buße tun μετανοέω

Christus Χριστός

Dämon δαιμόνιον
daher οὖν
damit ἵνα m. Konj., ὅπως m. Konj.
damit nicht μή m. Konj., ἵνα μή
damit nicht einmal μήποτε m. Konj.
danken εὐχαριστέω
dann (Adv.) τότε
darbringen προσφέρω

da sein παραγίνομαι
daß ὅτι, ἵνα/ὅπως m. Konj.
dein σός
deiner selbst (refl.) σεαυτοῦ
denken λογίζομαι
denn γάρ
der, die, das ὁ, ἡ, τό
deshalb διό
Diener δοῦλος, διάκονος
dieser οὗτος
Ding ῥῆμα
Dorf κώμη
dort ἐκεῖ
draußen ἔξω
drei τρεῖς, τρία
du σύ
durch διά m. Gen.
durch (von) ὑπό m. Abl.
Durst haben διψάω

eher, vielmehr μᾶλλον
Ehre τιμή
ehren τιμάω
eigen ἴδιος
einander ἀλλήλων
eins (einer) εἷς
eingehen εἰσέρχομαι
einsetzen (in ein Amt) καθίστημι
einsteigen ἐμβαίνω
einzig (geboren) μονογενής
empfangen δέχομαι, λαμβάνω
Engel ἄγγελος
entlang κατά m. Akk.
er αὐτός
Erbarmen haben ἐλεέω
Erde γῆ
erfüllen πληρόω
erkennen (ἐπι)γινώσκω, οἶδα

erlauben ἀφίημι
es ist erlaubt ἔξεστι(ν)
ermahnen παρακαλέω
erretten σῴζω
erscheinen παραγίνομαι
erstaunt sein ἐξίστημι
der Erste πρῶτος
erwecken ἐγείρω, ἀνίστημι
es αὐτό
es selbst Neutr. von αὐτός
essen ἐσθίω
etwa (b. Zahlen) ὡς
etwas τι
euer ὑμέτερος
Evangelium εὐαγγέλιον
ewig αἰώνιος
auf ewig εἰς τὸν αἰῶνα, εἰς τοὺς αἰῶνας τῶν αἰώνων
Ewigkeit αἰών

fallen πίπτω
fasten νηστεύω
Feind ἐχθρός
Feld ἀγρός
Feuer πῦρ
finden εὑρίσκω
Finsternis σκότος
Fleisch σάρξ
fliehen φεύγω
Flucht ergreifen φεύγω
folgen ἀκολουθέω
fragen ἐρωτάω, ἐπερωτάω
Frage stellen ἐπερωτάω
Frau γυνή
freilassen ἀπολύω
Freude χαρά
sich freuen χαίρω
Friede εἰρήνη
Frucht καρπός

führen ἄγω
fünf πέντε
fünftausend πεντακισχίλιοι
für (Präp.) ὑπέρ m.Abl.
(sich) fürchten φοβέομαι
Fuß πούς

Gabe δῶρον
Galiläa Γαλιλαία
ganz ὅλος
gebären γεννάω
geben δίδωμι
Gebot ἐντολή
Gefängnis φυλακή
gegen ἐπί m. Akk., κατά m. Gen.
Geheimnis μυστήριον
gehen βαίνω, ἔρχομαι, πορεύομαι
Geist πνεῦμα
geliebt ἀγαπητός
gemäß κατά m. Akk.
Gemeinde ἐκκλησία
Gemeinschaft κοινωνία
genug ἱκανός
gerecht δίκαιος
Gerechtigkeit δικαιοσύνη
gering ὀλίγος
Gericht κρίσις
geschehen γίνομαι
Geschenk δῶρον
Geschlecht γένος
Gesetz νόμος
Gesicht πρόσωπον
gesund ὑγιής
Gewand ἱμάτιον
ein gewisser τις
ein gewisses τι
Glaube πίστις
glauben πιστεύω

gleich   ὅμοιος
Gleichnis   παραβολή
glücklich   μακάριος
Gnade   χάρις
Gott   θεός
Grab   μνημεῖον
groß   μέγας
so groß   ὅσος
größer   μείζων
grüßen   ἀσπάζομαι
gut (Adj.)   ἀγαθός
gut (Adv.)   καλῶς
gute Botschaft   εὐαγγέλιον

haben   ἔχω
halten   τηρέω
Hand   χείρ
Haupt   κεφαλή
Haus   οἶκος, οἰκία
Heiden   Pl. von ἔθνος
Heil   σωτηρία
heilen   θεραπεύω
heilig   ἅγιος
Heilige   ἅγιοι
heiligen   ἁγιάζω
herab von   κατά m. Abl.
herangehen   προσέρχομαι
herausgehen   ἐκπορεύομαι, ἐξέρχομαι
Herr   κύριος
Herrlichkeit   δόξα
herrlich machen   δοξάζω
herrschen   ἄρχω
Herrscher   ἄρχων
herum um   περί m. Akk.
hervorgehen   ἐξέρχομαι
Herz   καρδία
hier   ὧδε
hierher   ὧδε

Himmel οὐρανός
hinabsteigen καταβαίνω, κατέρχομαι
hinaufgehen ἀναβαίνω
hinauswerfen ἐκβάλλω
hindurchgehen διέρχομαι
hinein εἰς m. Akk.
hineingehen εἰσέρχομαι
hinstellen (προσ)τίθημι
hinwegnehmen αἴρω
hin zu πρός m. Akk.
hinzufügen προστίθημι
hoffen ἐλπίζω
Hoffnung ἐλπίς
Hoherpriester ἀρχιερεύς
hören ἀκούω
hungern πεινάω

ich ἐγώ
von ihm selbst (neutr.) ἑαυτοῦ
(auch andere Genera)
von ihr selbst (refl.) fem. von ἑαυτοῦ
immer ἀεί
imstande ἱκανός, δυνατός
in ἐν m. Lok.
irreführen πλανάω

Jahr ἔτος
jeder ἕκαστος, πᾶς
jemand τις
jener ἐκεῖνος
Jesus Ἰησοῦς
jetzt ἄρτι, νῦν
Jude Ἰουδαῖος
Jünger μαθητής
jung νέος

keiner οὐδείς, μηδείς
kennen γινώσκω, οἶδα

Kind τέκνον
kl. Kind τεκνίον
Kirche ἐκκλησία
Kleid ἱμάτιον
klein μικρός
klug σοφός
Klugheit σοφία
Knecht δοῦλος
können δύναμαι
König βασιλεύς
kommen ἔρχομαι
kräftig ἰσχυρός
krank ἀσθενής
kreuzigen σταυρόω

längs παρά m. Akk.
lästern βλασφημέω
Land χώρα, γῆ
lassen ἀφίημι
leben ζάω
Leben ζωή
Leben hingeben τίθημι τὴν ζωήν
lehren διδάσκω
Lehrer διδάσκαλος
Leib σῶμα
leiden πάσχω
lesen ἀναγινώσκω
leugnen ἀρνέομαι
der letzte ἔσχατος
Leute ὄχλος (ὄχλοι)
Licht φῶς
Liebe ἀγάπη
lieben ἀγαπάω
Lügner ψεύστης
Lust ἐπιθυμία

machen ποιέω
Macht δύναμις, ἐξουσία

Mann ἀνήρ
marschieren πορεύομαι
Meer θάλασσα
mehr (Adv.) μᾶλλον
mehr (Adj.) πλείων
mein ἐμός
meinen λογίζομαι
meiner selbst ἐμαυτοῦ
Meister διδάσκαλος
melden ἀπαγγέλλω
Menge πλῆθος, ὄχλος
Mensch ἄνθρωπος
müssen (man muß) δεῖ
Mund στόμα
Mutter μήτηρ

nach μετά m. Akk.
Nacht νύξ
Nächster ὁ πλησίον
sich nähern ἐγγίζω
nahe (Adv.) ἐγγύς
sich nahen ἐγγίζω
Name ὄνομα
Nation ἔθνος
neben παρά m. Akk.
neu νέος
nicht οὐ, μή
nicht einmal οὐδέ, μηδέ
nicht mehr οὐκέτι, μηκέτι
niemals οὐδέποτε
noch ἔτι
noch nicht οὔπω
Not χρεία
es ist notwendig δεῖ
nur (Adv.) μόνον

ob (indir. Frage) εἰ
(nach) oben ἄνω

oder ἤ
offenbar φανερός
offenbaren φανερόω, δηλόω
öffnen ἀνοίγω
Ohr οὖς
Ort τόπος

Pfad ὁδός
Pforte θύρα
Pharisäer Φαρισαῖος
Platz τόπος
predigen κηρύσσω, εὐαγγελίζομαι
Preis τιμή
Priester ἱερεύς
Prophet προφήτης
Prophetie προφήτεια
prophezeien προφητεύω

Rasse γένος
rechnen λογίζομαι
rechtfertigen δικαιόω
rechts δεξιός
Rede λόγος, ῥῆμα
reich πλούσιος
Reich βασιλεία
reif τέλειος
rein καθαρός
Rest τὰ λοιπά
retten σῴζω
richten κρίνω
Richter κριτής

Sabbat σάββατον
Sache ῥῆμα
säen σπείρω
sagen λέγω, φημί
sammeln συνάγω
Schar ὄχλος

scheinen δοκέω, φαίνω
schlimm κακός, πονηρός
schmähen βλασφημέω
schnell (Adv.) ταχέως
schön καλός
schon ἤδη
schreiben γράφω
schreien κράζω
Schrift γραφή
Schriftgelehrter γραμματεύς
Schüler μαθητής
schulden ὀφείλω
schwach ἀσθενής
sechs ἕξ
Seele ψυχή
segnen εὐλογέω
sehen βλέπω, θεωρέω, ὁράω
sehend werden ἀναβλέπω
sein εἰμί
selbst αὐτός
selig μακάριος
senden πέμπω, ἀποστέλλω
setzen τίθημι (trans.)
See θάλασσα
von sich selbst (refl.) ἑαυτοῦ
sie αὐτή
siehe! ἰδού
sie selbst fem. von αὐτός
sitzen κάθημαι
so οὕτως
so daß ὥστε
sofort (Adv.) εὐθύς, ταχέως
sogar καί
Sohn υἱός
Soldat στρατιώτης
sondern ἀλλά, δέ
Sonne ἥλιος
so wie καθώς, ὥσπερ

sowohl — als auch καί — καί
sprechen λαλέω
Stadion (Längenmaß) στάδιον
Stadt πόλις
stark ἰσχυρός
staunen θαυμάζω
Stein λίθος
sterben ἀποθνῄσκω
Stimme φωνή
Straße ὁδός
Stunde ὥρα
suchen ζητέω
Sünde ἁμαρτία
Sünder ἁμαρτωλός
sündigen ἁμαρτάνω
Synagoge συναγωγή

Tag ἡμέρα
taufen βαπτίζω
Teil μέρος
Tempel ἱερόν
Teufel διάβολος
teuflisch διάβολος
Tod θάνατος
tot, ich bin Perf. von θνῄσκω
töten ἀποκτείνω
tragen φέρω
treu πιστός
trinken πίνω
trösten παρακαλέω
Trübsal θλῖψις
tun ποιέω, πράσσω
Tür θύρα

über ἐπί m. Gen. und Akk. ὑπέρ m. Akk.
übergeben παραδίδωμι
überlegen δοκέω
überliefern παραδίδωμι

überreden πείθω
übrig λοιπός
die übrigen οἱ λοιποί
umherirren lassen πλανάω
umkehren ἐπιστρέφω, ὑποστρέφω
und καί,
und nicht οὐδέ, μηδέ
unser ἡμέτερος
unter ὑπό m. Akk.
untergehen Med. von ἀπόλλυμι
urteilen κρίνω

verdanken ὀφείλω
verehren προσκυνέω
verfolgen διώκω
verherrlichen δοξάζω
verkünden κηρύσσω
Verlangen ἐπιθυμία
verlassen ἀφίημι, λείπω
vermuten δοκέω
viele πολλοί
so viele ὅσοι
vier τέσσαρες, τέσσαρα
voll πλήρης
vollkommen τέλειος
Vollmacht ἐξουσία
vor πρό m. Abl., ἔμπροσθεν, ἐνώπιων m. Gen.

Wache φυλακή
während ἕως
wagen τολμάω
wahr ἀληθινός, ἀληθής
wahrhaftig (Adv.) ἀληθῶς
Wahrheit ἀλήθεια
wandeln περιπατέω
wann immer ὅταν m. Konj.
warum? τί
was? τί

was auch immer neutr. von ὅστις
Wasser ὕδωρ
weder — noch οὐδέ — οὐδέ, μηδέ — μηδέ, οὔτε — οὔτε, μήτε — μήτε
wegen διά m. Akk.
weggehen ἀπέρχομαι
weil ὅτι
Weisheit σοφία
welcher (rel.) ὅς
welcher? τίς
wenden ἐπιστρέφω
wenig ὀλίγος
wenn εἰ, ἐάν
wenn nicht εἰ μή, ἐὰν μή
wer? τίς
wer (rel.) ὅς
wer auch immer ὅστις
werden γίνομαι
werfen βάλλω
Werk ἔργον
wert ἄξιος, ἱκανός
wie πως
wie? πῶς
wie beschaffen? ποῖος
wieder πάλιν
Wille θέλημα
wo? ποῦ
wo (rel.) ὅπου
wollen θέλω, βούλομαι
wünschen βούλομαι
Wüste ἔρημος

Zeichen σημεῖον
zeigen δείκνυμι
Zeit(punkt) καιρός
Zeit(raum) χρόνος
Zeitalter αἰών
zerbrechen λύω

Sach-Index

(Wenn nicht anders ausgewiesen, beziehen sich die Zahlen auf die fortlaufenden Abschnitte.)

Griechischer Index